Susanne Klein und Hans-Jürgen Appelt
(Hrsg.)

Praxishandbuch
betriebliche Sozialarbeit

Susanne Klein
Hans-Jürgen Appelt
(Hrsg.)

Praxishandbuch
betriebliche Sozialarbeit

Prävention und Interventionen
in modernen Unternehmen

7. Auflage

Asanger Verlag • Kröning

Die Herausgeber:

Susanne Klein, Jahrgang 1963. Staatlich anerkannte Erzieherin, Diplomsozialarbeiterin, Weiterbildungsmanagerin, Vertriebscoach und ehemalige Vorstandssprecherin des Bundesfachverbandes Betriebliche Sozialarbeit e.V. Seit 2001 arbeitet sie als Sozialreferentin in der Frankfurter Sparkasse in Frankfurt.

Hans-Jürgen Appelt, Jahrgang 1948. Großhandelskaufmann, Diplomsozialpädagoge (bbs), Supervisor (DGSv), systemischer Berater und ehemaliger Vorsitzender des Bundesfachverbandes Betriebliche Sozialarbeit e.V. Seit 1984 arbeitet er mit Einzelklienten, Paaren und Gruppen in eigener Praxis in Köln.

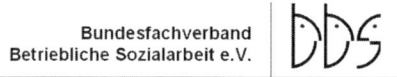

Umschlaggestaltung:
liveo grafikdesign, Angelika Krikava, info@liveo.de, www.liveo.de

Druck und Bindung:
PBtisk, s.r.o., Czech Republic

Bibliographische Informationen Der Deutschen Nationalbibliothek:
Die Deutsche Bibliothek verzeichnet diese Publikation in der Deutschen Nationalbibliographie; detaillierte bibliographische Daten sind im Internet über http://dnb.d-nb.de abrufbar.

Das Werk einschließlich aller seiner Teile ist urheberrechtlich geschützt. Jede Verwertung außerhalb der engen Grenzen des Urheberrechtsgesetzes ist ohne Zustimmung des Verlags unzulässig und strafbar. Das gilt insbesondere für Vervielfältigungen, Übersetzungen, Mikroverfilmungen und die Einspeicherung und Verarbeitung in elektronischen Systemen.

7. Auflage 2020
© 2010 Asanger Verlag GmbH Kröning • www.asanger.de
ISBN 978-3-89334-531-1

Inhalt

Grußwort	1
Vorwort	3
Einführung der Herausgeber	5
Michael Bremmer **100 Jahre betriebliche Sozialarbeit – Entwicklung, Geschichte und Wandel der Betriebssozialarbeit**	9
Edgar Baumgartner **Betriebliche soziale Arbeit in Deutschland – Stand und Perspektiven**	19
Karin Wachter **Wirkungsnachweise von betrieblicher Sozialarbeit – Möglichkeiten und Grenzen**	31
Matthias Schmidt **Die Ethik der betrieblichen Sozialarbeit im Kontext einer werteorientierten Unternehmensführung**	45
Nadija Amjad **Wenn der Mahnbescheid mit der Gehaltsabrechnung kommt – Schuldnerberatung: Interventionsmöglichkeiten in der betrieblichen Sozialberatung**	55
Kristina Braun **Vom Büro auf die Bühne – die Verbindung von Sozialberatung mit Moderation**	69
Kristina Hartwig **Case-Management**	83

Susanne Klein
Berufsrisiko Banküberfall: Präventionskonzept Banküberfall – ein Praxisbeispiel der Frankfurter Sparkasse   97

Rainer Koppenhöfer und Oliver Eichhorn
„Leidensdruck war gestern": Paradigmenwechsel in der betrieblichen Suchtarbeit – Peergroup-orientierte Prävention bei Auszubildenden   111

Jürgen Riemer
Neu als Führungskraft – ein Seminar- und Coaching-Angebot für Mitarbeiter eines Universitätsklinikums   121

Sabine Schewe
Sucht und Suchtprävention in der Ausbildung – Forschung und Praxis   135

Annette Söling-Hotze
Stressprävention – ein Beispiel aus der Praxis   151

Lars Friege
Betriebliche Sozialarbeit mit psychisch erkrankten Mitarbeitern   165

Christof Korn
Betriebliches Eingliederungsmanagement – eine Aufgabe für Sozialberatungen   181

Annette Löning
Mediation – eine konstruktive Konfliktlösung im betrieblichen Kontext   195

Regina Neumann-Busies
Care Support – Pflegebegleitung im Unternehmen   207

Oliver Richter
Integratives Gesundheitsmanagement bei OTTO   217

Jan Rickmann
Alkohol im Betrieb –
betriebliche Suchtprävention bei der Continental AG 231

Peter Traub-Martin
Organisationsinternes Coaching –
eine Zukunftsaufgabe für die betriebliche Sozialarbeit 243

Katja Müggler
Klein und anders –
betriebliche Sozialberatung in der Schweiz 261

Autorinnen und Autoren 273

Grußwort

Als Vorstand des Bundesfachverbandes Betriebliche Sozialarbeit (bbs) freuen wir uns über die Herausgabe des Handbuches zur betrieblichen Sozialarbeit und wünschen diesem Buch ein reges Interesse und eine aufgeschlossene und fachkundige Leserschaft.

Für Kollegen aus der Praxis hält dieses Buch nützliche Impulse für die tägliche Arbeit in den Unternehmen bereit und bietet anhand zahlreicher Beispiele Orientierung und konkrete Hilfestellung in Einzelfällen.

Unternehmen und Unternehmensleitungen erhalten realistische Einblicke in die Vielfalt professioneller betrieblicher Sozialarbeit und werden nach dem Lesen besser verstehen, warum sich eine Investition in das Sozialkapital rechnet und wie diese die Identifikation mit dem Unternehmen erhöht.

Hochschulen und Fachhochschulen liefert das Handbuch vielfältige Anstöße für neue Forschungsprojekte und Ideen, die zu lebendigen Diskussionen im Spannungsfeld zwischen Wissenschaft und Berufspraxis einladen.

Das Handbuch ist Zeichen und Ergebnis des hohen Engagements aller Fachverbandsmitglieder in Deutschland, Österreich und der Schweiz und trägt zur Identifikation mit der Berufsgruppe und dem Verband bei.

Ganz herzlich bedanken wir uns bei den Autoren, die mit ihren Beiträgen ein umfassendes, differenziertes und wegweisendes Werk gestaltet haben.

Im Namen des bbs-Vorstands
Ernesto Zacharias
Vorstandssprecher

Vorwort

Die Globalisierung des Wettbewerbs hat dramatische Auswirkungen auf die Arbeitsbedingungen in den Unternehmen:
- Der Kosten- und Rationalisierungsdruck bei immer knapper werdenden Kapazitäten führt zu permanent steigenden Leistungsanforderungen.
- Die globale Verteilung von Kunden und Wettbewerbern fordert eine Verfügbarkeit der Mitarbeiter „rund um die Uhr".
- Der extreme Wettbewerbsdruck macht eine ständige Verteidigung der Existenzgrundlagen der Unternehmen nötig – einschließlich der damit verbundenen Unsicherheiten bezüglich der unternehmerischen Zukunft.

Für Mitarbeiter und Führungskräfte bedeutet das eine extreme Belastung im körperlichen, geistigen wie auch im seelischen Bereich. Die Erhaltung physischer wie psychischer Gesundheit für alle Beschäftigten ist dadurch zu einer zentralen und überlebenswichtigen Aufgabe und Verantwortung für das Management geworden.

Der betrieblichen Sozialarbeit kommt hier ein herausragender Stellenwert und eine besondere Bedeutung zu. Ihr Maßnahmenkatalog ist geeignet, mit entsprechenden Methoden und Instrumenten bei der Gesundheitsvorsorge, -vorbeugung, -erhaltung und -wiederherstellung steuernd wie auch kooperierend einzugreifen.

Betriebliche Sozialarbeit muss deshalb vom Management als eine wichtige Beratungsinstanz bei der Erhaltung der Gesundheit der Mitarbeiter angesehen werden.

Insofern begrüße ich dieses Buch als Informationsvermittler und Impulsgeber und wünsche ihm eine interessierte und breite Leserschaft.

Martin Schütte

Einführung der Herausgeber

Das Arbeitsfeld der betrieblichen Sozialarbeit erfreut sich zunehmender Aufmerksamkeit. Dies zeigt sich sowohl im Bereich der Schwerpunktstudien an Fachhochschulen für Sozialwesen[1] als auch in der steigenden Nachfrage nach Praktikums- und Arbeitsplätzen.

Dem gegenüber lassen sich in der Praxis hinsichtlich des Wissens über Anforderungen, Strukturen, Arbeitsinhalte und -methoden beträchtliche Informationsdefizite feststellen.

Dem daraus resultierenden Vakuum möchte der vorliegende Reader entgegen wirken. Er ist ein lebendiges Abbild gegenwärtiger betriebssozialarbeiterischer Realität, was sich in folgenden Dimensionen widerspiegelt:

1. Moderne Betriebssozialarbeit, wie sie für eine Entwicklung seit etwa Anfang der 1980er Jahre festgeschrieben werden kann, hat ihre Vollzüge in weiten Teilen vom traditionell kurativen Handeln hin zur Präventionsarbeit gewandelt. Etliche der hier veröffentlichten Beiträge, wie die von Amjad, Braun, Hartwig, Klein, Koppenhöfer, Riemer, Schewe und Soeling-Hotze, bestätigen diesen Paradigmenwechsel.
2. Allem Wandel zum Trotz ist die Betriebssozialarbeit auch weiterhin angehalten, auf vorhandenen Bedarf zu reagieren. Dass und wie sie dies zeitgemäß vermag, wird in den Beiträgen von Friege, Korn, Löning, Neumann-Busies, Noack, Richter, Rickmann und Traub-Martin deutlich.
3. Die sie generierenden Strukturen vermag die Betriebssozialarbeit kaum zu beeinflussen, was ihr nicht selten Kritik einbringt. Dennoch ist sie, wie die einzelnen Beiträge zeigen, erfolgreich tätig. Der Spannungsbogen zwischen Notwendigem und Wünschenswertem auf der einen und ökonomischen Zwängen auf der anderen Seite kann nur durch eine tragfähige Ethik gehalten werden. Hier verweist der Beitrag von

---

[1] Der Begriff „Sozialwesen" suggeriert strukturelle wie konzeptionelle Übereinstimmungen, die faktisch nicht gegeben sind, an dieser Stelle aber nicht diskutiert werden können

Schmidt beispielhaft auf die Pole, zwischen denen sich der betriebssozialarbeiterische Impetus bewegt.
4. Über allem Wandel soll und darf die Herkunft der Betriebssozialarbeit nicht verleugnet werden. Die Rückschau von Bremmer – nicht allein der Nostalgie geschuldet – beleuchtet die paradoxe Situation betrieblicher Sozialarbeit zwischen ihrer historischen Herkunft wie Praxis einerseits und einer diesem Umstand entgegen stehenden Randständigkeit in Forschung und Lehre andererseits, letztere ironischerweise konterkariert durch das wachsende Interesse der Studierenden.
5. Dass und wie sich vor dem Hintergrund ökonomischer Zwänge die Handlungsvollzüge transparent darstellen und legitimieren lassen, ist noch nicht selbstverständlicher Bestandteil des Leistungsspektrums betrieblicher Sozialarbeit. Insofern bietet hier der Beitrag von Wachter sowohl Anregung als auch einen Beleg für das Machbare.
6. Obschon im europäischen Vergleich herausragend, ist Betriebssozialarbeit als Synonym für eine auf der Grundlage fachlicher Standards wie auch wissenschaftlich fundierter Erkenntnisse ausgeübte Tätigkeit kein rein deutsches Phänomen. In einer großen Anzahl europäischer Staaten bieten Unternehmen ihren Mitarbeitern *Occupational Social Work (OSW)* an, wie das geläufige englische Synonym heißt.[2] Exemplarisch hierfür gewährt der Beitrag von Müggler einen Einblick in die „einschlägige Szene" der Schweiz, und Baumgartner bietet einen zwar nicht repräsentativen, aber dennoch aufschlussreichen Überblick über den aktuellen Stand der deutschen Betriebssozialarbeit und ihrer Perspektiven.

Die Struktur dieses Readers entspricht mehr einer additiven Collage und folgt keinem roten Faden. Um den Reichtum und die Vielfalt des Arbeitsfeldes Betriebssozialarbeit zu verdeutlichen, haben wir, die Herausgeber, uns bewusst gegen einen Leitgedanken entschieden, denn dies ist weder ein Buch ausschließlich der Herausgeber, noch eines ausschließlich der

---

[2] Aus anderen geschichtlichen Kontexten heraus hat sich in den aussereuropäischen Kontinenten und Staaten, insbesondere den USA, unter der Bezeichnung *Employee Assistance Program (EAP)* eine Variante entwickelt, auf deren Rezeption in diesem Reader verzichtet wird, da sie im deutschsprachigen Raum noch relativ selten anzutreffen ist.

Autoren. Vielmehr ist es ein Buch von allen – Herausgebern und Autoren und auch Lesern.

Wir sind uns bewusst, viele Wirkungsbereiche, in denen Betriebssozialarbeit maßgeblich vertreten ist, vernachlässigt zu haben. Ohne Redundanzgefahr könnte der Reader ein Vielfaches seines jetzigen Umfangs haben. Der Nutzen liegt aber gerade in der Beschränkung auf ausgewählte, für das Arbeitsfeld dennoch repräsentative Handlungsvollzüge.

Nicht selten sind Bücher einfach nur „nice to have" und fristen ihr Leben als Lückenfüller in zweiten und dritten Buchreihen privater Bibliotheken. Dagegen hoffen und wünschen wir, ein Buch erstellt zu haben, das auf Grund seiner Praxisnähe immer wieder gern zur Hand genommen wird – sei es, um sich des eigenen Funktionsbereichs zu vergewissern, sei es, um Handlungsspielräume auszuloten, oder sei es, um Optionen in die Praxis zu transferieren.

Ein Wort zur Lesefreundlichkeit: Bei allgemeinen Berufs- und Funktionsbezeichnungen haben wir die traditionell männliche Schreibweise verwendet. Von diesem Prinzip sind wir lediglich gegenüber konkreten Personen abgewichen. Wir wissen, dass dies eine suboptimale Lösung darstellt, für die wir um Nachsicht bitten.

Wir danken allen Autorinnen und Autoren, die in kurzer Zeit Essentielles zu Papier gebracht haben. Ein besonderer Dank gilt auch Dr. Thea Döhler für ihre umfassende Hilfe beim Überarbeiten der Beiträge. Wir danken dem Bundesfachverband Betriebliche Sozialarbeit für seine bereitwillige ideelle wie materielle Unterstützung und dem Verlag für seine freundliche Aufgeschlossenheit.

Susanne Klein
Hans-Jürgen Appelt

Michael Bremmer

100 Jahre betriebliche Sozialarbeit – Entwicklung, Geschichte und Wandel der Betriebssozialarbeit

1 Betriebliche Sozialberatung

„Betriebliche Sozialberatung beinhaltet einen breiten Katalog von Aufgaben und Maßnahmen, den i. d. R. große Unternehmen, Behörden und vergleichbar strukturierte Organisationen ihren Beschäftigten als betriebsinterne oder extern eingekaufte, in jedem Fall freiwillige Sozialleistung zur Verfügung stellen. Damit wird dem interdependenten Verhältnis Rechnung getragen, in dem die individuelle körperliche, psychische und soziale Befindlichkeit, die Leistungsfähigkeit und -bereitschaft auf der einen und betriebliche Strukturen und Arbeitsbedingungen auf der anderen Seite zueinander stehen. Durch persönliche Belastungen gebundene, die Unternehmensziele und den Arbeitsprozess beeinträchtigende Mitarbeiterpotenziale werden mit Hilfe von Maßnahmen der BSA wieder verfügbar gemacht bzw. verbessert [...] Strukturell sind die in der BSA Beschäftigten meist einer Stabsstelle innerhalb des Personal-/Sozialwesens zugeordnet. Damit bewegen sie sich im Spannungsfeld zwischen unternehmerischen Zielen, personenbezogenen Bedürfnissen der Klientel und dem eigenen berufsethischen Impetus. Persönliche Belastbarkeit und psychische Stabilität sind deshalb essentielle Standards. Erforderlich ist u. a. auch die Fähigkeit zu konzeptionellem und vernetztem Denken, zu Abstraktions- und Integrationsvermögen sowie die Bereitschaft zu eigenen qualitätssichernden Maßnahmen." (Fachlexikon Soziale Arbeit, 2007, S. 131).

In den Unternehmen herrscht eine Reihe von Bezeichnungen der Einheiten vor, in denen betriebliche Sozialarbeit (BSA) geleistet wird. Als Beispiele seien aus dem Mitgliederverzeichnis des Bundesfachverbandes Betriebliche Sozialarbeit (bbs) genannt: Beratungsdienst für Mitarbeiterinnen und Mitarbeiter der Stadtverwaltung, Anlaufstelle für soziale Angelegenheiten, Betriebsbeauftragter für Sozialbetreuung, psychosozialer Dienst für die Beschäftigten, institutionelle Gesundheitsförderung, Beratungsstelle für Konfliktklärung und Suchtfragen, Gesundheitsförderung – Sozialmanagement, Personalamt – Soziale Angelegenheiten – Sozialdienst, Gesundheitsservice und betriebliche Sozialberatung, Mitarbeiterberatung, individuelle Mitarbeiterbetreuung, sozialer Ansprechpartner, betriebliche Suchtberatung (bbs Mitgliederverzeichnis). Allen gemeinsam ist, dass sie sich mit ihrer Arbeit und ihrem Selbstverständnis inhaltlich dem Arbeitsfeld der betrieblichen Sozialarbeit zuordnen lassen. Themen und Arbeitsfelder variieren je nach Tradition und unternehmensspezifischen Vorgaben.

2   Entwicklung betrieblicher Sozialarbeit im 20. Jahrhundert

Betriebliche Sozialarbeit ist innerhalb des Studiums des Sozialwesens ein nur am Rande behandeltes Tätigkeitsfeld. Traditionell richtet sich der Fokus der Ausbildung auf die spätere Beschäftigung bei öffentlichen Arbeitgebern sowie bei kirchlichen und freien Trägern.

Durch die Nähe zu Wirtschaft und Industrie wird die betriebliche Sozialarbeit innerhalb der Sozialarbeit eher reserviert betrachtet, da ihr Neutralität gegenüber den Klienten nur schwer zugetraut wird.

Betriebliche Sozialarbeit ist näher an den Beschäftigten als Beratungen anderer Organisationsformen. Es gibt kein Über- oder Unterordnungsverhältnis, und Beratung findet auf kollegialer Ebene statt. Die Finanzierung erfolgt innerbetrieblich, nicht über öffentliche Abgabesysteme. Letztlich „erarbeiten" sich die Beschäftigten eines Unternehmens ihre „eigene" Sozialberatung. Trotzdem liegt in der Aufgabenstellung von Anfang an bis heute ein ständiger Konflikt begründet. Sozialberatung will die Interessen der Beschäftigten wahrnehmen, gleichzeitig aber die Interessen ihres Arbeitgebers berücksichtigen (Reinicke 1988, S. 205).

An den Fachhochschulen wurden in den letzten Jahren die Studieninhalte zur betrieblichen Sozialarbeit weiterentwickelt. Allerdings stellt sich mit Blick auf die Beschäftigungsmöglichkeiten in den betrieblichen Sozialberatungen der Unternehmen in Deutschland Ernüchterung ein. Bundesweit sind etwa 300 Mitglieder, die in 150 Unternehmen arbeiten, beim bbs organisiert. Dementsprechend gering sind die Angebote an

Beschäftigungsmöglichkeiten und freien Stellen. Selbst wenn – wie verbandsintern vermutet wird – zwischen 1000 und 1500 Fachkräfte, eingeschlossen externe betriebliche Beratungsdienste und selbstständige Berater, bundesweit im Bereich der betrieblichen Sozialarbeit tätig sind, wird dieses Arbeitsgebiet innerhalb der Sozialarbeit und der Sozialpädagogik immer exotisch bleiben (Appelt 2004, S. 10). Kirchen sprechen im Zusammenhang mit betrieblicher Sozialarbeit gar vom „Aschenputtel der sozialen Arbeit" (Kirchen, 2004, Klappentext), eine Auffassung, die der Verfasser und der bbs so nicht teilen.

Themen wie Kosten-Nutzen-Rechnung, Total-Quality-Management, Evaluation, Personalentwicklung, Konfliktmanagement/Mediation, Case-Management, psychomentale Fehlbelastungen, altersgerechte Personalentwicklung, die vom bbs in den Jahren seit Gründung in Fortbildungen aufgegriffen wurden, haben zwischenzeitlich Eingang sowohl in das Studium als auch in die Arbeit und das Selbstverständnis anderer Träger sozialer Arbeit gefunden.

2.1 Von den Anfängen

Interessanterweise findet sich betriebliche Sozialarbeit schon zu Beginn des 20. Jahrhunderts in den Großbetrieben in Deutschland. Erste Hinweise auf eine mit der heutigen betrieblichen Sozialarbeit vergleichbare Tätigkeit gibt es bereits 1900 (Reinicke 1988, S. 202). In den folgenden Jahren bis zum Ausbruch des 1. Weltkrieges wurden in verschiedenen Großbetrieben des Deutschen Reiches (AEG; Bayer, Krupp, Siemens usw.) Fabrikpflegerinnen eingestellt. Traditionell waren es Frauen, oft Krankenschwestern, die in einem 4-Wochen-Kurs mit anschließender 1-jähriger Lehrzeit auf ihre Aufgabe und ihren Einsatz vorbereitet wurden.

Zielsetzung der Unternehmen war die Bindung der Beschäftigten an das Unternehmen, mit einer damit verbundenen höheren Leistungsmotivation einerseits und andererseits – nach heutigen Begrifflichkeiten – Gesundheitsprävention für die Belegschaft.

Als durch die Kriegseinsätze der Männer immer mehr Frauen durch das Gesetz über den Vaterländischen Hilfsdienst vom 5.12.1916 zur Mitarbeit in der Kriegindustrie verpflichtet werden, befürchten die Verantwortlichen durch die Doppelbelastung als Arbeiterinnen und Mütter (!) Ausfälle in der Produktion (Klinger 2001, S. 16). So sehen sich die verantwortlichen Ministerien zum Handeln gezwungen und wirkten zu Beginn des Kriegsjahres 1917 per Ministerialerlass auf die Munitionsfabriken ein, Fabrikpflegerinnen einzustellen. In den Folgemonaten mussten die militärischen Institutionen – sofern dort Frauen arbeiteten – ebenfalls Fabrikpflegerinnen beschäftigen. Bis Ende 1917 waren es 500; bis Ende 1918 war ihre Anzahl bereits auf 745 angestiegen.

Interessant ist der Blick auf die Bezugsgröße: Eine Fabrikpflegerin kommt auf rund 1000 Arbeiterinnen (Reinicke 1988, S. 204). Die Aufgabenstellung umfasste u. a.:
- Unterbringung der Kinder während der Abwesenheit der Mütter,
- Schlichtung bei Streitigkeiten,
- Beratung bei Alimentationsproblemen,
- Finanzplanung,
- Überwachung von vorgeschriebenen Schonzeiten,
- Pflege der Geselligkeit und Unterhaltungsabende (Reinicke 1988, S. 208 f.).

Übertragen in die heutige Terminologie ist festzustellen, dass viele Entsprechungen zu finden sind:
- Betrieblich unterstützte Kinderbetreuung,
- Mediation/Konfliktberatung,
- Kindesunterhalt,
- Schuldenberatung,
- Mutterschutzfristen/Elternzeit.

Aber auch solche Aktivitäten, die in die Freizeit und in das Privatleben der Arbeiterinnen wirkten, wurden angeboten.

Das Ende des 1. Weltkrieges bewirkte in unmittelbarer Folge einen Rückgang der Fabrikpflegerinnen. Gab es 1918 noch 745 Fabrikpflegerinnen, waren es 1925 nur noch 110. 2005 gaben lediglich 7 Sozialberatungen an, zwischen 1900 und 1919 gegründet worden zu sein. Einen Überblick über die Branchenverteilung 1925 gibt die folgende Abbildung (Reinicke 1988, S.204).

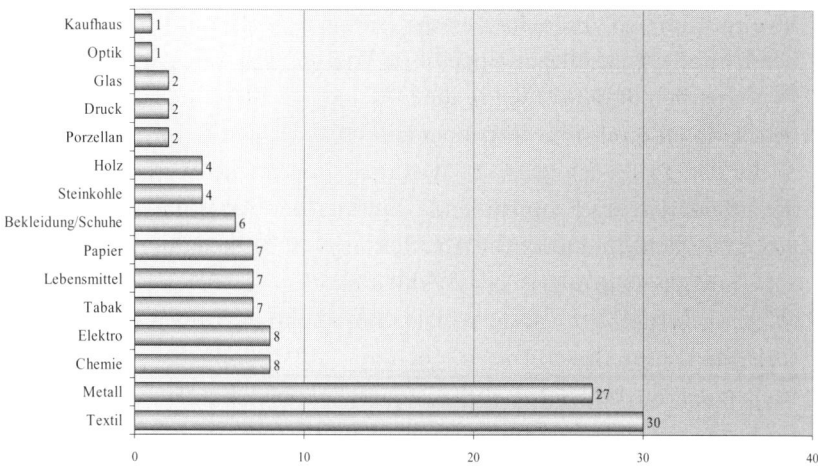

Abb. 1: Branchenverteilung 1925 (Bremmer, eigene Graphik)

Eine Zunahme der „sozialen Betriebsarbeit" war erst wieder zur Zeit des Nationalsozialismus zu verzeichnen. „Zum Ende des 1000-jährigen Reichs walteten 3000 Betriebsfürsorgerinnen [...] in den deutschen Unternehmen." (Blandow 1993, S. 316) Inhaltlich und formal nahmen die Dienststellen des Regimes – allen voran die Deutsche Arbeitsfront (DAF) – massiven Einfluss auf Ausbildung, Anstellung und Tätigkeit der so genannten sozialen Betriebsarbeiterinnen. Ihnen kam eine zentrale Bedeutung als Trägerinnen der sozialen Betreuung der Werktätigen zu.

2.2 Fabrikpflege – Werksfürsorge – Sozialberatung

Analog zur Krankenpflege wurde zu Beginn der Begriff Fabrikpflege gewählt. Organisatorisch sollte die Fabrikpflegerin direkt der Betriebsleitung zugeordnet werden, weil dadurch Neutralität am ehesten gewährleistet war. Auch die Zusammenarbeit mit den Arbeiterausschüssen, den heutigen Betriebsräten, wurde von Anfang an als wichtig und notwendig erachtet.

Fabrikwohlfahrtspflege, Arbeiterfürsorge, Betriebswohlfahrtspflege, Sozialsekretariat an Fabrikbetrieben, soziale Betriebsarbeit – das waren

Begriffe, die bis 1930 verwendet wurden, ehe sich der Begriff Werkfürsorge durchsetzte. In der Zeit des Nationalsozialismus wird die Berufsbezeichnung Volkspfleger eingeführt. Volkspfleger waren in der sozialen Betriebsarbeit tätig, wurden in die DAF eingegliedert und so für die Ziele des Nationalsozialismus instrumentalisiert.

In der Zeit nach dem 2. Weltkrieg fristete die Werksfürsorge ein Schattendasein. Der zunehmende Einfluss der Arbeitnehmervertretungen, gesetzliche und tarifliche Absicherung von Risiken des Arbeitslebens, zunehmende Leistungen der Wohlfahrtspflege sowie ein ausgeprägtes „Negativ-Image […], das die sozialen Betriebsarbeiterinnen des Nationalsozialismus hinterlassen hatten" (Blandow 1993, S. 317), ließen die Leistungen der Werksfürsorge überflüssig erscheinen. „Betriebsräte verwiesen […] auf ihre eigenen Zuständigkeiten und Kompetenzen, die Gewerkschaften hielten von dem ‚Sozialklimbim' ohnehin nichts." (ebd. S. 317)

Beginnend 1957, mit der Entscheidung des Sozialausschusses der Wirtschaftsvereinigung Eisen- und Stahlindustrie, wurde in den 60er und 70er Jahren in den Unternehmen die Werksfürsorge in Sozialberatung umbenannt. Damit einher ging die Notwendigkeit, Ziele und Inhalte neu zu definieren (Klinger 2001, S. 18). Aus wohltätiger Fürsorge wurde systematische Beratungsarbeit.

Gleichwohl dauert die Diskussion um eine angemessene Benennung bis heute an. Davon zeugen die vielen unterschiedlichen Bezeichnungen für die Beratungsstellen in den Unternehmen und die Anträge und Diskussionsbeiträge auf den Mitgliederversammlungen des bbs (MV-Protokolle des bbs). Offensichtlich beschreibt der Begriff Sozialberatung im Selbstverständnis der dort Tätigen nicht mehr treffend die heutigen Inhalte und Ziele der Arbeit.

2.3 Von der Sozialleistung zur Serviceeinheit

Sozialberatung als organischer Teil eines Unternehmens ist – wie andere Unternehmenseinheiten auch – seit ihrer Existenz sich ständig ändernden Anforderungen unterworfen. Gerade die Veränderungen in den letzten 25 Jahren, mit Schlagworten wie Internationalisierung, Globalisierung, demographischer Wandel verdeutlicht, führten mit der Anwendung neuer Managementmethoden auch bei den innerbetrieblichen Serviceeinheiten, zu denen die Sozialberatungen ja gehören, zu massiven strukturellen Veränderungen. So gab es vor 25 Jahren noch überwiegend ein Modell von Sozialberatung, das gekennzeichnet war durch ein aufeinander basierendes Angebot von Hilfeleistungen. Das eine Angebot war ohne das andere nicht – oder nur schwer – umsetzbar.

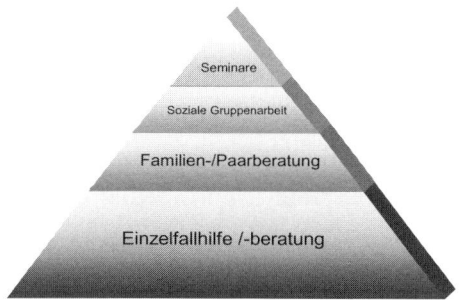

Abb. 2: Lineares Beratungsmodell (Bremmer, eigene Darstellung)

Die Schwachstelle bestand eben in diesem linearen Aufbau. Wurde eine Lage aus dem Bauwerk herausgenommen, war die Struktur nicht mehr tragfähig. Gründe hierfür gab es zahlreiche: Aus- oder Überlastung des Beraters; Begehrlichkeiten anderer Organisationseinheiten, die sich attraktive Teile aus dem Kuchen einverleibten; Leistungen, die aufgrund unternehmenspolitischer Entscheidungen nicht mehr angeboten werden konnten oder ausgelagert und dann von außen zugekauft wurden.

Zudem kämpfte Sozialberatung einerseits gegen überlieferte Einstellungen an und sah sich andererseits der Notwendigkeit einer Anpassung an betriebliche Entwicklungen ausgesetzt. Die herrschenden Einstellungen, basierend auf christlich sozialen Traditionen, gingen davon aus, dass soziale Arbeit selbstlose Hilfe am Nächsten zu leisten habe, per se keiner Erklärung und weiteren Prüfung bedürfe, und dass ein imaginärer sozialer Auftrag permanent verteidigt werden müsse. Somit war die Ausprägung eines neuen Profils erschwert (Kaiser 1998, S. 3-6). Dies führte dazu, dass die innerbetriebliche Rückmeldung über Beratungsergebnisse (nicht Beratungsinhalte) zur Unterstützung betroffener Führungskräfte in nur geringem Maße stattfand und Arbeitsergebnisse nicht im Sinne eines seismographischen Berichtes kommuniziert wurden. Der Kommunikationsfluss war in der Vergangenheit an dieser Stelle nicht gut ausgeprägt und ist künftig sicherlich noch zu verbessern.

Von der Schnelligkeit betrieblicher Veränderungen werden auch die Sozialberatungen erfasst, die sich plötzlich vermarkten, ihr Angebot auf die Nachfrage abstimmen und sich inner- und außerbetrieblicher Konkurrenz stellen müssen (Kaiser1998, S. 7-10). Hierbei genügt es nicht, sich nur unreflektiert des Vokabulars der Wirtschaft zu bedienen – das wäre nur alter Wein in neuen Schläuchen. Es kommt darauf an, diese Begrifflichkeiten fachspezifisch zu definieren und auf dieser Basis ein eigenes unverwechselbares Profil zu entwickeln.

3 Betriebliche Sozialarbeit – ein Instrument moderner Personalarbeit

Betriebliche Sozialberatung hat – wie beschrieben – einen Bedeutungs- und Arbeitswandel erfahren und sich in den letzten Jahrzehnten in der freien Wirtschaft und im öffentlichen Dienst als unterstützendes Instrument der Unternehmensführung etabliert. Die verschiedenen Leistungen der Sozialberatung stehen gleichwertig und gleichgewichtig nebeneinander. Sie sind als Einzelelemente leichter anzupassen und umzugestalten, einfacher weiterzuentwickeln, je nach Bedarf anders zu gewichten oder zu ergänzen, aber auch je nach Erfordernis auszutauschen, auszulagern oder zu delegieren. Und neue Elemente können besser eingepasst werden.

Die Vorteile eines parallelen Beratungsmodells oder „Tempelmodells" (Abbildung 3) liegen in der Stabilität und Transparenz des Aufbaus und vor allem im Erhalt der Grundsubstanz. Ein fehlendes Element stellt in der Folge nicht die Existenz der Einrichtung in Frage. Die Umsetzung dieses Konzepts hat sich in der Praxis bewährt, denn mit ihrer Leistungspalette ist betriebliche Sozialarbeit heute breiter und differenzierter aufgestellt als in der Vergangenheit.

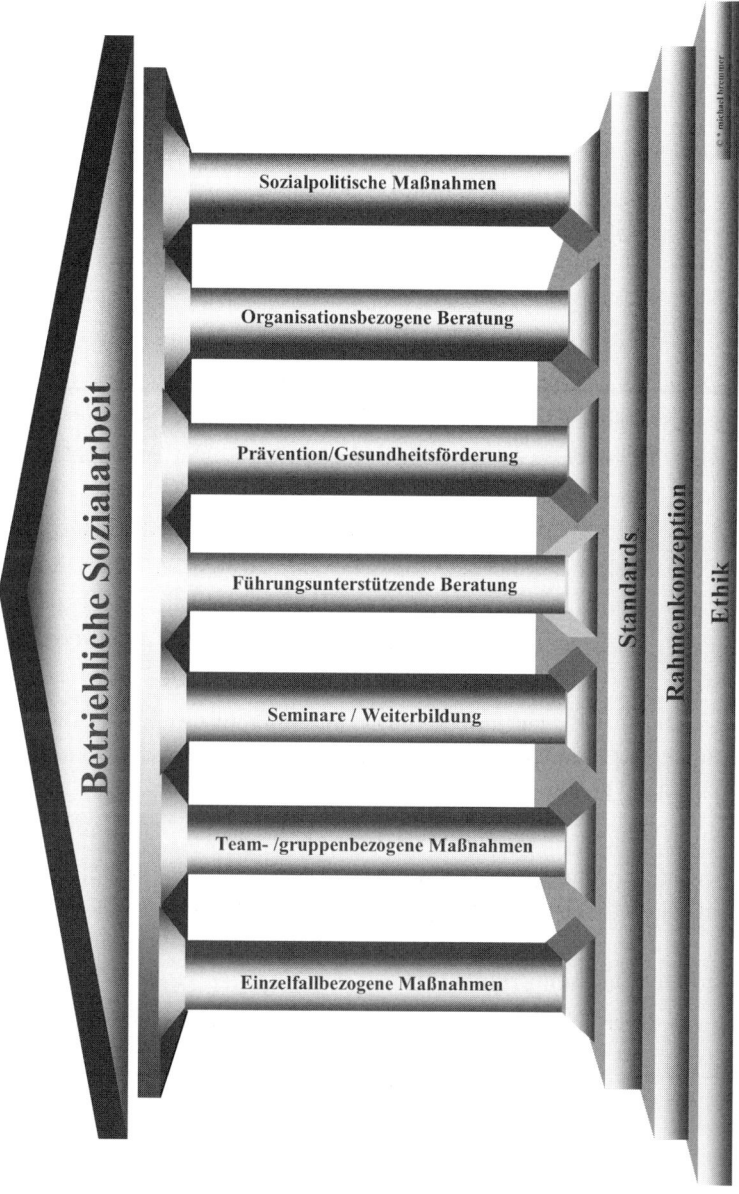

Abb 3: Paralleles Beratungsmodell (Bremmer, eigene Darstellung)

In vielen Unternehmen ist Sozialberatung heute nicht mehr wegzudenken, wird sie doch als wichtiges Bindeglied zwischen Unternehmen, Führungskräften und Beschäftigten angesehen.

Literatur

Appelt, Hans-Jürgen (2004): Lobbyarbeit in der betrieblichen Sozialarbeit – Organisierte Interessenvertretung in Deutschland mit Blick auf Europa. In: SozialAktuell, Fachzeitschrift des Schweizerischen Berufsverbandes Soziale Arbeit SBS/ASPAS, 36. Jahrgang Nr. 5, S. 6–11.

bbs (2009): Rahmenkonzeption für das Arbeitsfeld betriebliche Sozialarbeit, Bundesfachverband Betriebliche Sozialarbeit.

bbs (2006): Satzung des Bundesfachverbandes Betriebliche Sozialarbeit.

Blandow, Jürgen (1993): Betriebliche Sozialarbeit – Von der Fabrikpflege auf dem Weg wohin? In: Theorie und Praxis der Sozialen Arbeit, S. 312–319.

Bremmer, Michael (2000): Die Zukunft der betrieblichen Sozialberatung. Beitrag anlässlich der Tagung: Sozialberatung auf dem Prüfstand, Fachhochschule Solothurn, Nordwestschweiz.

Deutscher Verein für öffentliche und private Fürsorge (6. Auflage 2007) Fachlexikon der sozialen Arbeit

Kaiser, Jana (1998): Herausforderungen an die Profilierung sozialer Arbeit. In: Bundesfachverband Betriebliche Sozialarbeit e.V. (Hg): bbs-forum, Jhg. 5, Heft 1, S. 1–15.

Kirchen, Thomas (2004): Mobile betriebliche Sozialarbeit. Stuttgart: ibidem

Klinger, Inis-Janine (2001): Historischer Abriss und Rechtsgrundlagen der betrieblichen Sozialarbeit. In: Jente, Charlotte, Judis, Frank, Meier, Ralf, Steinmetz, Susanne, Wagner, Stefan F. (Hg.): Betriebliche Sozialarbeit. Freiburg im Breisgau, Lambertus, S. 15–18.

Reinicke, Peter (1988): Die Sozialarbeit im Betrieb. In Soziale Arbeit, 37. Jahrgang, Heft 6–7, S. 202–213.

Edgar Baumgartner

Betriebliche soziale Arbeit in Deutschland – Stand und Perspektiven

1 Einleitung

Seit den Anfängen der betrieblichen sozialen Arbeit (BSA), die in Deutschland bis ins Jahr 1900 zurückreichen (vgl. Klinger 2001, S. 15), haben sich aus deren Zuordnung zu wirtschaftlichen Unternehmen stets Fragen zur Positionierung ergeben.

Aktuell ist etwa die Legitimationsbasis in Frage gestellt, da die BSA auch heute noch zu den freiwilligen Leistungen eines Unternehmens zählt und daher in Zeiten von Kostenersparnis und Auslagerungen ums Überleben kämpfen muss (vgl. Jaeppelt & Görcke 2009, S. 111). Der Grund hierfür dürfte jedoch nicht nur in der fehlenden gesetzlichen Verankerung liegen. So hält Lau-Villinger (1996) betriebliche Sozialberatungen angesichts ihrer Bedeutungslosigkeit für überholt. Andere verknüpfen die Existenzberechtigung mit einer Neuausrichtung des Angebotsprofils: exemplarisch dazu Krings-Sarhan (2006, S. 22 f.), die zwischen der klassischen, auf die Einzelfallberatung ausgerichteten Sozialarbeit und der modernen, unternehmensbezogenen BSA unterscheidet, die für ein lösungs- und ressourcenorientiertes Vorgehen bei Veränderungsprozessen in Unternehmen steht.

Wie weit die aktuellen Angebotsprofile im Feld der BSA über die Einzelfallberatung hinausreichen und wie die Legitimation der einzelnen Einrichtungen zu beurteilen ist, möchte der vorliegende Beitrag auf Basis einer aktuellen Untersuchung im Feld aufzeigen. Nach den einleitenden Bemerkungen zur Datenbasis und methodischen Vorgehensweise werden Ergebnisse zu personeller Ausstattung und Angebotsprofilen, struktureller Einbindung im Unternehmen sowie Problemen der Positionierung vorgestellt.

2 Datenbasis und methodisches Vorgehen

Die folgenden Angaben entstammen einer Untersuchung aus dem Frühsommer 2008, die die Situation der BSA in Deutschland und der deutschen Schweiz vergleicht.[1] Der Feldzugang in Deutschland wurde mit Unterstützung des Bundesfachverbands Betriebliche Sozialarbeit e.V. Deutschland (bbs) realisiert. Insgesamt 155 Leitende von betrieblichen Sozialberatungen, bei denen Mitglieder des bbs beschäftigt sind, wurden im Rahmen einer standardisierten Befragung angeschrieben. Die Studie ist dabei unternehmensbezogen angelegt, d. h. es werden Profile und Ausrichtungen von betrieblichen Sozialberatungen jeweils eines Unternehmens erhoben.

Als Erhebungsmethode kam eine webbasierte Onlinebefragung zum Einsatz.[2] Bei einer Rücklaufquote von 31 % resultierten Angaben zu insgesamt 48 betrieblichen Sozialberatungen.[3]

Diese Datenbasis ist gewiss als schmal zu bezeichnen. Aufgrund der Entstehung der Stichprobe über das Mitgliederregister des bbs kann zudem keine Repräsentativität für das Feld der BSA in Deutschland angenommen werden.[4]

Die 48 Sozialberatungen umfassende Datenbasis setzt sich zu 90 % aus internen Sozialberatungen zusammen; nur ein geringer Anteil der Einrichtungen weist somit eine eigenständige externe Trägerschaft auf. Zwei Drittel der befragten Sozialberatungen sind für Unternehmen mit

---

[1] Das Projekt mit dem Titel „Entwicklung und Erprobung einer evidenz-basierten Konzeption betrieblicher sozialer Arbeit" ist vom Schweizerischen Nationalfonds und von der Swisscom AG mitfinanziert und wird fachlich vom Schweizerischen Netzwerk Betriebliche Sozialberatungen unterstützt.

[2] Die Plattform war: http://ww3.unipark.de/www/. Auf Wunsch der Befragten und im Rahmen eines Erinnerungsschreibens wurde zusätzlich eine Papierversion des Fragebogens zugestellt.

[3] Wenn eine (externe) Sozialberatung für mehrere Unternehmen zuständig war, wurde bei unternehmensbezogenen Fragen das Unternehmen mit der größten Anzahl an Mitarbeitenden als Referenzunternehmen ausgewählt.

[4] Wegen der fehlenden Vergleichsmöglichkeiten bleibt allerdings offen, inwiefern Abweichungen entstanden sind.

weniger als 10 000 Beschäftigten zuständig.[5] Sozialberatungen von Unternehmen aus der Branche „Verarbeitendes Gewerbe, Industrie, Bergbau, Gewinnung von Erden und Steinen" machen mit 29 % den größten Anteil aus, während Sozialberatungen aus „Öffentlicher Verwaltung, Sozialversicherung, Unterrichtswesen" mit einem Anteil von 21 % die zweitgrößte Gruppe bilden (n = 48).[6]

3 Personelle Ressourcen und Angebotsprofile

3.1 Personelle Ausstattung

Die in die Untersuchung einbezogenen betrieblichen Sozialberatungen sind mehrheitlich im Zeitraum von 1980 bis 2000 gegründet worden (Anteil von 58 %).[7] Nur rund vier Prozent der Sozialberatungen sind erst seit 2001 entstanden.

Das Feld der BSA ist von kleinen Beratungsstellen dominiert: In knapp zwei Dritteln (65 %) der untersuchten Stellen sind höchstens zwei Sozialberatende beschäftigt, und die Summe der Stellenprozente beträgt maximal 100 % (Mittelwert: 215 Stellenprozente, n = 46). Gemäß einer Mehrheit der Leitenden blieben die personellen Ressourcen (Stellenprozente) in den letzten zwei Jahren unverändert (Anteil von 71 %, n = 48), während ein Anteil von 17 % von einem Abbau in diesem Zeitraum berichtet.

Ein hoher Anteil der beschäftigen Sozialberatenden verfügt über einen Abschluss in Sozialer Arbeit (Sozialarbeit, Sozialpädagogik): Insgesamt 74 % der in den untersuchten Sozialberatungen beschäftigten Sozialberatenden verfügt über diese Ausbildung und in drei Vierteln der Sozialberatungen sind alle Sozialberatenden entsprechend qualifiziert (n = 48).

---

[5] Die durchschnittliche Größe der Unternehmen – gemessen an der Anzahl der Mitarbeitenden – betrug Ende 2007 rund 16.000 Mitarbeitende (Median: 6 000).
[6] Die beiden Branchen „Kredit- und Versicherungsgewerbe" und „Gesundheits- und Sozialwesen" sind jeweils mit 12,5 % in der Stichprobe vertreten.
[7] Laut Bremmer (2006, S. 15) fällt in diese Periode eine „Gründungswelle".

Werden die personellen Ressourcen in Relation zur Anzahl der Beschäftigten gesetzt, so ist bei einem Fünftel der betrieblichen Sozialberatungen eine Vollzeitstelle für weniger als 2000 Mitarbeitende eines Unternehmens zuständig (Tabelle 1).[8]

Tab. 1: Anzahl und Anteil Beschäftigter pro Vollzeitstelle

	Anzahl	Anteil
bis 1999 Mitarbeitende	9	20%
2000 bis 3999 Mitarbeitende	9	20%
4000 bis 5999 Mitarbeitende	8	17%
6000 bis 7999 Mitarbeitende	7	15%
8000 Mitarbeitende oder mehr	13	28%
Total	46	100%

3.2 Aufgaben und Themen der Sozialberatungen

Die Aufgaben und Themen der betrieblichen Sozialberatungen sind breit angelegt. Durchschnittlich werden zehn (von vierzehn vorgegebenen) Aufgaben genannt.

In mehr als 90 % der Sozialberatungen zählen Konfliktmanagement, Einzelfallberatung, Fachberatung von Vorgesetzten und Führungskräften sowie Kriseninterventionen zum Angebot (Tabelle 2). Eher selten gehören Aufgaben wie „Gemeinsame Projekte mit externen Stellen" sowie „Beratung bei Umstrukturierungen oder Outsourcing" zum Portfolio der Einrichtungen (in 40 bzw. 25 % der Fälle). Aufgrund dieses Ergebnisses ist festzustellen, dass die Aufgaben der BSA offensichtlich weit über die Einzelfallberatung von Mitarbeitenden hinausgehen. In praktisch allen Sozialberatungen zählen zudem Vorgesetze und Führungskräfte zu den Nutzenden des Angebots; immerhin wird in 50 % der betrieblichen Sozialberatungen auch die Geschäftsleitung zu sozialen Themen beraten.

Die Einzelfallberatung bleibt allerdings die dominierende Leistungsform: Im Mittel wenden die Sozialberatungen 56 % ihrer Arbeitszeit hierfür auf (n = 48). Für die Fachberatung von Vorgesetzen und Führungskräften resultiert ein durchschnittlicher Aufwand von 17 % der Arbeitszeit (n = 47).

---

[8] Der Median liegt bei 4.875 Beschäftigen (n = 46).

Tab. 2: Anzahl und Anteil wahrgenommener Aufgaben

Aufgabe	Anzahl Nennungen	Anteil Nennungen (von n = 48)
Konfliktmanagement (z. B. Moderation von Konfliktgesprächen)	48	100%
Einzelfallberatung	47	98%
Fachberatung von Vorgesetzten und Führungskräften	47	98%
Krisenintervention	44	92%
Information oder Aufklärung zu Präventionsthemen	42	88%
Schulung von Vorgesetzten und Führungskräften	41	85%
Case Management	38	79%
Seminare oder Schulungen zu Präventionsthemen	37	77%
Unternehmensinterne Projekte	37	77%
Teamentwicklung	24	50%
Beratung der Geschäftsleitung zu sozialen Themen	24	50%
Gemeinsame Projekte mit externen Stellen	19	40%
Beratung bei Umstrukturierungen oder Outsourcing	12	25%

Ein anderes Bild entsteht, wenn sich der Blick auf die bearbeiteten Themen richtet (Tabelle 3) . Welche aus einer vorgegebenen Liste von 17 möglichen Themen bearbeitet werden und welche in Relation zur eingesetzten Arbeitszeit zu den fünf wichtigsten gehören, darüber informiert Tabelle 3. Es zeigt sich, dass klassische Themen der BSA – wie psychische Schwierigkeiten von Mitarbeitenden, familiäre Beziehungen, Sucht oder Probleme am Arbeitsplatz – von fast allen Sozialberatungen bearbeitet werden (Anteil von 96 % oder mehr). Die vier genannten Themen gehören zudem zu den fünf wichtigsten.

Durchschnittlich werden 12 Themen genannt, die von den betrieblichen Sozialberatungen bearbeitet werden. Auch Themen, die Bremmer (2006, S. 35 f.) als „neu" bezeichnet – wie ältere Mitarbeitende, Vereinbarkeit von Familie und Beruf oder organisationsbedingte Veränderungen/Umstrukturierungen – , nennen mindestens 30 % der Sozialberatungen als Thema, wenngleich sie praktisch nirgends zu den fünf wichtigsten Themen zählen.

Das so skizzierte Angebot steht in 9 von 48 Sozialberatungen ausschließlich Mitarbeitenden offen. In den weiteren Sozialberatungen können praktisch überall (97 % von 39) Angehörige von Mitarbeitenden oder ehemalige Mitarbeitende das Angebot nutzen (62 % von 39). Die Inanspruchnahme ist aber eher gering: 2007 zählen außerhalb der aktuell Beschäftigten durchschnittlich 22,4 Personen zur Klientel (n = 35).

Unter den Mitarbeitenden nehmen im Mittel 454 Klienten oder Klientinnen eine Beratung in Anspruch (im Jahr 2007). (Es werden jene Personen gezählt, die eine Beratung – ohne einmalige Kontakte oder telefonische Auskünfte – in Anspruch genommen haben).

Tab. 3: Anzahl bearbeiteter Themen

Themen	Anzahl Nennungen (Anteil in % von 48)	Anzahl Nennungen unter den 5 wichtigsten Themen (Anteil in % von 48)
Psychische Schwierigkeiten von Mitarbeitenden	48 (100%)	43 (90%)
Familiäre Beziehungen (Trennung, Scheidung, Erziehung)	47 (98%)	24 (50%)
Sucht	47 (98%)	26 (54%)
Probleme am Arbeitsplatz (Mobbing, Konflikte)	46 (96%)	35 (73%)
Wiedereingliederung nach Rehabilitationsmassnahmen	43 (90%)	14 (29%)
Stressbewältigung	43 (90%)	14 (29%)
Finanzielle Angelegenheiten	42 (88%)	13 (27%)
Förderung von Kommunikation oder Kooperation	41 (85%)	13 (27%)
Gesundheitsförderung	40 (83%)	14 (29%)
Vereinbarkeit von Familie und Beruf	35 (73%)	4 (8%)
Sexuelle Belästigung am Arbeitsplatz	32 (67%)	0 (0%)
Abwesenheiten, Fehlzeiten	30 (63%)	9 (19%)
Organisationsbedingte Veränderungen/Umstrukturierungen	28 (58%)	5 (10%)
Ältere Mitarbeitende /Vorbereitung auf den Ruhestand	23 (48%)	1 (2%)
Hilfen bei der Kinderbetreuung	17 (35%)	2 (4%)
Hilfen bei der Betreuung älterer Personen (*elder care*)	15 (31%)	0 (0%)
Diversity im Betrieb	15 (31%)	1 (2%)

Ein Viertel der Sozialberatungen hat weniger als 100 Klienten und Klientinnen; ein weiteres Viertel zählt mehr als 400 Personen zur Klientel (je 24 %). Des Weiteren werden Sozialwesen (8 %) und Geschäftsleitung (6 %) genannt (und 27 % für „Anderes").

Die strukturelle Einbindung im Unternehmen

Organisatorisch sind betriebliche Sozialberatungen, bei denen – wie erwähnt – interne Einrichtungen dominieren (Anteil von 90 %), am häufigsten dem Personalwesen (33 % von 48) oder dem arbeitsmedizinischen Dienst (25 %) zugeordnet

Fast durchweg ist die betriebliche Sozialberatung in einer Betriebs- bzw. Dienstvereinbarung erwähnt (in 89 % der Fälle, n = 45). [9] In knapp zwei Dritteln (63 %) der einbezogenen Unternehmen verfügt sie über einen Leistungsauftrag.

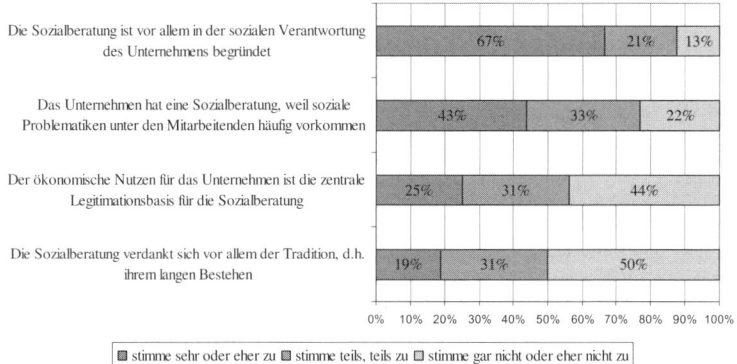

Abb. 1: Aussagen zur Legitimation der Sozialberatung

Die Verankerung der BSA scheint solide: Rund zwei Drittel (68 %) der Leitenden von Sozialberatungen bejahen, dass ein klares Bekenntnis der Unternehmensleitung vorliegt, eine Sozialberatung zu führen. Rund drei Viertel der Befragten bekräftigen zudem, dass die Existenz der Sozialberatung im Unternehmen nicht in Frage gestellt ist (77 %, n = 48).

[9] Eher selten ist eine explizite Erwähnung im Leitbild eines Unternehmens (bei 2 von 40 Unternehmen mit Leitbild).

Unter den Beweggründen, eine betriebliche Sozialberatung zu führen, steht die soziale Verantwortung des Unternehmens an oberster Stelle (67 % der Befragten stimmen zu, Abbildung 1). Dies ist ein deutlich stärkerer Zuspruch als vergleichweise bei Begründungen, die auf die Tradition (19 %), den ökonomischen Nutzen für das Unternehmen (25 %) oder die Häufigkeit sozialer Probleme (43 %) verweisen.

Aus Sicht der befragten Leitenden von Sozialberatungen ist die Existenz der Sozialberatung umso weniger in Frage gestellt, je stärker seitens der Unternehmensleitung ein Bekenntnis zur Sozialberatung besteht (Spearmans Rho: $r = 0{,}54$, $p < 0{,}01$, $n = 48$). Dieses Bekenntnis wiederum liegt vor allem dann vor, wenn die Sozialberatung in der sozialen Verantwortung des Unternehmens begründet ist (Spearmans Rho: $r = 0{,}46$, $p < 0{,}01$, $n = 48$). Da Sozialverantwortung wie auch ökonomische Überlegungen eine Rolle spielen, bestätigt sich das Bild einer doppelten Legitimationsgrundlage für die BSA (vgl. Baumgartner, im Druck).

5 Probleme der Positionierung

Trotz des Eindrucks einer gefestigten Legitimationsbasis ist die Positionierung im Unternehmen keineswegs unproblematisch: Nur eine Minderheit von 42 % bejaht, dass die Bedeutung der Sozialberatung im Unternehmen ausreichend erkannt wird, und nur bei einem Drittel (33 %) trifft zu, dass es im Unternehmen selbstverständlich ist, dass die Sozialberatung in Anspruch genommen wird (Abbildung 2).

Das sind deutliche Indizien, dass die BSA in Unternehmen eine untergeordnete Rolle spielt. Dies bestätigt auch die Zustimmung von 44 % der Befragten zur Aussage, dass sich die Sozialberatung bei Vorgesetzten immer wieder in Erinnerung bringen muss, um nicht vergessen zu werden. Zudem kann die Einsicht in deren Nutzen nicht vorausgesetzt werden: Fast alle untersuchten Sozialberatungen (94 %) äußern sich dahin gehend, dass viele den Nutzen der Sozialberatung für das Unternehmen erst über konkrete Erfahrungen mit der Sozialberatung realisieren.

Betriebliche soziale Arbeit in Deutschland 27

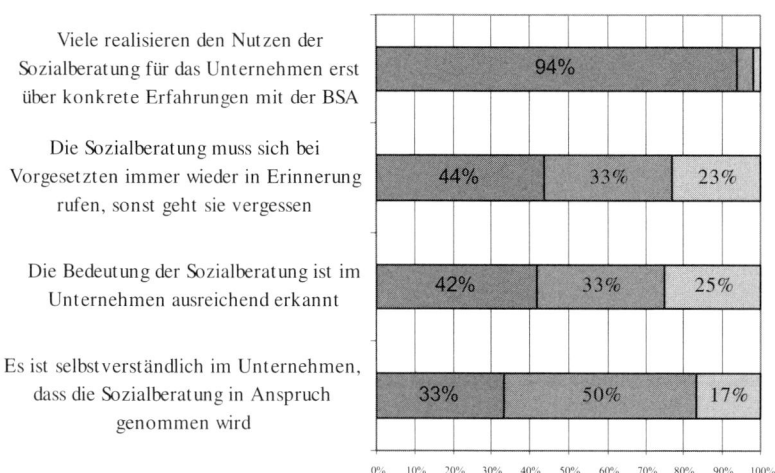

Abb. 2: Aussagen zu Problemen bei der Positionierung

6 Fazit und Ausblick

Wenngleich die Datenbasis recht schmal ist, geben die Ergebnisse interessante Aufschlüsse über den Stand des Arbeitsfeldes in Deutschland. So ist zunächst festzustellen, dass die betrieblichen Sozialberatungen – zumindest aus Sicht von deren Leitenden – in ihrer Existenz kaum bedroht scheinen. Eine wichtige Stütze sind hierbei vermutlich das klare Bekenntnis der Geschäftsleitung zu diesen Einrichtungen sowie die Verknüpfung mit der sozialen Verantwortung. Allerdings bilden diese Gegebenheiten nicht die singuläre Legitimationsquelle, vielmehr bedarf es auch einer Bewährung in ökonomischen Kategorien.

In Bezug auf das Angebotsprofil ist festzuhalten, dass die Aufgabenfelder weit über die Einzelfallberatung hinausgehen. So nehmen in der Hälfte der Unternehmen die Geschäftsleitungen die Sozialberatung bei Fragen zu sozialen Themen in Anspruch. Dieser Anteil mag ein Indiz dafür sein, dass der Weg in Richtung „Zuständigkeit für das Soziale im

Betrieb" (Blandow 1993) eingeschlagen wurde und bereits mehr als die „klassischen Aufgaben" (Krings-Sarhan 2006) wahrgenommen werden.

Allerdings dürfte die Überwindung einer gewissen Randständigkeit im Unternehmen (noch) nicht gelungen sein. Die Nutzung der Expertise der sozialen Arbeit stellt in Unternehmen keine Selbstverständlichkeit dar. Die starke Zustimmung zur Aussage, dass der Nutzen der Sozialberatung für viele im Unternehmen erst über konkrete Erfahrungen erkennbar wird, weist darauf hin, dass es im Arbeitsfeld an einer bekannten und gefestigten Funktionszuschreibung fehlt. Die dadurch notwendigen Strategien zur Bekanntmachung – etwa bei Vorgesetzten – dürften jedoch aufwändig sein: Es erstaunt wenig, dass der Aufwand, der unternehmensintern für die Kommunikation über die Aufgaben der Sozialberatung benötigt wird, durchschnittlich auf fast 10 % beziffert wird (9,2 %, n = 48).

Eine zentrale Herausforderung in naher Zukunft ist es daher, die Position der Randständigkeit zu überwinden und den Nutzen der Tätigkeit der BSA jenseits individueller Erfahrungen einsehbar zu machen. Eine Herausforderung, die – so ist abschliessend festzuhalten – erkannt scheint: 94 % der befragten Leitenden halten es für wichtig, dass ihre Sozialberatung über ein klares und kommunizierbares Aufgabenprofil verfügt (n = 48).

Literatur

Baumgartner, E (im Druck). Betriebliche Sozialarbeit – wer engagiert sich und aus welchen Gründen? In: Liebig, B. (Hg.). Corporate Social Responsibility in der Schweiz. Wege strategischer Philanthropie. Bern: Haupt.

Blandow, J. (1993). Betriebliche Sozialarbeit – Von der Fabrikpflege auf dem Weg wohin? In: Theorie und Praxis der Sozialen Arbeit, 44 (8), 312–319.

Bremmer, Michael (2006). Betriebliche Sozialarbeit quo vadis? Unveröff. Masterarbeit im Fernstudiengang „Management von Gesundheits- und Sozialeinrichtungen". Universität Witten/Herdecke.

Jaeppelt, A. und Görcke, M. (2009). Die neue Generation der betrieblichen Sozialarbeit: Das employee assistance program als innovativer Baustein unternehmerischer Gesundheitsförderung. Berlin: Lit Verlag.

Klinger, I.-J. (2001). Historischer Abriss und Rechtsgrundlagen der betrieblichen

Sozialarbeit. In: Jente, Ch., Judis, F., Meier, R., Steinmetz, S. & Wagner, S.F. (Hg.). Betriebliche Sozialarbeit. Freiburg i.Br.: Lambertus, 15–22.

Krings-Sarhan, V. (2006). Betriebliche soziale Arbeit in lernenden Organisationen. Ein Modell zur erfolgreichen Personal-, Team- und Organisationsentwicklung. Saarbrücken: VDM-Verlag.

Lau-Villinger, D. (1996). Die betriebliche Sozialberatung ist überholt! Die Machtlosigkeit der Sozialarbeiter und die Ratlosigkeit der Führungskräfte. In: Blätter der Wohlfahrtspflege – Deutsche Zeitschrift für Sozialarbeit, 143 (5), 126–128.

Karin Wachter

Wirkungsnachweise von betrieblicher Sozialarbeit – Möglichkeiten und Grenzen

Dieser Beitrag setzt sich mit dem umstrittenen Thema auseinander, ob der Nutzen betrieblicher Sozialarbeit (BSA) nachweisbar ist. Die Spannbreite der Meinungen reicht von der Ansicht, dass die Wirkung sozialer Leistungen generell nicht messbar ist, bis zu Berechnungen, die einen monetären Pro-Kopf-Erfolg ausweisen. Ziel dieser Arbeit ist es, in der Praxis übliche Methoden vorzustellen und diese kritisch zu beleuchten. Um dem Anspruch einer verständlichen und übersichtlichen Darstellung zu entsprechen, wurde auf eine sehr vereinfachte Form der Wirtschaftlichkeitsberechnung zurückgegriffen.

Staatliche Einsparungsmaßnahmen bei einem gleichzeitig steigenden Bedarf an sozialarbeiterischen Aktivitäten (wegen steigender Arbeitslosigkeit, alternder Gesellschaft, Auflösung familiärer Strukturen usw.) zwingen die Sozialarbeit zunehmend dazu, ihre Tätigkeiten zu legitimieren. Dabei gewinnen die Begriffe Effizienz und Effektivität – z. T. übernommen aus der Betriebswirtschaft – an Bedeutung. Dieser Umstand ist besonders für die BSA im europäischen Raum jedoch nichts Neues. Durch ihre Einbettung in betriebswirtschaftliche Strukturen sind ihr derart ökonomische Ansätze eher geläufig als dies für die soziale Arbeit im Allgemeinen der Fall sein dürfte. In Untersuchungen, die sich mit der Wirkung betriebssozialarbeiterischer Interventionen befassen, geht es generell um den Nutzen für die Unternehmen. Untersuchungen über den Vorteil für Arbeitnehmer aus rein altruistischer Perspektive sind nicht bekannt.

1 Beispiele von Nutzenberechnungen hinsichtlich direkt monetärer Nachweisbarkeit

Unter direkter Wirkung werden jene Effekte verstanden, die sich (scheinbar) relativ leicht statistisch erfassen und monetär umrechnen lassen – also in ihren Auswirkungen unmittelbar erkennbar sind. Die Vertreter derartiger Berechnungen weisen dabei jedoch unisono auf die Schwierigkeit hin, Ergebnisse sozialer Leistungen monetär festzulegen (Klinger 2001, S. 188; Müller 2002, S. 106; Stoll 2001, S. 177).

Maßgebliche Größen in der Berechnung sind Fehlzeiten der Arbeitnehmer, die Arbeitsproduktivität (Arbeitsleistung der Arbeitnehmer) und die Personalfluktuation (Müller 2002, S. 105; Stoll 2001, S. 175 ff.). Der Nutzen als monetärer Gewinn der Leistung wird als Rendite, Rentabilität, Wertschöpfung oder Return on Investment (ROI) bezeichnet.

1.1 Kosten-Nutzen-Analyse

Die Kosten-Nutzen-Analyse (cost-benefit analysis) ist ein aus den USA übernommenes Wertungsinstrument (Stoll 2001), um Aufwand und Ergebnis in Relation zueinander zu stellen. Die Kosten für Betriebssozialarbeiter werden aus buchhalterischen Aufzeichnungen entnommen (Personalkosten, anteilige Kosten für Räumlichkeiten, Beheizung, Arbeits- und Büromaterial, Telefongebühren, KFZ, Kosten für Weiterbildung usw.). Der Nutzen erfasst die Steigerung der Anwesenheit der Mitarbeiter, die Leistungssteigerung nach erfolgreicher Beratung sowie die Einsparung von Opportunitätskosten (Stoll 2001).

Die Berechung der Rendite in Prozent erfolgt nach folgender Formel (Schierenbeck 1985, S. 293; Stoll 2001, S. 195):

$$Gewinn = Nutzen - Kosten \rightarrow \frac{Gewinn}{Investitionssumme} \times 100 = Rendite$$

Stoll (2001, S. 195) errechnete bei einer Untersuchung in der Siemens AG eine Rendite von 168 %, wobei die Bewertung des Nutzens auf einer Befragung der firmeninternen Betriebssozialarbeiter und einem Teil der Führungskräfte beruhte.

Die Firma ICAS ermittelte für Employee-Assistance-Programme (EAP)[1] einen ROI zwischen 1:5 und 1:30 (Schweizer Arbeitgeber, 2006

---

[1] Der BSA wird – wenn auch nicht unumstritten – eine hohe Ähnlichkeit mit den EAP zugesprochen. Zum Teil werden die aus den USA kommenden EAP als Vorläufer der europäischen Betriebssozialarbeit verstanden.

(6), S. 21). Das heißt, dass der Nutzen 5 bis 30 Mal so hoch ist wie die Kosten.

Baumgartner (2003) untersuchte einen Industrie- und einen Gastronomiebetrieb in der Schweiz. Basierend auf einer Befragung von jeweils 40 Klienten der betrieblichen Sozialberatung berechnete er für den Industriebetrieb einen Netto-Nutzen von 212 % und für den Gastronomiebetrieb von 116 %.

Barutzki und Dietze ermittelten in einem Workshop des bbs gemeinsam mit Betriebssozialarbeitern eine Rendite von 145 % (für ein statisches Berechnungsmodell) anhand eines fiktiven Beispiels (bbs 1995).

1.2 Break-Even-Analyse

Ein ebenso häufig eingesetztes Instrument für die Nutzenberechnung der BSA ist die Break-Even-Analyse, auch Gewinnschwellenanalyse genannt (Schierenbeck 1985). Diese Analyse zielt darauf, jenen Punkt – den Break-Even-Punkt (Gewinnschwelle) – zu errechnen, ab dem von einem monetären Nutzen ausgegangen wird.

Wie bei der Kosten-Nutzen-Analyse werden Kosten und Nutzen berechnet. Ein zusätzlicher Faktor in dieser Berechnung sind die Neuklienten. Neuklienten sind jene Mitarbeiter, die sich das erste Mal oder mit einem neuen Problem an die BSA wenden (Stoll 2001). Die Ermittlung des Break-Even-Punkts erfolgt nach Stoll (2001, S. 197) laut folgender Formel:

$$Neuklient \times \frac{Gesamtkosten}{Gesamtnutzen} = N \; (Break\text{-}Even\text{-}Punkt)$$

Im Break-Even-Punkt sind bei einer bestimmten Anzahl Neuklienten der BSA eines Betriebes (Break-Even-Menge) Kosten und Nutzen gleich. Steigt die Anzahl der Neuklienten über die Break-Even-Menge, so erhöht sich der monetäre Nutzen für das Unternehmen. Sinkt die Anzahl der Neuklienten dagegen unter die Break-Even-Menge, so ist ein Verlust zu verzeichnen.

Bei der Untersuchung in der Siemens AG berechnete Stoll (2001, S. 197 f.) den Break-Even-Punkt für 74 Neuklienten. Die Anzahl der jährlichen Neuklienten dürfte statistischen Aufzeichnungen der Betriebssozialarbeiter entnommen worden sein. Break-Even-Analysen hat jedoch nicht nur Stoll durchgeführt; sie tauchen auch im Zusammenhang mit den EAP auf, beispielsweise bei von Eckardstein et al. (1995, S. 321 f.), der sich wiederum auf Yamatani (1988, S. 137 ff.) bezieht.

Nicht verwechselt werden darf die Anzahl der Neuklienten mit der Anzahl der Mitarbeiter eines Unternehmens. Hier werden sehr unterschiedliche Daten angegeben. Ein österreichischer Betriebssozialarbeiter interpretierte beispielsweise die Daten von Girmes (1970) so, dass unter bestimmten Voraussetzungen bereits ab 500 Mitarbeitern eine Rentabilität für das Unternehmen besteht (Deimbacher 1994). Er selbst schätzt eine nutzbringende Anzahl von „bedeutend weniger" als 2.500 Mitarbeitern (Schmuck 1995, S. 22). Van den Bergh (1999, S. 35) sieht einen ökonomischen Nutzen interner BSA ab einer Mitarbeiterzahl von 2.000. Diesen Zahlen liegen nach vorliegendem Wissensstand keine wirtschaftlichen Berechnungen zugrunde.

1.3 Opportunitätskosten

Diese Form der Bewertung des Nutzens findet sich im deutschsprachigen Raum eher selten; wenn überhaupt, fließen diese Daten in die Kosten-Nutzen-Analyse oder die Break-Even-Analyse ein. Bei den Opportunitätskosten werden verschiedene Aspekte in Erwägung gezogen. Nach Baumgartner (2003, S. 9) geht es um Einsparungen durch die Reduzierung von Gesprächen mit Vorgesetzten oder Mitarbeitern von Personalabteilungen, da diese z. T. von Betriebssozialarbeitern geführt werden können. Der bbs (1995, S. 37) verweist auf die Einsparung von Opportunitätskosten durch Reduzierung der Kosten für externe Berater und Trainer.

Eine in Österreich relativ bekannte Erhebung ist die von Hasenöhrl, die auch als eine der ersten dieser Art in Österreich gilt. Hasenöhrl – diplomierte Sozialarbeiterin – war von 1972 bis 1979 in der Vöslauer Kammgarnfabrik AG als Betriebssozialarbeiterin tätig. Ihr Versuch soziale Arbeit monetär messbar zu machen, erfolgte u. a. über die

Aufzeichnung der eingesparten Opportunitätskosten. Sie erfasste dabei die Anzahl der Stunden, die sie im Namen der Mitarbeiter für außerbetriebliche Vorsprachen aufwendete. Für den Zeitraum von November 1974 bis Dezember 1976 belegte sie dafür als „unterste Grenze" 14.520 Stunden an eingespartem Arbeitsausfall (Hasenöhrl 1988, S. 218).

2 Beispiele von Nutzenberechnungen hinsichtlich indirekt monetärer Nachweisbarkeit

Unter indirekter Wirkung werden jene Effekte verstanden, die sich nur (sehr) begrenzt statistisch erfassen lassen, d.h. in ihren monetären Auswirkungen nur mittelbar erkennbar sind. Lesnik (2000, S. 188) verweist hierbei auf die Verbesserung des Arbeitsklimas und der Arbeitssituation. Stoll (2001, S. 175) spricht von „Zwischenindikatoren" und zählt dazu „Faktoren wie Konzentration, Teamarbeit, Motivation [und] Mitarbeiterzufriedenheit". Hinweise auf Arbeitszufriedenheit, Wohlbefinden und Work-Life-Balance finden sich auch in der Zielsetzung der BSA nach dem bbs (2009, S. 5).

Letztendlich stellt die Verbesserung der Lebensqualität einen Nutzen für die Klienten selbst dar. Der bbs (2009, S. 9) verweist beispielsweise explizit auf die „Gesunderhaltung und [das] Wohlbefinden der Mitarbeiter". Der individuelle Nutzen verliert zwar in der Betriebswirtschaft aus altruistischer Sicht an Relevanz, gewinnt angesichts der Transformation der Arbeitswelt für Unternehmen jedoch zunehmend an Bedeutung. Mikl-Horke (2007, S. 357) verweist auf eine Einheit von Arbeit und Leben und postuliert, dass „Arbeitszufriedenheit […] untrennbar mit Lebenszufriedenheit verbunden [ist]".

3 Motivation(en) zur Implementierung von BSA in Distanz zu einem monetär berechenbaren Nutzen

Vergleichbar mit der Gruppe der so genannten Zwischenindikatoren sollen im Folgenden weitere Bereiche des Nutzens sozialarbeiterischer Interventionen angeführt werden, die aus Motiven betrieblichen sozialen Engagements hervorgehen.

Es gibt Studien – leider nicht im deutschsprachigen Raum –, die sich mit der Motivation von Unternehmen hinsichtlich der Implementierung von Corporate Social Responsibility (CSR) [2] auseinandersetzen, ohne dabei einen monetär nachgewiesenen Nutzen festzuhalten.

Eine zentrale Wirkung sozialen Engagements ist der Reputationsaufbau eines Unternehmens. Dadurch wird das Firmenimage gefördert und das Verhältnis zwischen Unternehmen und Stakeholdern (Firmeneigentümern, Mitarbeitern, Kunden, Lieferanten, Gesellschaft, Staat, Gläubigern) nachhaltig verbessert (Hansen 2004, S. 71). In Folge lassen sich auch leichter finanzielle Mittel beschaffen. Bei Kunden wird Loyalität und Vertrauen gestärkt, und in staatlichen Beziehungen lässt sich ein „Goodwill-Puffer" aufbauen (von Eckardstein et al. 2008, S. 25 f.). Nach Hinzdorf et al. (2003, S. 17) ist ein gutes Firmenimage ein Vorteil hinsichtlich Employer Branding. Das heißt, dass ein Unternehmen, das soziale Leistungen anbietet, vorteilhaft für Arbeitssuchende ist und damit als Arbeitgeber einen höheren Anreiz für qualifizierte Arbeitskräfte bietet.

Die angeführten Aspekte können weitgehend ebenso gut unter dem Terminus der Risikovermeidung angeführt werden. In diesem Falle ist es durchaus zulässig, derartige Überlegungen dem Zugang der Primärprävention zuzuordnen. Dieser – für Unternehmen zur Nutzenberechnung – verwertbare Ansatz gewinnt in der Gegenwart an Bedeutung. Der Druck auf Unternehmen durch eine zunehmend kritischer werdende Gesellschaft wächst, auch gestärkt durch mediale Aufbereitung (Hansen 2004, S. 71).

4 Überlegungen eines volkswirtschaftlichen Nutzens

Berechnungen, die sich mit einem volkswirtschaftlichen Nutzen auseinandersetzen sind nicht bekannt. Nichtsdestoweniger wird in der Literatur wiederholt darauf hingewiesen. Nach van den Bergh (1999, S. 34) sind es Suchtprobleme, stressbedingte Arbeitsunfälle und psychische Erkrankungen, die bei der öffentlichen Hand zu Folgekosten führen.

---

[2] Nachdem BSA als ein Teilbereich von CSR verstanden werden kann und auch der bbs (2009, S. 8) diesen Begriff in sein aktualisiertes Rahmenkonzept aufgenommen hat, können die Ergebnisse dieser Studie im Sinne der BSA interpretiert werden.

Hierzu zählen beispielsweise Kosten im Fall von Arbeitslosigkeit oder im Gesundheitsbereich. Einen vergleichbaren Standpunkt vertritt Lesnik (2000), indem sie auf volkswirtschaftliche Belastungen in Form von Arbeitslosigkeit, Frühpension, Rehabilitation und Pflege hinweist. In einem fiktiven Beispiel berechnet sie, dass ein Mann, der mit 58 Jahren auf Grund privater und beruflicher Überforderung an einer psychiatrischen Krankheit leidet und daher in Frühpension geht, dem Staat etwa 83 700 Euro mehr kostet, als dies bei normalem Pensionsantritt der Fall wäre. In diesem Zusammenhang hält sie fest, dass in Österreich 1996 rund 11 200 Arbeitnehmer aus diesem Grund in Frühpension gegangen sind (Lesnik 2000, S. 189 f.).

5 Kritische Überlegungen zu den angeführten Erhebungsformen

5.1 Wissenschaftliche Ansätze

In der Forschung wird von Biases (Verzerrungen) und Fallacies (Täuschungen) gesprochen, wenn es um die Überprüfung von Statistiken bzw. statistischer Aussagen geht. Im Folgenden sollen diese möglichen Fehlerquellen in einem sehr breiten Spektrum erfasst und diskutiert werden.

Bevor ein kritischer Blick auf die angeführten Aspekte der Nutzenermittlung geworfen werden kann, gilt es die primäre Zielsetzung der BSA zu hinterfragen. Liegt der Arbeitsauftrag im präventiven oder im kurativen Bereich? Grundsätzlich lässt die BSA auf Grund ihres umfangreichen Angebotskatalogs ein sehr breites Spektrum zu. Abhängig vom Auftrag der Unternehmensführung bzw. des momentanen betriebsinternen Bedarfs ist entweder das eine oder das andere, aber auch beides parallel oder nacheinander möglich. In einschlägiger Fachliteratur setzt sich zunehmend die Unterscheidung zwischen Primär-, Sekundär- und Tertiärprävention anstatt einer Differenzierung in präventiv und kurativ durch. Die Primärprävention beginnt bereits, bevor erste Anzeichen notwendiger Hilfestellungen erkennbar sind bzw. vermutet werden. Die Sekundärprävention setzt frühzeitig, bei ersten Hinweisen auf Störungen, ein. Die Tertiärprävention kommt dann zum Tragen, wenn bereits massive soziale Probleme festgestellt werden können (Lukas 2005, S. 655 ff.)

Grundsätzlich ist es immer problematisch, den Erfolg einer sozialen Intervention nachzuweisen – ein Aspekt, der sich bereits über Jahrzehnte im Diskurs um sozialarbeiterischen Nutzen finden lässt, beispielsweise bei Bakic (2007, S. 2), von Eckardstein und Schnellinger (1978, S. 18) und Spiegelhalter (1962, S. 39). Fakt ist, dass der Erfolg einer Primärprävention wesentlich schwieriger nachzuweisen ist als der einer Tertiärprävention. So lässt sich die Anzahl trockener Alkoholiker eher erfassen als die von Personen, die nie alkoholkrank waren oder auf Grund einer sozialarbeiterischen Intervention keine Alkoholiker geworden sind. Die Feststellung, dass der Erfolg – nicht alkoholkrank geworden zu sein – ein Ergebnis sozialarbeiterischer Intervention ist, wird wohl immer hypothetisch bleiben. Lukas geht sogar noch weiter, indem er behauptet, dass es keine wissenschaftlich seriösen Untersuchungen gibt, die – hinsichtlich aller Präventionsstufen – auf einen Nutzen sozialarbeiterischer Interventionen verweisen (Lukas 2005, S. 657).

Aus dieser Perspektive gilt es, die dargestellten Methoden und Ergebnisse zu relativieren. In allen Darstellungen wird das Problem des Alkoholismus herangezogen, um Arbeitsausfälle, Fehlzeiten, sinkende Arbeitsleistungen usw. zu bewerten. Alkoholismus als primäres Aufgabenfeld der BSA scheint jedoch auf Grund seiner thematischen Einschränkung nicht zulässig, und eine Generalisierung der Aussagen hinsichtlich des Nutzens der BSA muss unter dieser Perspektive hinterfragt werden.

Ein weiteres häufig angeführtes Argument ist das der Fehlzeiten bzw. Krankenstände. Zahlen lassen sich dazu einfach erfassen, bedürfen jedoch einer Interpretation bei wissenschaftlichen Untersuchungen. Rückläufige Krankenstände können auch auf Gerüchte oder geplante Personaleinsparungen zurückgeführt werden oder auf eine allgemeine Wirtschaftskrise mit zunehmender Arbeitslosigkeit.

Auf die Erhebung des Nutzens wurde bereits hingewiesen. In der Regel sind es primär die Sozialarbeiter eines Betriebes, die befragt werden, an zweiter Stelle die Führungskräfte. Bei Baumgartner (2003) bewerten die Mitarbeiter – also die Klienten der BSA – ihre Arbeitsleistung. Die

Wahrnehmung objektiver Wirklichkeit ist in allen Sozialwissenschaften seit jeher ein heftig diskutierter und umstrittener Punkt. Klassische Beispiele dafür finden sich bereits etwa im Jahr 300 vor unserer Zeitrechnung im Höhlengleichnis von Platon, im Werturteilsstreit zu Beginn des 20. Jahrhunderts und im Positivismusstreit in den 1960er Jahren. Egal welchen wissenschaftlichen Zugängen sich Forscher verschreiben – radikalen oder gemäßigten –, dürfen subjektive Einflüsse nicht außer Acht gelassen werden. Diekmann (2007) beschreibt diesbezüglich einen Bias, basierend auf dem Maßstab sozialer Erwünschtheit. Für die BSA soll hier ein Beispiel angeführt werden:

Bei der Berechnung des Break-Even-Punkts in der Siemens AG wurde von 74 Neuklienten ausgegangen (Stoll 2001, S. 197). Fraglich ist, welche Anzahl an Neuklienten der sozialen Erwünschtheit entspricht. Von welchen Erwartungen gehen die Befragten – seien es nun ihre persönlichen Wertvorstellungen oder die Vorgaben der Unternehmensführung – aus? Je weiter die Antwort im negativen Sinne von diesem Wert abweicht, umso unangenehmer wird sie von den Befragten empfunden. In diesem Fall ist von einer Korrektur auszugehen, die einen Bias in einer Spannbreite von tatsächlichen Neuklienten und angegebenen Neuklienten ergibt. Auch wenn bei der Datenerfassung in der Siemens AG die Anzahl der Neuklienten den statistischen Aufzeichnungen der Sozialarbeiter entnommen wurde, kann dieser Bias nicht ausgeschlossen werden. Bereits während der Datenerfassung kann sich das Problem der sozialen Erwünschtheit auswirken. Die Interpretation, ob ein Thema neu ist oder nur eine Folgeerscheinung eines vorherigen, lässt Spielraum zu. Dass Probleme wie Verschuldung, Stress, Alkoholismus, Familien- oder Paarkonflikte einander (häufig) bedingen – und damit nicht zwangsläufig neue Themen sein müssen –, ist in der Sozialarbeit bekannt.

Ähnlich verhält es sich mit dem Nutzen bei einer Leistungssteigerung nach erfolgreicher Beratung. Wo wird soziale Erwünschtheit bei der Leistungssteigerung verortet und wo bei erfolgreicher Beratung? Hier bezieht sich ein möglicher Bias nicht nur auf die Antworten der befragten Sozialarbeiter, sondern auch auf die Antworten von Führungskräften und den beratenen Mitarbeitern selbst.

5.2 Ethische Ansätze

Die Bewertung des Nutzens der BSA lässt sich auch unter ethischen Gesichtspunkten diskutieren. Bei der Einsparung von Opportunitätskosten bieten sich hierfür unterschiedliche Perspektiven an. Dem Anspruch, auf externe Leistungen auf Grund einer internen BSA zu verzichten, lässt sich nur sehr begrenzt nachkommen. Das breite Angebot der BSA setzt ein derart komplexes Expertenwissen voraus, das eine einzelne Person gar nicht haben kann. Ein Team von internen Betriebssozialarbeitern, das so groß ist, dass es diesen Anforderungen gerecht wird, ist in der Praxis in der Regel nicht vorhanden. Um einem hohen Qualitätsstandard gerecht zu werden, bedarf es eines reflektierten Umgangs mit den persönlichen Kenntnissen und Fähigkeiten der beschäftigten Sozialarbeiter und gegebenenfalls des Einbezugs externer Angebote.

Weiterhin sind zeitliche Einsparungen durch Gespräche zwischen Betriebssozialarbeitern und Mitarbeitern – statt zwischen Führungskräften und Mitarbeitern – nicht immer ethisch vertretbar. In diesem Fall gilt es, die jeweilige Betriebsethik zu hinterfragen und damit die Rolle bzw. den Auftrag von Führungskräften. Möglicherweise widerspricht ein derartiges Vorgehen einer betriebsspezifischen Ethik, z. B. bei Mitarbeitergesprächen in Unternehmen. In so einem Fall würde die BSA im Kontext ethischer Betriebsstrukturen kontraproduktiv agieren.

Ethisch ebenso fragwürdig ist die Einsparung von zeitlichen Ressourcen zugunsten der Arbeitszeit durch Botengänge von Betriebssozialarbeitern (Hasenöhrl 1988). Die Berufsethik der Sozialarbeiter ist gegenwärtig von der Tendenz Hilfe zur Selbsthilfe geprägt. Inwieweit ein derartiges Vorgehen gegen diesen Ansatz steht bzw. positiv verwertbarer Teil von diesem ist, wäre einer Diskussion würdig.

6 Fazit

Ziel dieses Beitrages war es, anhand einiger Beispiele verschiedene Erhebungsformen zum Nutzen der BSA vorzustellen und diese kritisch zu beleuchten. Empirische Daten – und um die geht es bei der Nutzenerhebung – sollten aus wissenschaftlicher Sicht immer kritisch hinterfragt werden. Personen – aus welchem Feld bzw. Kontext auch immer –, die derartige Daten erfassen und daraus Theorien entwickeln, sind Wissenschaftler und als solche verpflichtet, nach wissenschaftlich ethischen Kriterien zu arbeiten. Praktiker, die auf bereits generiertes Zahlenmaterial zurückgreifen, sollten sich der Interpretierbarkeit derartiger Ergebnisse bewusst sein und entsprechend kritisch damit umgehen. Und darin besteht die Botschaft dieses Beitrages – im verantwortungsvollen, reflektierten Umgang mit Zahlenmaterial hinsichtlich der Bewertung sozialarbeiterischer Interventionen im Allgemeinen und der BSA im Besonderen.

Literatur

Bakic, J. & Diebäcker, M. & Hammer, E. (2007). Wiener Erklärung zur Ökonomisierung und Fachlichkeit in der Sozialen Arbeit. Online unter: http://www.salzburg-sozialarbeit.at/Dateien/wienererklaerung.pdf, Stand: 5. Oktober 2008.

Baumgartner, E. (2003). Kosten-Nutzen-Analyse betrieblicher Sozialarbeit. Zusammenfassung. Solothurn: Fachhochschule Solothurn.

bbs, Bundesfachverband Betriebliche Sozialarbeit e.V. (1995). Wir tun Gutes – und reden darüber. Kosten-Nutzen-Analyse und Marketing in der betrieblichen Sozialarbeit. Tübingen: bbs.

bbs, Bundesfachverband Betriebliche Sozialarbeit e.V. (2009). Rahmenkonzeption für das Arbeitsfeld betriebliche Sozialarbeit. Tübingen: bbs.

Diekmann, A. (2007): Empirische Sozialforschung. Grundlagen, Methoden, Anwendungen. Reinbek bei Hamburg: Rowohlt.

Deimbacher, W. (1994). Betriebliche Sozialarbeit unter Berücksichtigung möglicher Handlungsfelder. Diplomarbeit. Wien: Bundesakademie für Sozialarbeit für Berufstätige.

Eckardstein von, D. & Konlechner, S. (2008). Vorstandsvergütung und gesellschaftliche Verantwortung der Unternehmung. Mering, Schwab: Hampp.

Eckardstein von, D. & Lueger, G. & Niedl, K. & Schuster, B. (1995). Psychische Befindensbeeinträchtigungen und Gesundheit im Betrieb. München, Mering: Rainer Hampp.

Eckardstein von, D. & Schnellinger, F. (1978). Betriebliche Personalpolitik. München: Vahlen.

Hansen, U. (2004). Gesellschaftliche Verantwortung als Business Case. Ansätze, Defizite und Perspektiven der deutschsprachigen Betriebswirtschaftslehre. In:

Schneider, U. & Steiner, P. (Hrsg.). Betriebswirtschaftslehre und gesellschaftliche Verantwortung. Wiesbaden: Gabler, 59–83.

Hasenöhrl, A. (1988). Sozialarbeit in einem österreichischen Großbetrieb. In: Soziale Arbeit, 6–7,

Hinzdorf, T. & Priemuth, K. & Erlenkämper, S. (2003). Präferenzmatching zur Steuerung des Employer Branding. In: Personal. Zeitschrift für Human Resource Management, 8, 16–18.

Klinger, I. (2001). Kosten-Nutzen-Rechnung für die betriebliche Sozialarbeit. In: Jente, C. & Judis, F. & Meier, R. & Steinmetz, S. & Wagner, S. (Hrsg.). Betriebliche Sozialarbeit. Freiburg im Breisgau: Lambertus, 187–193.

Lesnik, M. (2000). Betriebssozialarbeit. Ein Instrument zur Unterstützung von Menschen in Organisationen oder „Öl im Getriebe von Kulturwandel und Neuorientierung". In: Reichel, R. & Lesnik, M. (Hrsg.). Ist Arbeit sozial? Arbeit neu bewerten. Wien: ÖGB Verlag, 185–191.

Lukas, H. (2005). Prävention. In: Kreft, D. & Mielenz, I. (Hrsg.). Wörterbuch soziale Arbeit. Aufgaben, Praxisfelder, Begriffe und Methoden der Sozialarbeit und Sozialpädagogik. Weinheim, München: Juventa, 655–659.

Mikl-Horke, G. (2007). Industrie- und Arbeitssoziologie. München, Wien: Oldenbourg.

Müller, S. (2002). Betriebliche Sozialarbeit – geschichtliche Entwicklung, Schwerpunkte der derzeitigen Situation und zukünftige Perspektiven sozialer Dienste in Unternehmen. Diplomarbeit. Düsseldorf: Fachhochschule Düsseldorf.

Schierenbeck, H. (1985). Grundzüge der Betriebswirtschaftslehre. München: Oldenbourg.

Schmuck, B. (1995). Soziale Betreuung am Arbeitsplatz. Tendenzen betrieblicher Sozialarbeit in Österreich. Diplomarbeit. Graz: Akademie für Sozialarbeit.

Schweizer Arbeitgeber (2006). „Menschliche Werte sind in Firmen heute öfter ein Thema als früher ...". Round-Table-Gespräch. In: Schweizer Arbeitgeber, 6, 18–21.

Spiegelhalter, F. (1962). Entwicklung und Struktur der „freiwilligen" betrieblichen Sozialleistungen in Groß-, Mittel- und Kleinbetrieben. In: Deutsches Institut für Betriebswirtschaft e.V. (Hrsg.). Betriebliche Sozialarbeit heute. Düsseldorf, Wien: econ, 39–66.

Stoll, B. (2001). Betriebliche Sozialarbeit. Aufgaben und Bedeutung. Praktische Umsetzung. Regensburg, Berlin: Walhalla.

Van den Bergh, N. (1999). Employee Assistance Programs – Arbeitnehmer Assistenz Programme. In: bbs-forum, (6) 2, 30–38.

Yamatani, H. (1988). EAP Benefit and Cost Structure Analyses: A Suggested Estimation Method. In: Holosko, M. & Feit, M. (Hrsg.). Evaluation of Employee Assistance Programs. London, New York: the Haworth Press, 129–149.

Matthias Schmidt

Die Ethik der betrieblichen Sozialarbeit im Kontext einer werteorientierten Unternehmensführung

1. Die betriebliche Sozialarbeit als Teil der Ethik eines Unternehmens?

Die betriebliche Sozialarbeit (BSA) geht von einer Interessenparallelität zwischen den Mitarbeitern und dem Unternehmen aus: Beide sind am Erhalt ihrer Leistungsbereitschaft und Leistungsfähigkeit interessiert. Dies macht eine entsprechende Bewertung der Ressource Personal notwendig, aus der wiederum Implikationen für die Führungskultur eines Unternehmens resultieren. Es geht um eine ganzheitliche Betrachtung des Menschen, dessen psychosoziale Gesundheit als ein mittelbar wirtschaftliches Unternehmensziel anerkannt werden soll. Darüber hinaus erbringt die BSA einen weiteren wirtschaftlichen Nutzen, indem sie der Imagepflege und der Corporate Social Responsibilty (CSR) dient. Schließlich leistet sie als integraler Bestandteil des Unternehmens einen wichtigen Beitrag zur Unternehmenskultur. Der Bundesverband Betriebliche Sozialarbeit hat diesen Zusammenhang in seiner Rahmenkonzeption dargelegt. Eine Interpretation für das gleichnamige Arbeitsfeld findet man auf der Internetseite des Verbandes.

Vor diesem Hintergrund fällt auf, dass die Ethik der BSA den Menschen in den Vordergrund stellt. Dies ist auch nicht verwunderlich, da sich die Ethik als eine wissenschaftliche Teildisziplin der Philosophie mit dem Handeln des Menschen beschäftigt. Eine Ethik stellt die Frage, warum so und nicht anders gehandelt wird oder werden soll. Dabei verlangt die wissenschaftliche Ethik nach tragfähigen und belastbaren Begründungen, aus denen wiederum ethische Forderungen an ein gutes Handeln gerichtet werden können. In diesem Sinne gibt sie begründet vor, wie gehandelt werden soll. Der Begriff Moral hingegen beschreibt ein gelebtes Wertesystem. Moral gibt weitgehend unhinterfragt vor, welche Werte und

Normen in einer Gemeinschaft gültig sind und welche nicht. Damit kommt der Moral die Funktion einer Handlungssteuerung innerhalb einer Gemeinschaft – also auch innerhalb eines Unternehmens – zu.

Unternehmensethik ist ein Thema, das in den letzten Jahren an Bedeutung gewonnen hat. Dabei geht es insbesondere um die gesellschaftliche Verantwortung der Unternehmen, die vornehmlich unter der Überschrift CSR diskutiert wird. Auch zu dieser gesellschaftlichen Verantwortung die eine zeitgemäße Unternehmensführung im Blick haben muss, leistet die BSA gemäß der oben angesprochenen Rahmenordnung des Bundesverbandes einen Beitrag. So wirkt eine gute betriebliche Sozialarbeit nicht nur nach innen, also direkt auf die Arbeitsbedingungen der Mitarbeiter im Unternehmen, sondern auch aus dem Unternehmen heraus nach außen. Sie leistet damit mittelbar einen Gestaltungsbeitrag für das Umfeld, in dem das Unternehmen agiert. Eine fest im Unternehmen integrierte BSA wäre damit selbst ein Teil der gesellschaftlichen Verantwortung, die ein Unternehmen wahrnimmt. Die BSA wird zum Teil der Unternehmensethik, die umso besser ist, je besser die Ethik der BSA ist. Damit sind die BSA und das Unternehmen wechselseitig miteinander verwoben.

Gleichwohl ist zu fragen, ob die BSA als Anwältin der Mitarbeiter einerseits und der Betrieb als scheinbar eigenständige Entität andererseits tatsächlich an einem Strang ziehen. Weisen ihre ethischen Forderungen und Ansprüche wirklich in dieselbe Richtung? Diese Fragen sollen im Folgenden vor dem Hintergrund einer zeitgemäßen werteorientierten Unternehmensführung beantwortet werden.

2 Was ist eine werteorientierte Unternehmensführung? [1]

Eine werteorientierte Unternehmensführung verweist zunächst einmal auf Werte, die für eine Unternehmensführung gelten sollten. Dabei werden jedoch keine festen Werte vorgegeben, die programmatisch oder gar dogmatisch verfolgt werden und so den Erfolg sichern sollen. Werteorien-

---

[1] Teile dieses Kapitels sind entnommen aus: Schmidt, Matthias (2009): Skizze eines integrativen Modells für werteorientierte Unternehmensführung in Forschung, Schulung und Beratung, in: Theis, Fabienne und Klein, Simone (Hrsg.): CSR-Bildung. Corporate Social Responsibility als Bildungsaufgabe in Schule, Universität und Weiterbildung, VS Verlag Wiesbaden.

tierung bedeutet vielmehr, dass sich die Unternehmensführung mit den gesellschaftlichen Entwicklungen auseinandersetzen muss, um die Identität des Unternehmens – im Prozess der Interaktion und Abgrenzung mit der gesellschaftlichen und wirtschaftlichen Umwelt – zu bestimmen und aufrechtzuerhalten. Dadurch entsteht ein Zusammenhang zwischen den Entwicklungen in Gesellschaft und Wirtschaft einerseits und den Entwicklungen innerhalb des Unternehmens andererseits. Die obere Unternehmensführung ist nun aufgefordert, eine strategische Balance in dieser Dynamik zu finden, um ihr Unternehmen dauerhaft lebensfähig zu halten. Mit anderen Worten: Es ist die Aufgabe des oberen Managements, sich an die Veränderungen im wirtschaftlichen und zunehmend auch im gesellschaftlichen Umfeld anzupassen.

Die Anpassung und Entwicklung einer Organisation entlang den Entwicklungslinien ihrer Umwelt ist bei einer werteorientierten Unternehmensführung um eine weitere, normative Perspektive zu ergänzen. Die normative Perspektive soll das unternehmensspezifische Werteprofil begründen und beschreiben. An ihr soll sich sowohl das Handeln des Unternehmens als Ganzes als auch das Handeln der Mitarbeiter im Einzelnen aus ethischer Perspektive orientieren. Es geht also um ethische Grundhaltungen, die das Unternehmen in der Ausübung seiner Aktivitäten als Organisation grundlegend verfolgt. Damit sind fundamentale Fragen nach Sinn und Zweck des eigenen wirtschaftlichen – aber auch gesellschaftlichen – Daseins verbunden. Solche grundlegenden Fragen müssen unternehmensindividuell reflektiert und beantwortet werden.

Bei einer werteorientierten Unternehmensführung sind die Fragen nach Sinn und Zweck des Unternehmens um die Fragen nach der grundsätzlichen Art des Handelns zu ergänzen: Wie will man im Unternehmen miteinander umgehen? Welche Beziehungen pflegt man mit Mitarbeitern, Kunden und Partnern? Wie werden die unternehmensethischen Werte sichtbar und so in die Prozesse eingebunden, dass das Unternehmen nach innen und außen als stimmiges Ganzes wahrgenommen wird? Wie wird das Unternehmen eine in sich ausgewogene Einheit im Wechselspiel mit seinem wirtschaftlichen und gesellschaftlichen Umfeld? Auf den Punkt gebracht: Wie wird ein Unternehmen seiner Verantwortung gerecht – einer Verantwortung, die aus der ethischen Selbstbestimmung und den aus seinem Umfeld an es herangetragenen Ansprüchen resultiert? Und schließlich: Wie kann das Unternehmen im Rahmen seiner wirtschaftlichen Tätigkeiten verantwortungsbewusst gestaltend, aber auch ideell auf sein Umfeld einwirken?

Trotz seiner formalen Offenheit für die grundsätzlich sehr unterschiedlichen Wertehaltungen – die unternehmensindividuell formuliert, implementiert und kommuniziert werden müssen – schwebt die integrative Konzeption einer werteorientierten Unternehmensführung nicht in einem begründungsfreien Vakuum. Sie basiert auf einer grundlegenden Einsicht in eine unbedingte Verantwortung – sowohl des Unternehmens als auch jedes Einzelnen – für das wirtschaftliche Handeln und für gesellschaftliche Mitgestaltung. Aus einer systemischen, d. h. das Unternehmen in seiner integrativen Verbundenheit mit seiner Umwelt in den Blick nehmenden Begründung der Verantwortlichkeit heraus sind bejahende und entfaltende Werte wie Offenheit, Toleranz und Fairness ableitbar. Erst auf diesem Werteboden öffnet und entfaltet sich der formale Charakter des hier vertretenen Verständnisses einer werteorientierten Unternehmensführung.

3 BSA und werteorientierte Unternehmensführung

Nachdem im Rahmen einer werteorientierten Unternehmensführung auch eine Haltung dafür zu entwickeln ist, wie man im Unternehmen mit Mitarbeitern umgehen will bzw. umgehen soll, ist ein Kristallisationspunkt von BSA und werteorientierter Unternehmensführung gefunden: Beide haben, wenn auch anscheinend aus unterschiedlicher Motivation heraus, die Mitarbeiter im Blick. Beide ziehen den Menschen und damit auch den Wert des Menschen im Unternehmen in Betracht. Dabei lässt sich der Wert einmal als die Summe des Geldbetrages beschreiben, den man aufwenden muss, um einen bestimmten Mitarbeiter im Unternehmen zu halten. Es ist der Preis, den das Unternehmen zahlen muss, damit dieser Mitarbeiter für es arbeitet. Doch es gibt auch eine weitere Dimension des Wertes eines Menschen, die nicht qualitativ in Geldbeträgen ausgedrückt werden kann. Dieser immaterielle Wert des Menschen ist seine

Würde, die es zu achten gilt. Im Zusammenhang mit einem Ziel der BSA, nämlich die psychosoziale Gesundheit des Menschen im Unternehmen herzustellen und zu erhalten, leistet sie einen deutlichen Beitrag zu einem würdevollen und (auch) immateriell wertschätzenden Umgang mit den Mitarbeitern. Auf diesem Pfad gehen eine werteorientierte Unternehmensführung und die BSA Hand in Hand.

Wie sieht es nun aber grundsätzlich mit dem Werteprofil und der ethischen Haltung der BSA selbst aus? Ein solches Werteprofil zu entwickeln, ist ein wesentlicher Anspruch an eine Unternehmensführung, die sich als werteorientiert versteht. Um nicht hinter die Ansprüche an das Management zurückzufallen, ist es folglich notwendig, dass auch die BSA über ihre Wertehaltung nachdenkt. Die BSA muss sich fragen, was Sinn und Zweck ihres Daseins und Wirkens ist und wie diese begründet sind. Dabei wird sie zwar die gesellschaftlichen Entwicklungen berücksichtigen müssen, wie dies auch für die Unternehmensführung gefordert ist. Doch mehr als diese wird sie den innerbetrieblichen Entwicklungen Rechnung tragen müssen. Schließlich ist der Betrieb bzw. das Unternehmen ihre unmittelbare Umwelt. Wie das Management im Sinne einer werteorientierten Unternehmensführung aufgefordert ist, die gesellschaftliche und wirtschaftliche Dynamik seiner Umwelt zu erfassen und mit seinem Werteverständnis abzugleichen, so ist auch die BSA gefordert, eine Balance mit ihrem unmittelbaren Umfeld herzustellen. Mehr noch: Wie ein Unternehmen eine gesellschaftliche Verantwortung, eine CSR, hat, so hat die BSA im übertragenen Sinne eine unternehmerische Verantwortung, eine Social Corporate Responsibility (SCR). Die Analogie zwischen der BSA als einem Teil eines Unternehmens und dem Unternehmen als Teil der Gesellschaft braucht ein jeweils reflektiertes und begründetes Werteprofil als Bezugspunkt und Ausgangsbasis ihrer Verantwortung.

4. Zum Begriff der Verantwortung und zur Verantwortung der BSA

Mit der Aussage „Wir übernehmen Verantwortung!" artikulieren wir das Angebot, auf einen Anspruch, der an uns herangetragen wird, zu antworten. Analog dazu steckt in der Aussage „Du hast die Verantwortung!" unser Anspruch an jemanden, auf unsere Fragen zu antworten. Ob dieser Anspruch tatsächlich von jemandem erhoben wurde oder nicht, ist dabei zunächst unerheblich. Bei dem Begriff Verantwortung handelt es sich um einen dreistelligen relationalen Begriff. Das klingt zunächst kompliziert, lässt sich aber auf drei Fragewörter zuspitzen: Wer? Wofür? Gegenüber wem? Die Kernfrage der Verantwortung lautet demnach: Wer ist wofür verantwortlich, und gegenüber wem muss er sich rechtfertigen? Und nicht nur die Frage ist einfach formuliert; auch die Antwort beginnt einfach. Denn schnell sind die beiden Fragen nach dem Wer und dem Wofür beantwortet: Die BSA ist verantwortlich für die persönliche Entwicklung des Mitarbeiters. Die Geschäftsführung ist verantwortlich für die Gewinnerzielung.

Deutlich schwieriger wird es mit der Frage nach dem Gegenüber. Hier wird nach der Instanz gefragt, gegenüber der man sich rechtfertigt. Den wenigsten Menschen dürfte sofort die richtige Instanz einfallen. Denn auch wenn schnell geklärt ist, dass zum Beispiel die BSA (wer) für das Wohl der Mitarbeiter (wofür) verantwortlich ist, gibt es nicht nur eine Antwort auf die Frage nach der Instanz. Unter Umständen lassen sich mehrere Instanzen ausmachen, die im Wertesystem der BSA unterschiedliche Prioritäten haben können. Mit der dritten Frage „Gegenüber wem?" sind wir wieder bei den Werten angelangt. Hier wird die Frage wesentlich bestimmt, und hier wird auch ihre Beantwortung möglich. An dieser Stelle seien einige Beispiele für Instanzen genannt, die durchaus weiter ergänzt werden können: Die BSA ist verantwortlich für das Wohl der Mitarbeiter gegenüber:

- dem Mitarbeiter selbst.
- dem Unternehmen.
- seinem Berufsstand und dem Bundesverband.
- seinem eigenen Professionalitätsanspruch.
- seinem Gewissen.

Vom jeweiligen Wertesystem – also der Moral oder, wenn sie reflektiert und begründet ist, der Ethik – der betrieblichen Sozialarbeiter eines Unternehmens wird es nun abhängen, welcher Instanz im Einzelfall die höchste Priorität zukommt. Denn spätestens hier ist es nicht mehr möglich, allgemein von „der BSA" zu sprechen. Konkret und auf ein bestimmtes Unternehmen bezogen, kann es nur um den Personenkreis gehen, der just in diesem Unternehmen betriebliche Sozialarbeit leistet. Und nur dieser Kreis von betrieblichen Sozialarbeitern kann eine SCR für das Unternehmen, in dem er aktiv ist, entwickeln und übernehmen.

Als Teil seines Unternehmens steht der Kreis der betrieblichen Sozialarbeiter über seine Verantwortung für die Mitarbeiter auch in einer Verantwortung für das Unternehmen, ja sogar in einer mittelbaren Verantwortung für die Gesellschaft. Ein systemischer Blick auf die Wirksamkeit soll diese Zusammenhänge verdeutlichen.

5 Effektive Unternehmensethik heißt: Wirkung entfalten

Wie kann nun ein Einzelner oder eine kleine Gruppe aus ihrem Bereich heraus Impulse zur Förderung der unternehmensethischen Reflexion geben und selbst wirksam werden? Dies scheint am besten dann zu funktionieren, wenn man versucht, Kontexte herzustellen, in denen die eigenen Aktivitäten unterstützt werden. Vor diesem Hintergrund lassen sich individuelle Anliegen in einen breiteren Wirkungszusammenhang stellen.

Die Überlegungen zur Wirksamkeit führen zurück zu den formalen Anforderungen, denen eine praktisch wirksame Unternehmensethik, bestimmt durch den Begriff effektive Unternehmensethik, genügen muss. Dieser Begriff mag die Frage aufwerfen, inwiefern Ethik überhaupt effektiv sein kann oder darf. Diese Irritation wird sich auflösen, wenn man beachtet, dass Effektivität hier im Sinne der gerade angeführten Wirksamkeit verstanden werden soll und nicht mit Effizienz verwechselt werden darf. Es geht einer effektiven Unternehmensethik nicht um eine vordergründige Kosten-Nutzen-Relation, sondern darum, grundsätzlich eine Wirkung zu entfalten. An eine solche wirksame Ethik sind drei formale Anforderungen zu stellen, die im Bezug auf die BSA wie folgt formuliert werden können. Dabei wird vorausgesetzt, dass die betrieblichen Sozialarbeiter sich bereits selbst über das von Ihnen vertretene Wertekonzept und mithin die von ihnen vertretene ethische Haltung Rechenschaft abgelegt haben.

1. Die ethischen Vorstellungen der BSA müssen alle Unternehmensangehörigen – auch das Management – zuerst einmal erreichen, um wirksam werden zu können. Das bedeutet für die BSA, dass ihre Forderungen auch sprachlich an die im Unternehmen gesprochene Sprache anschlussfähig sein müssen. Die Sprache der BSA muss zum persönlichen Bezugsrahmen der Unternehmensangehörigen passen und ihn erweitern können.
2. Zweitens entfaltet eine effektive Unternehmensethik ihre Wirkung im Unternehmen selbst, indem sie Veränderungen anstößt. Auch dabei gilt im Sinne des vorgestellten Begriffs von Wirksamkeit, dass nicht das gesamte Unternehmen auf einmal umgekrempelt und neu erfunden werden muss. Vielmehr wird es tragfähiger sein, wenn man beständig kleine Impulse an verschiedenen Stellen gibt, die sich dann fortpflanzen – etwa in Form von Podiumsdiskussionen, Workshops oder Projekten. So lassen sich neue Ideen und Reflexionsebenen ins Unternehmen hineinbringen, die im Lauf der Zeit auch zu Veränderungen führen.
3. Die dritte Forderung schließlich, der eine effektive Unternehmensethik genügen muss, bezieht sich auf die Gesellschaft, in der die Unternehmen tätig sind. Diese Forderung ist zumindest dann für die BSA relevant, wenn sie ihren Anspruch, einen Beitrag zur CSR eines Unternehmens zu leisten, ernst meint. Denn dann kann sie über die im Unternehmen initiierten Veränderungen (wenn auch nur sehr) mittelbare Impulse für gesellschaftliche Veränderungsprozesse geben.

Wichtig ist, dass eine effektive Unternehmensethik – trotz des Bezugs auf den gesellschaftlichen Wertediskurs – formal und offen ist. Allein aus ihrem Konzept heraus sind keine Werte zu begründen. Die Ausgangsbasis, von der aus eine effektive Unternehmensethik ihre Wirkung entfalten kann, ist dementsprechend die eigene Wertehaltung desjenigen, der in seinem Wirkungsfeld die Initiative ergreift. Das normative Gerüst ist die grundsätzliche Reflexion der Fragen „Wie soll ich leben?", „Wie will ich leben?", „Was kann ich dafür tun?", verbunden mit der grundsätzlichen Anerkennung auch der gleichermaßen berechtigten Ansprüche der anderen Akteure, die auch ihre Wirksamkeiten entfalten wollen. Diese sehr grundlegenden und scheinbar einfachen Fragen stellen hohe Anforderungen an die BSA im Allgemeinen und an die einzelnen betrieblichen Sozialarbeiter im Besonderen. Denn wenn Sozialarbeiter diesen Denkansatz akzeptieren und die darin liegende Wirkung erkennen und zu ihrer Entfaltung beitragen, stehen sie in einer unmittelbaren Verantwortung, die nicht nur das Wohl der Mitarbeiter, sondern auch das Unternehmen als Ganzes im Blick haben muss.

6   Die Verantwortung der BSA für das Unternehmen

Entscheidend für Bestand und Erfolg eines Unternehmens ist eine kluge und tragfähige Strategie. Das ist nichts Neues. Sie zu entwickeln, bleibt nach wie vor die wichtigste Aufgabe der Unternehmensführung. Neu ist aber die rasante Veränderung des wirtschaftlichen und gesellschaftlichen Umfeldes, das Unternehmen ständig herausfordert. Dabei geht es zum einen um technische Entwicklungen und beschleunigte Kommunikations- und Mobilitätsprozesse und zum anderen um die zunehmende wertebasierte Pluralität in der Gesellschaft, die oft mit dem Begriff des Wertewandels beschrieben wird.

Bevor strategische Überlegungen angestellt werden können, sollte die Unternehmensführung in einer Selbstreflexion geklärt haben, wie sie zu diesen Veränderungsprozessen steht und wie sie ihr Unternehmen ausrichten möchte. In diesem Zusammenhang kommt das Management nicht um die Klärung der grundlegenden Frage nach Sinn und Zweck des Unternehmens herum. Auf dieser normativen Ebene der Unternehmensführung ist das Management aufgefordert, die Begründungsleistung seiner licence to operate zu entwickeln, die ihr erst im gesellschaftlichen Diskurs mit den unterschiedlichsten Interessengruppen verliehen wird.

An dieser Stelle bietet sich für die BSA ein wichtiger Ansatzpunkt: Je besser es ihr gelingt, einen wirksamen, positiven Beitrag für das Unternehmen im Zuge seines gesellschaftlichen Legitimationsprozesses zu leisten, desto mehr Gehör wird sie beim Management finden. Und je besser die Akzeptanz beim Management ist, desto besser werden die Möglichkeiten der BSA, ihre Anliegen – wie etwa die Herstellung der psychosozialen Hygiene im Unternehmen – wirksam umzusetzen. Bei allen möglichen Reibungen, die zwischen Unternehmen bzw. Betrieb und BSA entstehen können, kann eine gemeinsame Haltung in der gesellschaftlichen Wertediskussion ein stabilisierendes Element sein, das es der BSA und dem Unternehmen ermöglicht, an einem Strang zu ziehen und in der Balance zu den gesellschaftlichen und wirtschaftlichen Entwicklungen das Unternehmen zukunftsfähig zu machen. Die Voraussetzung dabei ist jedoch, dass sich das Management dem begründeten und reflektierten Anliegen der BSA öffnet und dass die BSA bereit ist, sich auch mit der normativ-strategischen Grundhaltung der Unternehmensführung auseinanderzusetzen.

Nadija Amjad

Wenn der Mahnbescheid mit der Gehaltsabrechnung kommt – Schuldnerberatung: Interventionsmöglichkeiten in der betrieblichen Sozialberatung

Die IAS-Gruppe, bestehend aus IAS Stiftung, dbgs GesundheitsService GmbH und PREVENT, zählt zu den führenden Dienstleistungs- und Beratungsunternehmen im betrieblichen Risiko- und Gesundheitsmanagement. Wir betreuen Unternehmen in den Bereichen Arbeitsmedizin und Arbeitssicherheit, Psychologie und Sozialberatung, Verkehrsmedizin und Gesundheits-Check-ups. Mit maßgeschneiderten Managementsystemen zur Steigerung der Gesundheit und Leistungsbereitschaft von Mitarbeitern und Führungskräften unterstützen wir nachhaltig den Erfolg von Unternehmen. Wir fördern den fachlichen Austausch und bieten ein breit gefächertes Seminarprogramm an. Bundesweit sind wir an 120 Standorten vertreten und betreuen derzeit fast 10.000 Unternehmen mit mehr als einer Million Mitarbeitern. Die betriebliche Sozialberatung ist ein wesentlicher Bestandteil dieses Gesamtkonzepts.

Überlastung, Stress, familiäre oder berufliche Konflikte, Mobbing, Sucht oder finanzielle Schwierigkeiten – die Liste psychosozialer Probleme, die Mitarbeiter und damit auch Unternehmen belasten, ist lang. Bundesweit stellen wir als betriebliche Sozialberatung fest, dass der Beratungsbedarf der Klienten wesentlich über das klassische Thema Sucht hinausgeht. Finanzielle Schwierigkeiten nehmen immer mehr an Bedeutung zu. So stehen im Kern unserer Schuldnerberatung nicht nur die wirtschaftlichen und finanziellen Aspekte, sondern auch die psychosozialen Themen. Finanzielle Nöte, zum Beispiel bedingt durch Scheidung, können nicht nur das Privatleben, sondern auch das Berufsleben beeinflussen. Dies kann sich in hohen Fehlzeiten oder verminderter Leistungsfähigkeit niederschlagen, bis hin zu physischen und psychischen Erkrankungen wie Burnout.

Neben der Schuldnerberatung selbst steht die Prävention im Vordergrund unserer Tätigkeit. Durch Präventionsworkshops für Auszubildende

(Abbildung 1) sensibilisieren wir unter anderem für die Themen Haushaltsplanung, Onlineshopping, Kostenfalle Handy und Internetabzocke.

Abb. 1: Präventionsworkshop für Auszubildende. Gruppenarbeit zur Haushaltsplanung: „Meine Einnahmen und Ausgaben – versteckte Kosten"

Spätestens wenn die Gläubiger ihre Forderungen über Lohn- und Gehaltspfändungen oder Lohnabtretungen einbehalten, können die privaten Schulden, in den meisten Fällen gegenüber dem Arbeitgeber, nicht mehr geheim gehalten werden. Vor diesem Schritt haben die Arbeitnehmer die größte Sorge. Schlaflose Nächte, Stress, Streit in der Familie und Angst, den Arbeitsplatz zu verlieren, nutzen viele Gläubiger oder deren Inkassounternehmen aus. Sie setzen den Schuldner enorm unter Druck. Angesichts der Gefahr, dass der Arbeitgeber und die Kollegen etwas von seinen finanziellen Schwierigkeiten erfahren, schließt der Schuldner eine Ratenvereinbarung. Oft werden diese Vereinbarungen über die Pfändungsfreigrenzen hinaus vereinbart, d. h. der Schuldner leistet Zahlungen über seine finanziellen Möglichkeiten hinaus an die Gläubiger. So zeigt ein

Praxisbeispiel, dass ein verheirateter Familienvater mit zwei unterhaltspflichtigen Kindern und einem gesetzlichen Nettoverdienst von rund 1.856 Euro eine monatliche Rate in Höhe von 680 Euro zahlt, wo gemäß Pfändungstabelle zu § 850c ZPO nur 24,29 Euro pfändbar wären. Die Familie kann auf Dauer ihren Lebensunterhalt nicht mehr bestreiten und läuft Gefahr, bei ihren monatlichen Fixkosten wie Miete, Strom, Telefon, Versicherungen usw. in finanzielle Engpässe zu geraten. In vielen Fällen kann das zur Räumungsklage oder Zwangsversteigerung des Heimes führen.

Klienten mit einer Schuldenproblematik an externe Schuldner- und Insolvenzberatungsstellen zu vermitteln, kann und wird auch weiterhin ein Lösungsweg in der betrieblichen Sozialberatung bleiben. Jedoch werden wir in unserer täglichen Beratungsarbeit verstärkt mit diesem Thema konfrontiert. Hier kann die betriebliche Sozialberatung dem Schuldner, seiner Familie, aber auch dem Arbeitgeber beratend zur Seite stehen. Die Mitarbeiter selbst suchen bei uns Rat, aber auch Führungskräfte oder die Personalabteilungen der unterschiedlichsten Unternehmen nehmen Kontakt zu uns auf – sei es aufgrund von Räumungsklagen, Lohn- oder Kontopfändungen oder weil der Mitarbeiter aufgrund von hohen Fehlzeiten ausfällt und in der Beratung die Schuldensituation als Ursache zum Tragen kommt.

Im Folgenden wird ein kurzer Einblick in die betriebliche Schuldnerberatung gegeben. Anhand von drei kurzen Beratungsschritten wird gezeigt, wie eine Beratung ablaufen kann und welche Interventionsmöglichkeiten es in der betrieblichen Schuldnerberatung gibt.

1 Drei Schritte der betrieblichen Schuldnerberatung

1.1 Erster Schritt: Das Erstgespräch

Im ersten gemeinsamen Beratungsgespräch mit dem Schuldner sollten die relevanten Daten für eine Schuldnerberatung, wie Anzahl der Gläubiger, Schuldenhöhe oder Pfändungen, nicht im Focus der Beratung stehen. Als Grundlage für die Beratung sollten dem Schuldner vorerst seine Ängste genommen und gegenseitiges Vertrauen aufgebaut werden. Die Schamgefühle, das Schuldbewusstsein und die Enttäuschung über die private wirtschaftliche Lage finden in der ersten Beratung einen Zuhörer. Oft haben sich die Schuldner über Jahre niemandem anvertraut. Selbst Familienmitglieder wie der eigene Ehe- oder Lebenspartner ahnen häufig von der Überschuldung nichts. Daher ist es ratsam, den Ehe- oder Lebenspartner mit in die Beratung einzubeziehen und ggf. zu den folgenden Beratungsgesprächen mit einzuladen. Ziel in der Schuldnerberatung sollte es sein, einen Lösungsweg für den Schuldner und auch seine Familie zu finden.

Im Erstgespräch sollten folgende Punkte Berücksichtigung finden:

Vertrauen
Wie in jeder Beratung sollte eine Vertrauensbasis geschaffen und unsere gesetzliche Schweigepflicht als Berater erwähnt werden. Die Schweigepflicht gilt selbstverständlich auch für die Weitergabe von Informationen an den Arbeitgeber oder den Arbeitskollegen. Eine besondere Erwähnung findet sie hier deshalb, weil die Weitergabe und Veröffentlichung von Informationen erfahrungsgemäß eine der größten Sorgen des Schuldners ist. Aber auch der Schuldner muss mit dem Berater ehrlich zusammenarbeiten und in den Folgegesprächen redliche Angaben zu Einkommen, Vermögen und Schuldensituation machen. Diese Angaben dienen als Voraussetzung, um mit Gläubigern, Vermietern oder Gerichtvollziehern effektiv verhandeln zu können.

Transparenz
Der weitere Beratungsablauf sollte für den Schuldner transparent dargestellt werden, um eventuellen Missverständnissen, zu hohen Erwartungen oder Enttäuschungen vorzubeugen. Wichtig ist hierbei, dem Schuldner zu verdeutlichen, dass seine Schulden nicht in einem Beratungsgespräch reguliert werden können. Die Anzahl der Gläubiger, der aktuelle Stand der Unterlagen und die Kontaktaufnahme zu den Forderungsinhabern können den Beratungszeitraum beeinflussen. Je nach Lösungsweg kann die Beratung bzw. Begleitung des Schuldners von einem halben bis zu einem Jahr andauern.

Finanzielle Lage
Wie ist es zur Zahlungsunfähigkeit gekommen? Gründe für Zahlungsschwierigkeiten können z. B. Ereignisse wie Todesfall, Krankheit, Scheidung, Wegfall eines zweiten Einkommens in der Familie, sein. Aber auch betriebliche Begebenheiten wie Kurzarbeit, Umstrukturierungen oder der Verlust von betrieblichen Zulagen können die wirtschaftliche Lage des Schuldners negativ beeinflussen.

Dringlichkeit
Droht eine Räumungsklage? Wurde bereits ein Termin für die Räumung der Wohnung oder des Hauses mitgeteilt? Liegt eine Stromsperrung vor? Wurde eine Kontopfändung ausgesprochen? Hier sollte gemeinsam mit dem Schuldner geklärt werden, ob und ggf. welche anstehenden Ereignisse eine schnelle Handlung erfordern, um eventuell mit den Gläubigern oder Gerichtsvollziehern eine außergerichtliche Einigung zu erzielen.

Haushaltsplanung
In der betrieblichen Sozialberatung der dbgs GesundheitsService GmbH ist es mittlerweile Standard, dass wir gemeinsam mit dem Schuldner eine Haushaltsplanung (Abbildung 2) aufstellen und mit ihm das Führen eines Haushaltsbuches vereinbaren. Die meisten Schuldner haben den Überblick über ihre finanzielle Situation verloren und versuchen, jeden Monat ihre monetären Löcher zu stopfen, ohne langfristig zu planen. Wieder „Herr" über die eigene wirtschaftliche Lage zu werden, auch die Möglichkeit in Betracht zu ziehen, langfristig für ein Ziel zu sparen, muss sich der Schuldner erarbeiten. Es genügt nicht allein, die Schulden zu regulieren, sondern der Schuldner soll lernen, mit seinen finanziellen Möglichkeiten zu haushalten, um neuen Schulden vorzubeugen.

1.2 Zweiter Schritt: Der Überblick

Im zweiten Schritt sollte man sich einen Überblick über die Schuldensituation und die private wirtschaftliche Lage verschaffen. Dies kann – je nach Komplexität des Falls – beim zweiten oder aber auch dritten Beratungsgespräch der Fall sein.

Gruppen-Rundschreiben

Haushaltsplan

Name:_____ Datum:_____

| Verheiratet: ☐   Geschieden: ☐   Getrennt lebend: ☐   Kinder/Alter:_____

Einnahmen	mtl. Betrag in €	Ausgaben	mtl. Betrag in €
Gehalt (Person 1)		Miete + Nebenkosten	
Gehalt (Person 2)		Eigentum Nebenkosten	
Nebentätigkeit		Strom	
Unterhalt		Heizung	
Kindergeld		Telefon/Internet	
Elterngeld		Handy	
Sonstiges		GEZ	
		TV/Kabel	
Vermögen		Unterhaltzahlungen	
Bausparverträge		Kinderbetreuung	
Eigentum		Medikamente	
Sparbuch		Öffentliche Verkehrsmittel	
Lebensversicherung		Bekleidung/Schuhe	
PKW		Lebensmittel	
Sonstiges		Drogerieartikel	
		Versicherungen - Haftpflichtversicherung - Hausratversicherung - Rechtschutzversicherung - Sonstiges	
		Freizeit - Abonnements - Vereine - Hobby - Unterhaltung (Kino) - Zigaretten/Alkohol	
		PKW - Benzin - Steuern - Versicherung	
		Ratenverpflichtungen (s. Schuldenaufstellung)	
		Sonstiges	
Gesamtsumme Einnahmen		**Gesamtsumme Ausgaben**	

Gesamtsumme Einnahmen:	€
Gesamtsumme Ausgaben :	€
Überschuss/Defizit: :	€

Bemerkungen (z. B. Gehaltsänderungen, Kindergeld bis…):
_____
_____
_____

Abb. 2:   Vordruck Haushaltsplan für die Beratung.

Wie im Zusammenhang mit der Haushaltsplanung bereits erwähnt, soll der Schuldner Verständnis im Umgang mit seinen Finanzen gewinnen – also wissen, wie viel Geld ihm am Ende des Monats nach allen Abzügen (einschließlich Ratenzahlungen) zur Verfügung steht oder ob er ein monatliches Defizit hat. Für die Haushaltsplanung ist es auch wichtig, über zukünftige finanzielle Veränderungen wie Gehaltserhöhungen, Auslauf von Erziehungsgeld oder Auszahlungen von Versicherungen bzw. Sparverträgen informiert zu sein. Ebenso müssen private Veränderungen wie die Geburt eines Kindes oder ein Umzug in der Schuldenregulierung berücksichtigt werden. Unter Umständen können finanzielle Mittel, die jetzt zur Verfügung stehen, in der Zukunft anderweitig von Bedeutung sein. Durch den genaueren Blick auf die Einnahmen und Ausgaben des Schuldners lassen sich Konsumverhalten, aber auch Einsparmöglichkeiten des Schuldners erkennen.

In den seltensten Fällen werden die Schuldner alle Dokumente und Kreditverträge geordnet zum Beratungsgespräch mitbringen. Hier heißt es, Zeit einzuplanen und die Unterlagen nach Gläubigern und Datum gemeinsam mit dem Schuldner zu sortieren. Analog sollte eine Schuldenaufstellung erfolgen, in die Gläubiger, derzeitiger Forderungsinhaber oder Vertreter wie Inkassounternehmen, Schuldenhöhe und besondere Bemerkungen wie derzeitige Ratenzahlungshöhe oder Lohnpfändungen eingetragen werden.

Wie bereits angesprochen, sollte der Ehe- oder Lebenspartner in die Schuldnerberatung mit einbezogen werden und ggf. eine eigene Schuldenaufstellung für sich erstellen, da in der Regel bei Kreditverträgen beide als Vertragspartner unterschrieben haben. Dies sollte überprüft werden, da beispielsweise eine Ratenzahlungsvereinbarung dann für beide Parteien vereinbart werden sollte.

Die Erstellung eines Haushaltsplanes und das Führen eines Haushaltsbuches sind die ersten Schritte auf dem Weg zur Schuldenregulierung. Die Schuldenaufstellung dient zum einen dem Überblick über die Schuldensituation und zum anderen als Grundlage für die spätere Verhandlung mit dem Gläubiger. Doch wie bekommt man die Schuldenhöhe jedes einzelnen Gläubigers auf den aktuellen Stand? Oft haben sich

die Gläubiger lange nicht mehr an den Schuldner gewandt, Unterlagen fehlen oder die zugestellten Schreiben enthalten keine aktuellen Forderungshöhen. Telefonischen Kontakt mit dem Gläubiger aufzunehmen, wäre eine Variante. Es empfiehlt sich jedoch, den Gläubiger anzuschreiben und folgende Unterlagen anzufordern:
- Zahlungsaufstellung zzgl. Zinsen und Kosten,
- Kopie des Originalvertrages,
- Kopie der Lohn- und Gehaltsabtretung (sofern vorhanden).

Nach rund zwei bis vier Wochen erhält der Schuldner die erforderlichen Unterlagen und ist in der Regel sehr erstaunt, dass die Summe der Schulden auch nach etlichen Ratenzahlungen noch so hoch ist. Der Schuldner sollte daher darüber aufgeklärt werden, dass gemäß § 367 BGB die Tilgung der Schuld zunächst auf die Kosten, dann auf die Zinsen und zuletzt auf die eigentliche Hauptforderung angerechnet wird. So kann es passieren, dass sich trotz regelmäßiger Ratenzahlungen die Hauptforderung nicht sonderlich verändert hat.

Sofern der Schuldner einwilligt, kann auch der Arbeitgeber relevante Unterlagen für die Beratung beisteuern, z. B. eine Übersicht der Lohn- und Gehaltspfändungen mit Anschrift und Aktenzeichen der Gläubiger. Dies könnte besonders dann hilfreich sein, wenn dem Schuldner keine Unterlagen mehr zur Verfügung stehen.

Erst wenn der Schuldner einen Überblick über seine derzeitige finanzielle Lage gewonnen hat und alle Unterlagen zusammengetragen wurden, kann auf eine Schuldenregulierung hingearbeitet werden.

1.3 Dritter Schritt: Die Schuldenregulierung

Mit diesem Abschnitt könnte man sicherlich ein ganzes Buch füllen, da die Schuldenregulierung je nach Sachlage sehr unterschiedlich ausfallen kann. Zudem spielen Verjährungsfristen, Art der Schulden (z.B. Schulden aus Straftaten, Selbstständigkeit oder Bußgeldern), gesetzliche Konstellationen und die Liquidität des Schuldners eine große Rolle. Daher beschränke ich mich in diesem Fall auf zwei klassische Regulierungen in der Schuldnerberatung und werde diese kurz vorstellen: Eine erste Regulierungsmöglichkeit der Schulden wäre die Einigung mit den Gläubigern auf Basis eines Ratenzahlungsplanes; eine zweite das Verbraucherinsolvenzverfahren.

Ratenzahlungsplan
Erfahrungsgemäß ist die Schuldenregulierung mit Unterstützung eines Ratenzahlungsplans die befriedigendste Lösung für alle Beteiligten. Hier kommt es jedoch auf die Zahlungsfähigkeit des Schuldners und die Verhandlungsbereitschaft des Gläubigers an. Kann der Schuldner auf Grundlage seines Haushaltsplanes Einsparungen treffen? Erwartet er in Zukunft Sonderzahlungen wie Steuerrückzahlungen, Weihnachts- oder Urlaubsgeld? Kann ihn ein Familienmitglied finanziell unterstützen? Hat er die Möglichkeit, Versicherungen oder Sparverträge zu kündigen und für die Regulierung einzusetzen? Erst wenn erkennbar ist, dass dem Schuldner finanzielle Mittel für eine Einmalzahlung zur Verfügung stehen oder er einen bestimmten Betrag im Monat zur regelmäßigen Schuldenregulierung aufbringen und dennoch ohne Schwierigkeiten seinen Lebensunterhalt bestreiten kann, kann ein Ratenzahlungsplan erarbeitet werden. Es sollten auch die derzeitigen Zahlungen an die Gläubiger berücksichtigt werden. Wenn der Schuldner bereits eine Rate von beispielsweise 350 Euro an einen Gläubiger zahlt, stellt sich die Frage, ob er diesen Betrag nicht auf weitere Gläubiger verteilen und somit mehr als einen bedienen kann.

Zusammen mit dem Schuldner sollte dann anhand der Schuldenaufstellung eine Prioritätenliste erstellt werden. Welcher Gläubiger sollte zuerst bedient werden? Kündigt ein Gläubiger eine Lohnpfändung an? Wäre es ratsam, mit diesem vorrangig eine Einigung zu erzielen? Anschließend werden mit dem Schuldner die Ratenzahlungshöhen für jeden einzelnen Gläubiger festgelegt. Eine weitere Möglichkeit könnte sein, dass der Schuldner dem Gläubiger eine sogenannte Einmalzahlung anbietet. Dies wäre ein bestimmter Betrag, den vielleicht ein Familienmitglied zur Verfügung gestellt hat. Da diese Möglichkeit für den Gläubiger sehr attraktiv ist, kann es in der Praxis vorkommen, dass der Gläubiger auf einen Teil seiner Gesamtforderung verzichtet.

Beispiel für ein Schreiben eines Schuldners an einen Gläubiger

> „Seit geraumer Zeit haben Sie eine Forderung mir gegenüber, die ich bisher nicht erfüllen konnte. Es besteht nun für mich die Möglichkeit, durch Zahlung eines Dritten einen Vergleichsbetrag zur Verfügung gestellt zu bekommen.
>
> Ich könnte Ihnen daher zur Begleichung meiner gesamten Verbindlichkeiten einmalig einen Vergleichsbetrag in Höhe von ... Euro anbieten. Das Geld könnte einen Monat nach Ihrer schriftlichen Zustimmung und Ihrer Bestätigung, dass Sie auf die Restforderung verzichten, angewiesen werden."

Wichtig ist hier, dass dem Schuldner bewusst wird, dass außergerichtliche Einigungen verbindlich sind und er sich an die getroffenen Vereinbarungen bis zur vollendeten Bedienung der Forderung zu halten hat. Es ist für Verhandlungen mit dem Gläubiger nicht förderlich, wenn Vereinbarungen nach kürzester Zeit wieder gebrochen werden. Daher ist die Haushaltsplanung unter Berücksichtigung von privat anstehenden Ereignissen, wie im zweiten Beratungsschritt genannt, außerordentlich bedeutsam.

Oft können nicht alle Gläubiger auf einmal bedient werden. Hier sind dann das Verhandlungsgeschick des Beraters und das Entgegenkommen des Gläubigers gefragt. Wenn der Ratenzahlungsplan erstellt ist, wird die Dauer der Ratenzahlungen ersichtlich. Gläubiger 1 wird beispielsweise von Januar bis Juni mit regelmäßigen Zahlungen bedient. Das würde bedeuten, dass dem Schuldner ab Juli wieder ein Betrag zur Schuldenregulierung zur Verfügung steht, den er dann Gläubiger 2 anbieten könnte. Vorausgesetzt, Gläubiger 2 ist bereit, auf seine Forderung zu warten bzw. zeigt sein Wohlwollen und stundet für diesen Zeitraum seine Forderung. Das bedeutet, es fallen in dieser Zeit keine weitere Zinsen und Kosten auf die Forderung an.

Wieso sollte ein Gläubiger auf sein Geld warten? Warum sollte er Geld „verschenken" und die Forderung stunden? Die Beratungspraxis zeigt, dass die Gläubiger oder deren Vertreter, wie Inkassounternehmen oder Rechtsanwälte, in den meisten Fällen an einer Einigung mit dem Schuldner interessiert sind. Die Gewissheit, dass der Schuldner sich um seine finanzielle Lage bemüht und die Aussicht, ihre Forderung bald bedient zu wissen, ist einer der Gründe. Zum anderen kostet es die Gläubiger Zeit und finanzielle Mittel, die Forderungen einzutreiben (wie z.b. in Vorkasse für Vollstreckungsmaßnahmen zu gehen). Voraussetzung für eine Einigung, die den Schuldner und den Gläubiger befriedigt, ist die Transparenz in der Verhandlungsphase. Gegenüber dem Gläubiger sollten die Einnahmen und Ausgaben des Schuldners sowie sein Vermögen und seine derzeitige Lebenssituation (wie Anzahl der unterhaltspflichtigen Personen im Haushalt) offen dargelegt werden. Der Gläubiger muss sich auf die regelmäßige Zahlungsfähigkeit des Schuldners verlassen können und der Schuldner auf die Vereinbarung, dass keine weiteren Vollstreckungsversuche veranlasst oder ggf. keine weiteren Zinsen und Kosten verrechnet werden.

Die Regulierung der Verbindlichkeiten sollte selbstverständlich realistisch und bezahlbar bleiben und die Gläubiger in einem überschaubaren Zeitraum bedient werden. Sollte jetzt einer oder mehrere der Gläubiger keinem Ratenzahlungsvorschlag, einer Stundung oder Vergleichszahlung zustimmen (z. B. weil sich beim ablehnenden Gläubiger die höchste Schuldensumme angesammelt hat), dann sollte über eine alternative Lösung nachgedacht werden.

Auch hier gibt es verschiedene Schuldenregulierungsvarianten. Hier soll jedoch nur auf eine der gängigsten Entschuldungsmöglichkeiten – das Verbraucherinsolvenzverfahren – eingegangen werden.

Verbraucherinsolvenzverfahren
Das Verbraucherinsolvenzverfahren, auch Privatinsolvenz genannt, ist ein gerichtliches Verfahren zur Abwicklung der Insolvenz (Zahlungsunfähigkeit) einer Privatperson. Seit der Einführung der neuen Insolvenzordnung 1999 wird dem Schuldner nach einer sechsjährigen Wohlverhaltensphase der Erlass seiner Schulden ermöglicht. Laut Jürgen Angele vom Statistischen Bundesamt nutzten fast 400 000 Privatpersonen ein Verbraucherinsolvenzverfahren, um von ihren restlichen Schulden befreit zu werden. Nach Einführung der neuen Insolvenzordnung konnte bis jetzt kein Rückgang der Privatinsolvenzverfahren verzeichnet werden, eher eine stetige Steigerung.

Dieses Instrument der Entschuldung kann auch Schuldnern, die bei der betrieblichen Sozialberatung Unterstützung suchen, von Nutzen sein. Den Antrag für ein Verbraucherinsolvenzverfahren kann jedoch nur der Schuldner selbst mit Unterstützung einer anerkannten Insolvenzberatungsstelle nach § 305 der Insolvenzordnung stellen. Die betrieblichen Sozialberatungen gehören in der Regel nicht diesem Personenkreis an. In diesem Fall sollte zusammen mit dem Schuldner Kontakt zu der örtlichen Schuldner- und Insolvenzberatungsstelle aufgenommen werden, um sich zu erkundigen, welche zielorientierten Maßnahmen sie als Berater gemeinsam mit dem Schuldner im Vorfeld einleiten können, um evtl. Wartezeiten für einen Termin in der Schuldner- und Insolvenzberatungsstelle produktiv zu überbrücken.

2 Unterstützungsmöglichkeiten für die Praxis

Die Inhalte der Schuldner- und Insolvenzberatung weisen viele Facetten auf und befinden sich aufgrund fortwährender Gesetzesänderungen im stetigen Wandel. Das stellt den Berater vor die Herausforderung, sich laufend informieren zu müssen.

Das Internet ist u. a. eine gute Informationsquelle und bietet für die Beratungsarbeit nützliche Auskünfte wie aktuelle Gesetzesentscheidungen, Tipps zur Schuldenregulierung, Musterbriefe und Ansprechpartner vor Ort.

Das Bundesministerium für Familie, Senioren, Frauen und Jugend sowie die Sparkassen stellen hilfreiche Publikationen zum Thema Schulden und Haushaltsplanung zur Verfügung. Als ein kompetenter Netzwerkpartner in der professionellen Schuldner- und Insolvenzberatung hat sich die Beratungsstelle der Wohlfahrtsverbände und Kommunen etabliert. Für Fragen und die Vermittlung eines Schuldners, z. B. ins Insolvenzverfahren stehen u. a. diese Einrichtungen zur Verfügung.

Um das bestmögliche Hilfsangebot für den Schuldner auf die Beine zu stellen, sollten die betrieblichen Sozialberatungen mit den Fachleuten der Beratungsstellen vor Ort Hand in Hand zusammenarbeiten, d. h. sich fachlich austauschen und in der Zusammenarbeit unterstützen.

Literatur

Angele, Jürgen: Überschuldung – letzter Ausweg die Privatinsolvenz (Statistisches Bundesamt Deutschland 2008), Bundesministerium der Justiz: Pfändungstabelle der Zivilprozessordnung (ZPO) 25.04.2006, Insolvenzordnung (InsO) 29.07.2009, Bürgerliches Gesetzbuch (BGB) 03.10.2009, Bundesministerium für Familie, Senioren, Frauen und Jugend: Was mache ich mit meinen Schulden? 13. Aufl. 03.06.2008

Kristina Braun

Vom Büro auf die Bühne –
die Verbindung von Sozialberatung mit Moderation

2001 wurde mit der betrieblichen Sozialberatung in einem der größten Fachkrankenhäuser Deutschlands für Psychiatrie, Psychotherapie, psychosomatische Medizin und Neurologie ein Angebot für mehr als 2.200 Mitarbeiter geschaffen, die sich täglich immer wieder aufs Neue in anspruchsvollen Arbeitssituationen einbringen.

Die Einzelfallberatung von Mitarbeitern mit psychosozialen und gesundheitlichen Problemen sowie die Erarbeitung hausübergreifender Konzepte (z. B. zu den Themen Stressbewältigung, betriebliches Eingliederungsmanagement, Suchtprävention) bildeten zwei klassische Säulen im Tätigkeitsspektrum. Eine weitere Säule entwickelte sich aus der eines Tages gestellten Frage: „Wir möchten gern einen Klausurtag durchführen. Können Sie uns dabei mit einer Moderation unterstützen?" und der Bereitschaft, gemeinsam zu experimentieren.

1 Vom Einzelnen zum Team

Das Team äußert den Bedarf nach einem Klausurtag, da es sich der Erfordernis bewusst ist, im Wandel der gesellschaftlichen Entwicklungen und Anforderungen seine konzeptionelle Ausrichtung zu hinterfragen, strukturelle und organisatorische Prozesse unter die Lupe zu nehmen und sich in dem Anspruch der multiprofessionellen Arbeit mit psychisch Erkrankten neu zu verorten. Vorgesetzte nehmen mit diesem Anliegen Kontakt zur betrieblichen Sozialberatung auf.

Im Sinne einer fundierten inhaltlichen und methodischen Vorbereitung wird der erste Schritt getan, der bedeutet, diesem Wunsch in einem Vorgespräch eine Gestalt und Richtung zu geben. Die betriebliche Sozialberatung regt ein Treffen an, um die Themen zu sichten und den Auftrag zu erarbeiten. Bereits hier wird das unterschiedliche Selbstverständnis der Teams deutlich, was im Sinne des szenischen Verstehens für die weitere

Arbeit genutzt werden kann. Ist es der Vorgesetzte, der bereits die Themen im Team gesammelt hat und diese vorstellt, oder treffen sich zur Vorbesprechung mehrere Mitarbeiter, die ihre Anliegen für den Tag formulieren? Möchte man sich innerhalb der eigenen Berufsgruppe oder in einem größeren Zusammenhang, im multiprofessionellen Team austauschen, in dem Pflegekräfte, Ärzte, Therapeuten, Sozialpädagogen, Psychologen ihre unterschiedlichen Perspektiven und Kompetenzen einbringen? Ist die Gestaltung des Klausurtags eine neue Herausforderung an das Miteinander, ungewohntes, fremdes Terrain oder ein vertrautes Instrument, das für eine fachliche Auseinandersetzung genutzt wird? Wie ist die Kultur des Teams, welche Historie hat es? Gibt es freudige Erwartungen oder auch Befürchtungen im Hinblick auf den Klausurtag? All das sind Leitfragen, um ein Bild zu entwickeln, ein Gefühl entstehen zu lassen für das, was wichtig werden könnte.

Das Beratungsverständnis unterstützt bereits in diesem Vorgespräch das Team und den Vorgesetzten darin, mehr Klarheit zu gewinnen, was sie mit dem Klausurtag erreichen möchten. Zu Beginn sind es Überschriften wie „Unsere multiprofessionell durchgeführten Verlaufsbesprechungen zu den Patienten könnten verbessert werden", „Unsere Kommunikation macht uns unzufrieden; wir möchten ein anderes Arbeitsklima" oder „Wir wünschen uns einen stärkeren fachlichen Austausch mit den anderen Berufsgruppen". Die betriebliche Sozialberatung versucht, durch systemische, lösungsorientierte Fragen die Interessen und Ziele zu verstehen, die mit den benannten Themen verbunden sind. So wird deutlich, zu welchen Inhalten eine Information genügt, wo sich ein Meinungsbild herauskristallisieren soll, wo verbindliche Regelungen gefunden werden müssen oder wo die Mitarbeiter im kreativen Entwickeln neuer Ansätze herausgefordert werden.

Zusätzlich zur Abstimmung der inhaltlichen und methodischen Vorgehensweise kann im vorbereitenden Gespräch auch geklärt werden, welche Erwartungen an die Moderation bestehen. Auch hier wird Unterschiedliches deutlich: ob die Struktur vorgegeben, der Diskussionsprozess befördert, ein Austausch ermöglicht oder in entstehenden Konflikten vermittelnd eingegriffen werden soll. An dieser Stelle können gleichzeitig die

Arbeitsweise transparent gemacht sowie Grenzen und Möglichkeiten der Moderation aufgezeigt werden.

2 Mittendrin und doch draußen

Was schätzen die Mitarbeiter an der Moderation durch die betriebliche Sozialberatung? Reicht es nicht aus, wenn der Vorgesetzte auch am Klausurtag das Steuer in die Hand nimmt und das Schiff um die Klippen lotst?

Nicht in jedem Fall. Vorteilhaft ist gerade für viele, dass die betriebliche Sozialberatung durch ihre Verwurzelung im Haus um die Strukturen und Prozesse weiß. Gleichzeitig ist sie vom aktuellen Geschehen der jeweiligen Station oder Abteilung so distanziert, dass man sich durch diese Unvoreingenommenheit und auch Unbefangenheit eine andere Perspektive erhofft, die neue Impulse geben kann. Von Vorgesetzten, die sich inhaltlich in die Diskussion einbringen, die ihre Haltungen und Positionen deutlich machen möchten, wird es als Entlastung empfunden, wenn durch die Moderation der strukturierende rote Faden gegeben ist. So können sie offener die klaren Äußerungen und die Zwischentöne ihrer Mitarbeiter wahrnehmen. Als Gewinn gesehen wird auch die Neutralität in dem Sinne, dass die Mitarbeiter in ihren Äußerungen, Ideen und Vorschlägen gleichberechtigt wahrgenommen und anerkannt werden. Die Moderatorin unterstützt alle Beteiligten, gleich welcher hierarchischen Einbindung, und kann eine Ausgewogenheit zwischen den unterschiedlichen Sichtweisen herstellen.

Die in der Einzelfallberatung besprochenen Fragen kann die betriebliche Sozialberatung in die inhaltliche Auseinandersetzung jedes einzelnen Teams an einem Klausurtag hineinbringen, um eine bewusste Haltung erarbeiten zu lassen. So kommt es in einem psychiatrischen Krankenhaus immer wieder vor, dass Mitarbeiter mit gewalttätigen, körperlich und verbal verletzenden Übergriffen oder anderen potentiell traumatisierenden Ereignissen wie Suizidversuchen und erfolgten Suiziden von Patienten konfrontiert werden. Kann der eigene Schmerz, die Betroffenheit und Verletzlichkeit im Team angesprochen werden? Wie kann die Situation mit den Patienten, aber auch mit den Kollegen bearbeitet und vor allem verarbeitet werden? Es ist von Bedeutung, das von einem Einzelnen geäußerte Anliegen zu einem Anliegen des gesamten Teams zu machen.

3 Wacher Geist und offenes Herz

3.1 Der rote Faden – Strukturbildung

Mit den aus dem Vorgespräch gewonnenen Themen und Eindrücken entwickelt die betriebliche Sozialberatung im nächsten Schritt eine Struktur, mit der die Inhalte methodisch gut zu bearbeiten sind. Bereits die Gruppengröße ist bestimmend, die durchschnittlich 10 bis 25 Personen beträgt und einen bedeutsamen Einfluss auf die Gestaltung und Dynamik des Tages nimmt. Es ist zu überlegen, welche Inhalte logisch miteinander verknüpft sind und wie geäußerte Themen nicht nur theoretisch behandelt werden sollen, sondern gleich in die Moderation einfließen können. Es wird auf zwei Ebenen gewirkt: der inhaltlichen Erarbeitung und dem Aufzeigen alternativer Modelle, indem die Moderatorin Unterschiede in bisher Bestehendes hineinbringt. Äußert ein Team zum Beispiel das Anliegen, dass es sein Kommunikationsverhalten ändern möchte, kann die Moderatorin aufgrund ihrer Kommunikation mit den Teilnehmern bereits andere Ideen vorleben.

Durch ihr Steuern des Diskussionsprozesses wird deutlich, was es heißt, unterschiedliche Standpunkte zu akzeptieren, mit aufkeimenden Konflikten umzugehen, zurückhaltende Mitarbeiter in ihrem Ausdruck zu fördern und stark engagierte Teilnehmer dafür zu gewinnen, auch anderen mehr Raum zu geben. Wünscht sich das Team eine stärkere Kooperation untereinander, kann dies methodisch so aufgegriffen werden, dass für die Arbeit in den Kleingruppen die Zusammensetzung der Mitarbeiter wechselt. Auf den Punkt gebracht: Die vom Team gewünschten Entwicklungen und Erfahrungen werden nicht nur theoretisch für die Zukunft skizziert, sondern finden bereits am Klausurtag Anwendung.

Zusätzlich kann die Sozialberatung Eindrücke, Gefühle und die aktuelle Situation der Station bei der Gestaltung des Tages einfließen lassen und für Ausgewogenheit sorgen. Hat ein Team seit längerer Zeit eine schwierige, belastende Phase zu bewältigen, kann sich Erschöpfung eingestellt haben. Es ist dann nicht zielführend, das Team am Klausurtag über das Feld der Themen zu jagen und einen Lösungsdruck aufzubauen. Stattdessen geht es darum, zu prüfen, wo ein Ausgleich geschaffen und was entzerrt werden kann, um mehr Gelassenheit wachsen zu lassen.

3.2 Akzeptanz

Nicht alle Mitarbeiter stehen einem geplanten Klausurtag unvoreingenommen gegenüber. Die Vorausschau kann auch von Befürchtungen begleitet sein, die sich konkret aus negativen Erfahrungen aus anderen Kontexten der Vergangenheit speisen oder sorgenvolle Gedankenspiele sind. Eine der größten Ängste kann sein, das Gesicht zu verlieren und beschämt zu werden. In der Verantwortung der Moderatorin liegt es, für eine vertrauensvolle, wertschätzende Atmosphäre zu sorgen, die eine offene Kommunikation erst zulässt. Dies kann gelingen, wenn jeder Mitarbeiter mit seinen Erfahrungen und Ideen, die er einbringt, gewürdigt und respektiert wird; wenn ein vorbehaltloses, möglichst wertfreies, aktives Zuhören ermöglicht wird und wenn versucht wird, erst einmal gegenseitiges Verstehen im Hinblick auf die geäußerten Anliegen zu erzeugen, anstatt sich gleich einem Kreuzfeuer der Argumentation auszusetzen. Das ist keine einmalige Angelegenheit, kein Verfahren, dass man sich für den Klausurtag zunutze macht. Es ist eine Grundeinstellung, die prägend sein sollte für den Umgang miteinander.

Viele Teams zeichnen sich dadurch aus, dass sie sich aus Mitarbeitern unterschiedlichen Alters und mit unterschiedlicher Erfahrung zusammensetzen. In dieser Konstellation liegt Risiko und Chance zugleich. Die Herausforderung für die Moderatorin besteht darin, eine gegenseitige Anerkennung der Lebens- und Arbeitserfahrung zu ermöglichen, um sich zu bereichern und zu verbinden.

3.3 Gold schürfen

Wie befördert das systemische, lösungsorientierte Vorgehen die Zusammenarbeit während des Klausurtages? Wie können die Beratungskompetenzen der betrieblichen Sozialberatung urbar gemacht werden?

Auch wenn im Vorgespräch bereits die Erwartungen für den Tag besprochen und geklärt wurden, werden diese von der Moderatorin von jedem einzelnen Teilnehmer erfragt, bevor mit der Diskussion der eigentlichen Inhalte begonnen wird. Es ist eine Chance, dass alle beieinander sind, denn formulierte Wünsche, aber auch Befürchtungen werden bereits wechselseitig in dieser Runde angesprochen und wahrgenommen. Es ist nicht nur ein Gewinn für die Moderatorin, die so ein genaueres Bild über die Vorstellungen der Teilnehmer erhält. Auch die Mitarbeiter können hören, was den Kollegen für diesen Tag – auch mit den Ansprüchen aneinander – wichtig ist. „Was muss passieren, damit dies für Sie ein gelungener Klausurtag wird?" „Wenn Sie am Ende der Veranstaltung den Raum verlassen, was möchten Sie geklärt haben und mitnehmen?" „Was sollte aus Ihrer Sicht vermieden werden?" Dies sind bereits zu Beginn unterstützende Fragen, mit denen ein größeres Bewusstsein erzeugt wird, womit sich die einzelnen Mitarbeiter einbringen, worauf sie achten möchten.

In allen Arbeitsformen des Tages, ob in Kleingruppen oder im Plenum, werden unterschiedliche Ebenen berücksichtigt. Zunächst wird ein gegenseitiger *Prozess des Verstehens* erzeugt, um Verständnis zu ermöglichen. Das beinhaltet, dass die Moderatorin durch die Art des Fragens für alle wechselseitig Transparenz herstellt. Es ist notwendig, Gesagtes nicht einfach im Raum verhallen zu lassen, sondern zu ergründen, was mit den Aussagen gemeint ist. Gerade in Verbindung mit geäußerten Ideen entstehen schnell Positionierungen innerhalb des Teams. Werden Vorschläge eingebracht, gibt es Befürworter und Gegner. Argumente werden ausgetauscht. Die bedeutsame Arbeit der Moderatorin ist, die Verlangsamung des Prozesses vorzunehmen. Durch das Paraphrasieren des Gesagten, also durch Zusammenfassen und Spiegeln, werden die Interessen und Bedürfnisse hinter den Positionen sichtbar gemacht. Es gelingt, leichter zu klären, warum ein Mitarbeiter eine bestimmte Lösung für sich bevorzugt oder ausschließt. Es ist hilfreich, von der Oberfläche auf den Grund zu kommen und den Raum für andere Optionen zu öffnen.

Eine weitere Leistung erfolgt in der Unterstützung der Mitarbeiter bei der *positiven Zielformulierung*. Viele können benennen, womit sie unzufrieden sind. Schwieriger wird es, zu sagen, was stattdessen sein kann, um einen Unterschied herzustellen. Das umfasst, einen Schritt weiter zu gehen – vom Aufzeigen kritischer Aspekte bis hin zum Entwickeln anderer Perspektiven. Das kann während des Klausurtages ein schwieriger Lernprozess sein. Durch das teilweise gewohnte defizitorientierte Betrachten – den geübten Blick auf das, was nicht so gut funktioniert – bedarf es einer Unterstützung, um das für die Zukunft Gewünschte auszudrücken.

Das *systemische, lösungsorientierte Befragen* durch die Moderatorin ist konstanter Bestandteil in der Zusammenarbeit. Bei allen Ideen und Vorschlägen, die innerhalb eines Klausurtages entwickelt werden, können die Vor- und Nachteile bestimmter Entscheidungen erfragt und Zusammenhänge dargestellt werden. Dies ist im kleinen Rahmen möglich, zum Beispiel, um bewusst zu machen, in welcher Form die Arbeitsweise einer Berufsgruppe Einfluss auf die Bedingungen einer anderen Berufsgruppe hat. Aber auch übergeordnet kann Bezug auf die Strukturen genommen werden, indem man die Schnittstellen besonders beleuchtet, wie zum Beispiel die Zusammenarbeit von den Aufnahmestationen mit den spezialisierten, weiterführenden Stationen, den Tageskliniken oder den Verwaltungsabteilungen des Hauses. All diese Bereiche bedingen sich gegenseitig und nehmen durch ihre Entscheidungen Einfluss aufeinander. Die Moderatorin kann diese Wechselwirkungen transparent machen und dazu beitragen, dass Ideen bezüglich einer geplanten Umsetzung unter diesem Blickwinkel betrachtet werden. So lässt sich manchmal vermeiden, dass eine für gut befundene Lösung in ihren mittel- und langfristigen Auswirkungen an anderer Stelle neue Probleme hervorruft.

3.4 Orientierung an den Bedürfnissen

Die gute Planung eines Klausurtages ist eine Sache. Eine andere Sache ist das, was nicht zu planen und vorherzusehen ist – die Gefühle des Teams, die unterschiedlichen Bedürfnisse der jeweiligen Mitarbeiter sowie das, was sich noch Bahn bricht oder vor sich hin schwelt und lähmt. Es kann sich dahingehend entwickeln, dass durch die vertrauensvolle Atmosphäre nun doch die Öffnung genutzt wird, um einen lange währenden Konflikt endlich zur Sprache zu bringen, dass Enttäuschungen und Kränkungen benannt werden wollen, dass Kritik an grundsätzlichen Punkten formuliert wird. Da ist es wichtig, dass die Moderatorin auch ihren eingeschlagenen Pfad verlassen, abbiegen, zurückgehen oder Umwege machen kann, um die Arbeitsfähigkeit für den Klausurtag zu sichern und Wichtiges nicht zu überhören. Das setzt eine hohe Achtsamkeit voraus, dieser Entwicklungen gewahr zu werden und darauf entsprechend Bezug zu nehmen. Das bedeutet nicht, willkürlich jede Spur aufzunehmen und sich in Komplexität zu verlieren. Aber wenn sich abzeichnet, dass das Ignorieren bestimmter Bedürfnisse einen gravierend negativen Einfluss auf die Stimmung und die Zusammenarbeit hat, dann sollte diesen Bedürfnissen Vorrang eingeräumt werden. Im ganzen Verfahren ist es wichtig, dass die Moderatorin den Mitarbeitern immer wieder transparent macht, warum ein bestimmtes Vorgehen sinnvoll ist. So ist für die Mitarbeiter der inhaltliche Bezug hergestellt, und sie können sich besser auf die anschließende Diskussion einlassen. Die konzipierte Struktur im Vorfeld ist dann ein hilfreiches Instrument zur Orientierung, um nach der Bearbeitung des akuten Anliegens auf die Themen zurückzuführen.

3.5 Die Wirksamkeit der Beratungsarbeit während des Klausurtages

Es ist dargestellt worden, wie ein systemisch lösungsorientiertes Vorgehen dabei unterstützen kann, die Auswirkungen einer bestimmten Idee oder eines Ergebnisses zu prüfen, um tragfähige Vereinbarungen schließen zu können. „Woran würden Sie im Stationsalltag merken, dass Sie Ihr Ziel erreicht haben?" – so könnte eine anregende Frage lauten, um Hinweise auf gewünschte Veränderungen zu erhalten.

Eine weitere Herausforderung für die Moderatorin ist es, eine Balance zwischen dem Weiten enger Perspektiven und der Reduzierung von Komplexität herzustellen. In der Beratungsarbeit mit einzelnen Mitarbeitern achtet die betriebliche Sozialberatung darauf, dass diese sich verbindlich äußern und konkrete Schritte gehen, um ihrem Ziel näher zu kommen. Das Gleiche lässt sich auf die Moderationsarbeit mit den Teams an einem Klausurtag übertragen. Es ist von hoher Bedeutung, dass nach den tiefgreifenden Diskussionen die angedachten Lösungen noch einmal auf ihre realistische Umsetzung hin überprüft werden müssen. Das beinhaltet sowohl die Betrachtung der gegebenen Strukturen als auch die Kapazitäten, die dem Team zur Verfügung stehen. Hat ein Team im Verlauf des Klausurtages deutlich gemacht, dass es seine Leistungsgrenzen erreicht hat, dann ist es kontraproduktiv, wenn das Team ein erweitertes Angebot bezüglich der Zusammenarbeit mit den Patienten entwickelt. Es ist absehbar, dass die hohen Maßstäbe auf Dauer nicht gehalten werden können, weil die Ressourcen begrenzt sind. Sinnvoller ist es, zu klären, inwieweit Bestehendes besser genutzt werden kann. Diesbezüglich besteht ein weiterer Beitrag darin, die Ansprüche des Teams an sich selbst, die den gegebenen Realitäten widersprechen, zu spiegeln und eine veränderte Lösung zu ermöglichen.

In der Zusammenarbeit besteht die Erwartung, dass das multiprofessionelle Wirken zum Tragen kommt. Das bedeutet, dass die Mitarbeiter der jeweiligen Berufsgruppen ihre Fähigkeiten und Spezialisierungen mit all den schimmernden Facetten in die patientenbezogene Arbeit einbringen können. Dass eigene Kompetenzen zur Geltung kommen und die Selbstwirksamkeit des Handelns wahrgenommen und erfahrbar wird, wird oft als beflügelnder Aspekt verstanden, der die Arbeit freudvoll erleben lässt. Darum wird durch die Moderatorin darauf geachtet, dass die Handlungsspielräume des Teams sichtbar gemacht werden und dass das Team für sich Klarheit gewinnt, an welchen Punkten sich am leichtesten etwas bewegen lässt und welchen Einfluss es auf Entwicklungen nehmen kann. Diese Eigenverantwortung ist von hoher Relevanz, um realistische Vereinbarungen treffen zu können und die Chancen ihrer Umsetzung zu erhöhen. Um Verbindlichkeit herzustellen, werden zu jeder gefundenen Regelung Verantwortlichkeiten festgelegt und Zeiträume definiert, innerhalb derer die Veränderungen erprobt werden können.

Im Sinne des ressourcenorientierten Ansatzes geht es darum, Teams zu ermutigen, etwas Neues auszuprobieren, andere Erfahrungen zu sammeln, zu experimentieren. Oftmals wird indirekt der Anspruch deutlich, dass mit der Diskussion am Klausurtag die Lösung gefunden werden muss. Hilfreich ist dann bereits das Anbieten einer anderen Sichtweise, die Erklärung, dass es darum geht, etwas anders zu machen, Unterschiede zu dem bisher Gewohnten herzustellen und die gemachten Erfahrungen als gewonnene Informationen in den weiteren Arbeitsprozess einfließen zu lassen. Es ist wichtig, zu befördern, dass die inhaltliche Auseinandersetzung auch als Prozess begriffen werden kann.

3.6 Rollenwechsel

Der Kern der klassischen Moderation wird oft in der Strukturierung und methodischen Leitung des Diskussionsprozesses gesehen. Die betriebliche Sozialberatung, die auf ihre Beratungserfahrung und ihr psychologisches Fachwissen zu bestimmten Themen zurückgreifen kann, hat eine ganz eigene Form der Gestaltung entwickelt.

Mit dem Einverständnis der Gruppe wechselt die Moderatorin in die beratende Rolle. Sie gibt Informationen, Impulse oder vermittelt Wissen. So können zum Beispiel, wenn es sich aus dem Prozess ergibt, Grundlagen der Zusammenarbeit wie Kommunikation, der Umgang mit Kritik und Konflikten beleuchtet werden. Sie schafft den Rahmen für ein experimentelles Spielfeld, auf dem die Mitarbeiter neue Erfahrungen miteinander sammeln. Das alles sind Angebote, die immer mit der Freiheit verbunden sind, dass das Team für sich wählen kann, was es am hilfreichsten für sich empfindet.

Erkenntnisse und Erfahrungen, die die Moderatorin aus dem Klausurtag mitnimmt, fließen in die Überlegungen zur Vorbereitung weiterer Klausurtage ein. Durch das Echo des Teams wird deutlich, was gut funktioniert hat und was anders hätte gestaltet werden können. So ist dieser Weg des gemeinsamen Arbeitens auch ein Weg des gemeinsamen Lernens.

3.7 Mit sich selbst befreundet sein

Mitarbeiter in einer psychiatrischen Klinik sind besonders gefordert. Sie gestalten die pflegerische und therapeutische Bezugsarbeit zu den Patienten, bringen sich in die konzeptionelle Ausgestaltung ein und müssen auf strukturelle und organisatorische Veränderungen bereichsübergreifend reagieren. Manchmal sind sie mit extrem belastenden Ereignissen konfrontiert. Wird das Maß des Ertragbaren überschritten und hält die angespannte Situation zu lange an, erschöpft sich die Energie. An diesem Punkt wird es für Mitarbeiter eines Teams zum Bedürfnis, sich auf vorhandene Ressourcen und Stärken zu besinnen, um wieder Kraft zu gewinnen. Auch die Moderatorin bringt von sich aus Impulse zu diesem Thema ein, da sie aus ihrer Einzelberatung weiß, wie Helfende von Zeit zu Zeit über ihre eigenen Grenzen gehen können und daraus gesundheitliche Einschränkungen und Probleme erwachsen.

Die Achtsamkeit ist eine elementare Voraussetzung, um sich selbst mit seinen Bedürfnissen und Grenzen wahrnehmen und kennenlernen zu können. In der Moderation können Prozesse angeregt werden, in denen das Team ein erneutes Bewusstsein über das erlangt, was es auszeichnet und aus welchen Quellen wieder geschöpft werden kann. Es muss Gelegenheit haben, sich über gemeinsame sowie unterschiedliche Werte in der Zusammenarbeit austauschen zu können. Dafür braucht es Zeit und Raum für eine Entfaltung. Es bedarf eines Innehaltens und eines Luftholens. Eine der größten Chancen des Klausurtages liegt darin, auch diesen Überlegungen zur Selbstfürsorge einen Platz zu geben. Wichtig ist, sich nicht erst dann diesem Thema zu widmen, wenn sich Entwicklungen schon zugespitzt haben oder eskaliert sind, sondern die Selbstfürsorge zum Bestandteil der bewussten Reflexion über die eigene Arbeit, das eigene Leben zu machen. Und genau das prägt die Arbeit der Mitarbeiter mit den Patienten und ermöglicht ihnen, ihren Behandlungsauftrag umzusetzen.

3.8 Grenzen der Moderation

Die Moderatorin hat eine besondere Verantwortung dafür zu tragen, welche Aufträge sie für den Klausurtag annimmt. Auch sie muss um ihre Stärken und Grenzen wissen. Es ist notwendig, abzuwägen, wann es anderer methodischer Vorgehensweisen bedarf, um Anliegen in einer sinnvollen Form zu bearbeiten.

Ein Beispiel sind aktuelle oder zurückliegende Konflikte, die am Klausurtag offenbar werden. Wenn das ganze Team bereit ist, den Konflikt zu bearbeiten, wenn es in diesem ein gemeinsames Anliegen erkennt, sollte das Thema aufgegriffen werden. Ein konstruktiver und offener Umgang mit der Situation kann für die Mitarbeiter bereichernd sein, aus dem sie etwas für die zukünftige Zusammenarbeit mitnehmen. Zeichnet sich allerdings ab, dass die Komplexität den Rahmen sprengt, der Konflikt nicht leicht zu lösen ist, nur wenige Mitarbeiter in diesen involviert sind oder wenn sich der Konflikt auf einzelne Personen zentriert, ist es sinnvoll, diesen außerhalb des Klausurtages zu klären.

Die Moderatorin sollte das Team im Prozess unterstützen, Klarheit über die Ziele zu erlangen, die ihnen wichtig sind und ergründen, mit welcher methodischen Unterstützung diese zu verwirklichen sind.

4. Der Kern

Die Idee der Moderation ergab sich durch Querdenken. Könnte nicht die betriebliche Sozialberatung, die einzelne Mitarbeiter beratend begleitet, nicht auch Teams in ihrer Arbeit unterstützen? Es gab sporadische Anfragen, noch entfernt von einer Systematik und Struktur. Das anfängliche Experimentieren und gemeinsame Lernen hat sich bewährt, sodass sich die Moderation im Arbeitsfeld verwurzeln konnte und die betriebliche Sozialberatung mit diesem Angebot ein besonderes Profil entwickelt hat.

Mit der zunehmenden Ausgestaltung wird darin von den Teams unterschiedlicher Fachbereiche eine wertvolle, systematische, reflektierende Unterstützung gesehen. Die bewusste Auseinandersetzung hinsichtlich der Zusammenarbeit mit den Patienten und den hausübergreifenden Abläufen und Strukturen sowie die gedankliche Beschäftigung mit dem Selbstverständnis der eigenen Arbeit helfen dabei, eine gute, qualitätsvolle Arbeit zu leisten. Die betriebliche Sozialberatung kann durch ihre Einbindung in das Unternehmen und die systemische Betrachtungsweise Ideen und Entscheidungen von Teams hinsichtlich ihrer Auswirkungen auf den eigenen Bereich und die gesamte Klinik beleuchten. In diesem Verständnis wird befördert, dass Vereinbarungen konkreter formuliert werden, sich die Chancen zur Umsetzung von Entscheidungen erhöhen und die multiprofessionelle Arbeit miteinander tragfähiger und verbindlicher wird.

Diese Art des Arbeitens unterstützt auch Teams dabei, ihre Rollen klarer zu definieren, sich mit ihren spezifischen Konzepten besser zu positionieren und sich sowohl fachbereichsübergreifend, als auch über das Klinikum hinaus mit ihrem Angebot in der Patientenversorgung deutlich darzustellen.

Durch die Erfahrungen aus der Beratungsarbeit werden in die Moderation weitere Betrachtungsebenen eingebracht, die dem Grundgedanken einer ganzheitlichen Sichtweise folgen. Ganzheitlichkeit wird in dem Sinne verstanden, dass Abläufe und Strukturen nicht nur mit dem Ziel ihrer Optimierung diskutiert werden, sondern dass auch gesehen wird, in welcher Ausgangssituation sich Mitarbeiter befinden. Es ist bedeutsam, ihnen Raum zu geben, sie herausfinden zu lassen, was sie belastet, was sie erfreut, woraus sie schöpfen und welche Ressourcen sie sich zunutze machen können. Es ist bedeutsam, dass sie Klarheit entwickeln über das, was sie brauchen, um ihre Arbeit in einer guten Art und Weise ausüben zu können. So verschmelzen die Aspekte der Beratung und Moderation miteinander. Aus ihrer Zusammenführung erwächst ein besonderer Mehrwert – ganz im Sinne eines wachen Geistes und offenen Herzens.

Literatur

Kabat-Zinn, Jon (2005). Gesund durch Meditation. Frankfurt am Main. S. Fischer Verlag GmbH

Mücke, Klaus (2001). Probleme sind Lösungen. Systemische Beratung und Psychotherapie – ein pragmatischer Ansatz – Lehr- und Lernbuch. Potsdam. ÖkoSysteme Verlag.

Kristina Hartwig

Case-Management

Case-Management – mit der entsprechenden Werthaltung, den definierten professionellen Rollen und den klar abgegrenzten Prozessschritten und unter Berücksichtigung sämtlicher prozessualer Ebenen – bietet die konzeptionelle und methodische Grundlage, um den Herausforderungen der sozialen Arbeit und den Bedürfnissen aller Beteiligten gerecht zu werden.

„Methoden der sozialen Arbeit thematisieren jene Aspekte im Rahmen sozialpädagogischer Konzepte, die auf eine planvolle, nachvollziehbare und damit kontrollierbare Gestaltung von Hilfeprozessen abzielen und die dahingehend zu reflektieren und zu überprüfen sind, inwieweit sie dem Gegenstand, den gesellschaftlichen Rahmenbedingungen, den Interventionszielen, den Erfordernissen des Arbeitsfeldes, der Institutionen, der Situation sowie den beteiligten Personen gerecht werden" (Galluske 2001, S. 28). Im Rahmen des Case-Managements werden diese Aspekte generell berücksichtigt, wobei sich hier auch sämtliche Elemente sozialpädagogischer Ansätze wiederfinden:

- „Hilfen zur Informationsgewinnung über und Analyse sowie Reflexion von Klienten (Biographien), Situationen, sozialräumlichen Strukturen, Netzwerken und institutionellen Settings;
- Hilfen zur Gestaltung von Kommunikation und Interaktion mit Klienten, Klientengruppen und Akteuren in sozialen Netzwerken;
- Hilfen zur Gestaltung von flexiblen institutionellen Settings, je nach den Erfordernissen des Einzelfalls;
- Hilfen zur Phasierung des Hilfeprozesses in einzelne Handlungsschritte;
- Hilfen zur Sicherung der Partizipation von Klienten, Klientengruppen und sozialer Netzwerke im Hilfeprozess;
- Hilfen zur prozessbegleitenden Kontrolle der Folgen der Intervention" (ebd., S. 156).

1 Prozessschritte im Case-Management

An dieser Stelle wird ein Überblick über die Methode des Case-Managements gegeben, wobei kurz die methodischen Prozessschritte beschrieben und anhand eines Praxisbeispiels verdeutlicht werden. Die Phasen des Hilfeprozesses im Rahmen des Case-Managements sind folgendermaßen gekennzeichnet:

Erstkontakt

Hier werden Zuständigkeiten und Ansprüche geprüft. Zudem wird der Klient über seine Rechte und Pflichten aufgeklärt.

X meldet sich telefonisch und fragt nach einem Termin. Der Case-Manager stellt sich kurz vor und fragt nach dem Anliegen. X erklärt, dass sie gar nicht wisse, wo ihr der Kopf stehe. Der Ehemann sei plötzlich verstorben, sie wisse überhaupt nicht, was sie jetzt alles machen müsse, was mit der Wohnung werden solle und wie die Kinder damit zurechtkommen sollten. Der Case-Manager vergewissert sich, dass sie momentan Unterstützung durch die Familie erhält und lädt sie zu einem persönlichen Gespräch ein. Dann erklärt er noch kurz, dass es in dem ersten Gespräch darum gehe, sich gemeinsam einen Überblick zu verschaffen und herauszufinden, welche Art der Unterstützung sie jetzt am besten gebrauchen könne.

Assessment/Einschätzung

Die Situation wird gemeinsam mit dem Klienten eingeschätzt. Im Assessment geht es darum, die Situation des Klienten umfangreich kennen zu lernen. Die familiäre, die berufsbezogene, die rechtliche, die finanzielle und die gesundheitliche Situation werden anhand einer der Situation angemessenen Sozialanamnese erfasst. Wünsche, Perspektiven und Bedürfnisse werden aufgenommen und bestehende Ressourcen identifiziert. Hierzu gehört auch ein Abgleich mit dem zur Verfügung stehenden Hilfesystem. Bisherige Lösungen und die Gründe für ihr Scheitern können festgehalten werden.

Anamnese

X berichtet von der Beerdigung. Ihre Schwester sei die ganze Zeit bei ihr gewesen und habe ihr geholfen. Das alles sei jetzt eine Woche her. So ganz begreifen könne sie das alles noch nicht, aber es gehe ihr einigermaßen gut.

Sie sei 14 Jahre verheiratet gewesen und habe zwei Kinder, einen Jungen, 10 Jahre, und eine Tochter, 12 Jahre. Ihr Mann sei an sich recht verschlossen gewesen, aber sie hätten sich ansonsten ganz gut verstanden.

Sie selber sei momentan krank geschrieben, arbeite aber nur in Teilzeit – wegen der Kinder. Ihr Mann habe in Vollzeit gearbeitet. Im Dienst habe sie schon mit ihrem Vorgesetzten und einer Kollegin gesprochen. Dort sei man sehr freundlich und verständnisvoll gewesen und habe ihr gesagt, sie möge sich so viel Zeit nehmen, wie sie brauche. Ihr sei klar, dass sie das nicht ewig ausnutzen könne, aber für den Moment sei das sehr entlastend.

Mit dem Geld werde es jetzt wohl etwas schwierig. Sie hätten sich nämlich eine Wohnung gekauft. Die könne sie jetzt von ihrem Einkommen nicht mehr bezahlen. Dann habe sie nach den Familienunterlagen gesucht und festgestellt, dass es gar keinen Ordner im Haus gebe. Darum habe sich immer ihr Mann gekümmert. Sie habe dann alles durchsucht und kaum Unterlagen gefunden. Das komme ihr sehr seltsam vor. Aber für die nächste Zeit gehe das noch. Sie bekomme noch 3 Monate das Gehalt ihres Mannes weiter.

Um ihre Kinder mache sie sich auch Sorgen. Die Tochter sei sehr um sie bemüht, tröste sie immer, wenn sie weine, koche sie ihr auch Tee. Sie wisse wohl, dass das so eigentlich nicht richtig sei, habe aber momentan keine Energie, diese Situation zu verändern. Der Sohn ziehe sich sehr zurück, sei immer in seinem Zimmer und sehr still.

Freunde habe sie kaum. Ihre Familie sei immer vorgegangen. Ihre Schwester werde in ein paar Tagen wieder nach Hause fahren. Und davor graue ihr auch schon. Sie wisse noch nicht, wie sie das allein hinbekommen solle. Mit der Familie des Mannes sei der Kontakt nicht so gut, dort habe man ihr auch schon zu verstehen gegeben, dass der Mann nur so früh verstorben sei, weil sie sich nicht gut genug um ihn gekümmert habe.

Erfassung von Wünschen und Bedürfnissen

Sie selber möchte den Tod des Ehemannes begreifen. Sie möchte auch praktische Hilfe, besonders bezüglich der Finanzen und der Wohnsituation. Außerdem benötige sie Unterstützung mit den Kindern.

Identifikation von Ressourcen

Sie habe eine Nachbarin, die sich gut mit Ämtern auskenne. Zu der würde sie auch gehen, die würde ihr helfen und sie auch bei Behördengängen begleiten. Das traue sie sich aber auch selber zu. Mit ihrer Schwester könne sie auch jederzeit telefonieren.

Außerdem könne sie sich vorstellen, zu einer Selbsthilfegruppe zu gehen. Mit ihren Kindern würde sie auch gerne eine Kinder- und Jugendtherapeutin sprechen. Insgesamt sei sie offen für alle Möglichkeiten, auch bezüglich der Finanzen. Sie habe auch schon daran gedacht, zu einer Schuldnerberatungsstelle zu gehen. Aber vorher müsse sie irgendwie die Papiere organisieren.

X und der Case-Manager beschließen, diese Informationen erst einmal „sacken zu lassen" und vereinbaren einen weiteren Termin. In der Zwischenzeit werde sich der Case-Manager schon einmal nach entsprechenden Ansprechpartnern erkundigen. Beide vereinbaren dann schriftlich die weitere Zusammenarbeit.

Durchführungsvereinbarung

zwischen Frau/Herrn
und dem Sozialarbeiter
1. *Herr/Frau .... verpflichtet sich zu aktiver Zusammenarbeit mit dem Sozialarbeiter und erledigt ihre/seine Aufgaben so selbstständig wie möglich.*
2. *Der Sozialarbeiter verpflichtet sich, für alle fallbezogenen Anliegen zur Verfügung zu stehen und bei der Problemlösung sowie bei der Zielerreichung zu unterstützen.*
Teil der Vereinbarung ist die Hilfeplanung.
Die Vereinbarung kann jederzeit verändert oder aufgehoben werden, wenn beide Seiten damit einverstanden sind.
Unterschriften: Sozialarbeiter   Klient

Hilfeplanung

Die Hilfeplanung soll die Veränderungsbereitschaft und die Annahme von Hilfeleistungen fördern. Dabei werden Maßnahmen, Verantwortlichkeiten und Zeithorizonte geplant. Die Hilfeplanung erfolgt anhand von Zielen.

Die Ziele werden im gemeinsamen Gespräch herausgearbeitet. Das Gesamtziel wird definiert und in Teilziele untergliedert, die dann wiederum in einzelne Arbeitsschritte aufgeteilt werden. Gleichzeitig wird festgelegt, wer welche Aufgaben zu erfüllen hat und welche Termine eingehalten werden sollen. Untrennbar damit verbunden werden Kriterien zur Überprüfung des Erfolgs der einzelnen Schritte festgelegt. Gemeinsam mit dem Klienten wird dann ein Vertrag über den erarbeiteten Hilfeplan geschlossen.

Zunächst setzen X und der Case-Manager Prioritäten. Die Klärung der Finanzen sei jetzt am wichtigsten, sagt X, sonst wisse sie ja nicht, wo sie demnächst wohnen würden. Dann sei es wichtig, dass sich jemand die Kinder ansehe. Gleichzeitig hätte sie dann auch gerne jemanden für sich, um über ihre Trauer sprechen zu können.

Der Case-Manager hat zwischenzeitlich sein Netzwerk aktiviert und sich nach weiteren Ansprechpartnern erkundigt. Es steht jetzt ein Finanzberater zur Verfügung, der sich gemeinsam mit X sowohl um die fehlenden Unterlagen kümmern als auch mit der finanziellen Situation auseinandersetzen wird. Dann gibt es eine Gruppe für trauernde Angehörige, mit deren Leiterin der Case-Manager schon gesprochen und von deren Qualität er sich überzeugt hat. Dort kann X auch Einzelgespräche erhalten. Der Kostenaufwand ist gering, und die Gruppe trifft sich auch in der Nähe der Wohnung von X. Beim Jugendamt gibt es eine Dame, die sich ausschließlich um Kinder kümmert, deren Elternteile verstorben sind. Da es sich bei der Tätigkeit dieser Dame um ein Pilotprojekt der Stadt handelt, ist auch dieses Angebot kostenlos. Der Case-Manager hat auch bereits mit dieser Dame gesprochen und konnte sich von deren Ausbildung und Arbeitsweise ein Bild machen.

X berichtet, dass sie die Wohnung noch einmal nach Unterlagen durchsucht und doch noch ein paar gefunden habe. Der Case-Manager bespricht all diese Informationen mit Frau X und bietet ihr an, die Kontakte für sie zu arrangieren. X zeigt sich gegenüber der Trauergruppe noch etwas skeptisch, will sich diese erst einmal anschauen. Beide definieren dann gemeinsam die Ziele, planen einzelne Handlungsschritte und legen Kontrollkriterien fest. Dies kann beispielsweise anhand folgender Tabelle geschehen:

Zieldefinition/Festlegen von Handlungsschritten und Kontrollkriterien

Leitziel

Teilziele

	Beschreibung des Teilziels	Eigene Ressourcen?	Beteiligte Personen/Institutionen	Bis wann geplant?	Wann durchgeführt?
1.					
2.					

Handlungsziele

	Beschreibung des Handlungsziels	Durch Klienten	Durch Sozialarbeiter	Ziel erreicht, wenn...	Erledigen bis...	Erledigt am...
1.1						
1.2						
1.3						
2.1						
2.2						
2.3						

Durchführung

Ziel dieser Phase ist die zeitnahe und bedarfsgerechte Erbringung der Hilfsangebote. Die geplanten Einzelmaßnahmen werden vermittelt, und die Hilfsangebote werden vernetzt und koordiniert. Während dieser Phase werden ebenfalls die Leistungen Dritter im Rahmen eines fallübergreifenden bzw. einzelfallbezogen Netzwerkmanagements gesteuert. Hierbei hat der Case-Manager die Möglichkeit, sich selbst ebenfalls als Spezialisten für bestimmte Maßnahmen einzusetzen.

X hat bereits Termine beim Finanzberater wahrgenommen. Gemeinsam haben sie sämtliche in Frage kommenden Versicherungen, Banken und andere Institutionen angeschrieben. Sie konnten sich einen Überblick über die Finanzen verschaffen und haben einen Haushaltsplan erstellt. Die Finanzierung der Wohnung ist noch die nächsten drei Monate gesichert; danach reicht das Einkommen von X nicht mehr aus. X habe aber schon in ihrer Firma vorgesprochen und könne ihre Arbeitszeit verlängern. Dadurch steige ihr Verdienst, sodass sie die Wohnung wohl halten könnte. Weitere Gespräche mit der Bank stehen aber noch an. Dorthin würde der Finanzberater sie auch begleiten.

Außerdem habe sie sich schon mit der Trauerbegleiterin getroffen. Die Einzelgespräche mit ihr hätten ihr gut getan. Sie habe jetzt kleine Rituale zu Hause eingeführt, zünde abends immer eine Kerze an und erinnere sich gemeinsam mit ihren Kindern an den Ehemann und Vater. Zum Grab habe sie auch wieder gehen können. Die Trauerbegleiterin leite auch verschiedene Gruppen, zu einem ersten Treffen sei die Klientin schon erschienen, und das habe ihr sehr gut gefallen.. Dort habe sie auch eine nette Frau in ihrem Alter kennen gelernt, mit der sie sich auf Anhieb gut verstanden habe. Mit der sei sie schon Kaffee trinken gewesen und zusammen mit den Kindern spazieren gegangen. Offenbar habe sie eine gute Freundin gefunden.

Die Dame vom Jugendamt sei auch schon einmal bei ihr zu Hause gewesen. Eine lebenserfahrene Dame, die sich mit der Tochter sofort gut verstanden habe. Sie habe lange mit der Tochter gesprochen. Mit dem Sohn sei das noch etwas schwierig. Der Kontakt sei noch nicht so gefestigt. Das könne X aber gut mit der Dame besprechen. Sie fühle sich in ihrer Sorge gut verstanden. Die Dame werde jetzt ein Mal pro Woche vorbeikommen, mit den Kindern und mit X allein sprechen und auch mit den Kindern etwas unternehmen. X sei sich sicher, dass der Sohn noch Vertrauen fassen werde. Bis jetzt würden sich die Kinder angemessen verhalten. Sollte sich etwas zum Schlechteren verändern, dann könne die Dame auch eine niedergelassene Kinder- und Jugendtherapeuten vermitteln. X sei aber jetzt erst einmal sehr beruhigt und sehr zuversichtlich, sodass weitere Maßnahmen nicht nötig wären.

Monitoring

In diesem Prozessschritt wird der Fallverlauf fortlaufend beobachtet und die Zielerreichung anhand der Hilfeplanung überwacht. Hierbei ist wichtig, dass die Hilfsmaßnahmen bezüglich der festgelegten Ziele, Schritte und Erfolgskriterien überprüft werden. Sind einzelne Teilziele erreicht worden, können die nächsten Schritte eingeleitet werden. Wenn Maßnahmen erfolglos geblieben sind, müssen mögliche Hindernisse identifiziert werden, sodass entsprechend nachgesteuert werden kann. Dies kann anhand eines *Ergebnisplans* geschehen:

Was war an Unterstützung geplant?	Wurden die geplanten Maßnahmen durchgeführt?	Wurden die geplanten Ziele erreicht?	Was soll ggf. verändert werden?	Bewertung

Gegebenenfalls wird der Plan angepasst, z. B. wenn sich der Bedarf oder die Situation des Klienten ändert.

X spricht regelmäßig mit dem Case-Manager – entweder telefonisch oder persönlich. X berichtet dann über ihre Fortschritte, erzählt aber auch viel von sich. Der Case-Manager erkundigt sich regelmäßig, wie es ihr mit der Situation geht, ob sie einen guten Überblick darüber hat, was noch alles zu tun sei, und fragt sie auch regelmäßig, ob sie selber für sich noch etwas braucht. X überlegt sich, dass sie mit den Kindern eine Kur machen möchte, weiß aber nicht, wie sie an entsprechende Informationen kommt. Sie sei schon bei ihrem Hausarzt gewesen, der habe ihr aber nicht so viele Informationen geben können. Der Case-Manager ist aufgrund eigener Arbeitserfahrungen sehr gut mit

Mutter-Kind-Kuren vertraut und kann X selbst die entsprechenden Informationen liefern.

X und der Case-Manager überprüfen noch einmal gemeinsam die festgehaltenen Ziele. Da einige Ziele noch nicht vollständig erreicht wurden, wird der Prozess unter regelmäßigen Kontakten fortgesetzt.

Evaluation

Die Evaluation erfolgt nahezu ständig und auf verschiedenen Ebenen. Zum einen erfolgt sie im gesamten Prozess hinsichtlich der Zielerreichung. Zum anderen geht es darum, die Hilfsmaßnahmen bzw. die Durchführung zu bewerten. Und schließlich dient sie ebenfalls dazu, das eigene methodische Handeln auszuwerten und zu bewerten. Somit werden in der Evaluation die Grundlagen zur Prozessoptimierung und Qualitätssicherung gelegt.

Der Case-Manager beleuchtet den Prozessverlauf unter Berücksichtigung folgender Kriterien:

- Bewertung/Auswertung der Konzeption in Bezug auf die vorab formulierten Ziele,
- Berücksichtigung von Effizienz/Effektivität,
- Überprüfung der Ziele bzw. der Zielwirksamkeit anhand festgelegter (Qualitäts-) Standards,
- Zugänglichkeit der Dienstleistungen,
- Zeitrahmen, innerhalb dessen die Dienstleistungen bereitgestellt werden,
- Verlässlichkeit bei der Leistungserbringung,
- Zweckmäßigkeit der Leistung,
- Positive Ergebnisse der Hilfsangebote,

Die Unterstützung vor dem Hintergrund des Case-Managements verlangt „koordinierende Hilfeplanung und koordinierte Hilfeleistung unter reflektierter Betrachtung der eigenen Person, die während eines zeitlich bestimmten Prozesses Teil des Systems wird. Um das gesamte System berücksichtigen zu können, muss man sich mit den internen sozialen Strukturen, den Ressourcen und informellen Vernetzungen beschäftigen.

Extern sind [...] andere Dienste und formelle Netze beizuziehen" (Karolus 1995, S. 112). Zudem können Erfolgskontrolle, Aufklärung, Qualifizierung, Innovation und Legitimierung als zentrale Motive innerhalb des Hilfeprozesses angesehen werden, von denen sich möglicher Nutzen, Funktionen und übergeordnete Ziele ableiten lassen (König 2000, S. 47 f.).

2 Selbstverständnis im Case-Management

Case-Management als Methode der Sozialarbeit ist deutlich mehr als nur ein Verwaltungsakt. Hierbei geht es um komplexes methodisches Handeln, das bestimmten Regeln unterliegt.

Innerhalb des Hilfeprozesses nimmt der Case-Manager klar definierte Rollen ein (Galluske 2001, S. 199). Zum einen ist er Berater, zum anderen ist er Koordinator, indem er Pläne entwickelt und Bedarf und Hilfeleistung aufeinander abstimmt. Dann wiederum tritt er als Anwalt des Klienten auf. Je nach Prozessschritt und je nach erforderlicher Positionierung kann der Case-Manager seine Funktion innerhalb dieses Rollengefüges variieren und den Anforderungen anpassen. Der Case-Manager „konzentriert seine Tätigkeit nicht mehr auf die Verhaltensänderung des Klienten mittels psychosozialer Interventionstechniken, sondern er findet den Kern seiner Aufgabe in Ermittlung, Konstruktion und Überwachung eines problemadäquaten Unterstützungsnetzwerkes, zu dem sowohl die informellen sozialräumlichen Ressourcen (Familie, Nachbarn, Freunde, vorhandene Infrastruktur etc.) gehören, wie auch die formellen Angebote des (sozialen) Dienstleistungssektors" (Galluske 2001, S. 197).

Im Fall von X hat der Case-Manager aufgrund der verschiedenen Anliegen und der besonderen emotionalen Situation von X beschlossen, die Klientin an Spezialisten zu verweisen und selbst alle Beteiligten aus einer übergeordneten Position heraus zu beobachten und die Fallsteuerung zu übernehmen. Lediglich hinsichtlich der Kuranfrage hat er aufgrund eigener Berufserfahrung die Rolle des Spezialisten übernommen und die Fragen der Klientin beantwortet.

Case-Management

3 Zusammenarbeit mit dem Klienten

Die Methodik des Case-Managements macht den Hilfeprozess für den Klienten transparent, da einzelne Prozessschritte bereits im Vorfeld geklärt werden können. Dem Klienten werden unter Berücksichtigung der jeweiligen Interessen, Fähigkeiten und Ressourcen deutlich die eigenen Verantwortlichkeiten zugeschrieben, wobei auch die Aufgaben des Sozialarbeiters festgelegt werden. Dies wird mit der Vertragsschließung verbindlich festgehalten.

X ist sich zu jeder Zeit im Prozess darüber im Klaren, wer welche Aufgaben zu erledigen hat. Da die vertrauensvolle Arbeitsbeziehung aber im Vordergrund steht, weiß sie auch, dass sie sich bei Schwierigkeiten in der Umsetzung jederzeit an den Case-Manager wenden kann, um so gemeinsam die Hindernisse zu identifizieren und Handlungsalternativen zu erarbeiten.

4 Rolle innerhalb einer Institution/Organisation

Die Rolle des Sozialarbeiters innerhalb der eigenen Institution/Organisation lässt sich vor dem Hintergrund des Case-Managements ebenfalls klar darstellen. Zudem werden dem Sozialarbeiter anhand dieser Methode auch übergeordnete Argumente für seine Arbeit geliefert, sodass er beispielsweise auch bei sicherer Einhaltung der Schweigepflicht über den Status der Fallarbeit berichten kann. Somit wird der Hilfeprozess auch für Vorgesetzte und Mitarbeiter aus nicht-sozialen Arbeitsfeldern nachvollziehbar, sodass diese effizienter in die Hilfeleistungen eingebunden werden können.

Im Fall von X war es für den Sozialarbeiter nicht notwendig, im Betrieb aktiv zu werden, da X bereits selber entsprechende Schritte eingeleitet hatte. Auf einer übergeordneten Ebene wie beispielsweise im Rahmen von Jahresstatistiken oder Jahresberichten kann der Case-Manager aufgrund der sorgfältigen Dokumentation der Prozesse sämtlicher Klienten seine Arbeit abbilden.

5 Die Arbeit im multiprofessionellen Kontext

Wie aus den oben dargestellten Prozessschritten ersichtlich ist, fallen dem Case-Manager innerhalb des multiprofessionellen Kontextes besondere Aufgaben zu. So ist er zum einen Initiator der Hilfeleistung, da er im Rahmen der Hilfeplanung und Falldurchführung an Angehörige anderer Professionen verweist. Zudem ist er sowohl Fallkoordinator als auch qualitätssichernde Kontrollinstanz, was im gesamten multiprofessionellen Kontext die Einnahme einer übergeordneten Rolle bedeutet. Je nach erforderlicher Funktion bzw. Rolle in solch einem Setting kann sich der Sozialarbeiter sowohl hierarchisch als auch fallbezogen deutlich positionieren und behaupten.

In diesem Fall fungiert der Case-Manager als Anbahner von Kontakten, aber auch als Auftraggeber im Sinne der Klientin. Er spricht mit sämtlichen hinzugezogenen Spezialisten, erklärt kurz und zunächst anonymisiert das Anliegen der Klientin, um so herauszufinden ob die Ansprechpartner geeignet sind, wie deren Arbeitshaltung gestaltet ist, welche Berufserfahrung sie haben, ob lange Wartezeiten bestehen oder wie sich die Kosten entwickeln und ob sie gemeinsam mit der Klientin deren Anliegen bearbeiten können. Gleichzeitig überprüft er die Qualität der erbrachten Leistungen dadurch, dass er gemeinsam mit der Klientin die Ziele festlegt und deren Erreichung kontrolliert.

6 Ausblick

Mit dem Bedarf der Klienten und der Organisationen wächst der Markt der sozialarbeiterischen / sozialpädagogischen Angebote zunehmend. Spezialisierungen in bestimmten Arbeitsfeldern nehmen somit weiter zu, und die Masse an Fachinformationen steigt stetig an. Für Sozialarbeiter wird es daher immer schwieriger, ihre Allzuständigkeit in sämtlichen Gebieten aufrecht zu erhalten. Hier sind alternative Handlungsmuster gefragt. Hierfür kann es sinnvoll sein, dass sich Sozialarbeiter zukünftig in Spezialisten und Generalisten unterteilen. Diejenigen, die sich als Generalisten begreifen, bieten eine strukturierte Prozessbegleitung an; die Spezialisten hingegen sind die Experten für bestimmte Themenfelder.

Um Case-Management im Interesse der Klienten erfolgreich zu gestalten, sind sowohl die Kompetenzen der Spezialisten als auch die der Generalisten und deren Kooperationsstrukturen von Bedeutung.

Literatur

Galluske, Michael: Methoden der Sozialen Arbeit. Eine Einführung (Grundlagentexte Sozialpädagogik/Sozialarbeit), 3. überarbeitete und erweiterte Auflage, Juventa Verlag Weinheim und München, 2001

Karolus, Stefan: Berufliche Identität in der Auseinandersetzung mit institutionellen Strukturen, in: Wendt, Wolf Rainer (Hrsg.): Soziale Arbeit im Wandel ihres Selbstverständnisses: Beruf und Identität, Freiburg im Breisgau: Lambertus, 1995

König, Joachim: Einführung in die Selbstevaluation – ein Leitfaden zur Bewertung der Praxis sozialer Arbeit, Freiburg im Breisgau: Lambertus-Verlag, 2000

Susanne Klein

Berufsrisiko Banküberfall:
Präventionskonzept Banküberfall –
ein Praxisbeispiel der Frankfurter Sparkasse

Die Frankfurter Sparkasse ist die viertgrößte Sparkasse Deutschlands und Marktführer im Geschäft mit privaten Kunden im Rhein-Main-Gebiet. Sie hat rd.1900 Beschäftigte und unterhält 99 Filialen und Betreuungscenter in und um Frankfurt (Stand: Dezember 2009).

Das Sozialreferat der Frankfurter Sparkasse ist eine fachlich unabhängige, der Schweigepflicht nach § 203 des Strafgesetzbuches unterliegende Beratungseinrichtung für alle Mitarbeiter der Sparkasse. Das Beratungsspektrum umfasst die unterschiedlichsten Themenbereiche – vom Arbeitsplatz über Gesundheit und Sucht bis hin zu finanziellen Schwierigkeiten und persönlichen Beziehungen. Über die Beratungstätigkeit hinaus gilt es, betriebliche Strukturen zu analysieren und Einfluss auf sie zu nehmen, um die Entstehung von Erkrankungen zu verhindern bzw. krankheitsbedingte Ausfälle zu vermeiden.

Es werden Seminare zu Stress- und Ressourcenmanagement, aber auch Raucher-Entwöhnungskurse angeboten. In diesem Zusammenhang werden psychosomatische Erkrankungen, Schlafstörungen, Magen-Darm-Erkrankungen, Depressionen und Angststörungen thematisiert.

Der Banküberfall ist eine berufsspezifische Risikosituation, wobei die Zahl der Banküberfälle in den letzten Jahren kontinuierlich abgenommen hat. 2007 wurden im Bundesgebiet 552 Raubüberfälle auf Geldinstitute, Postfilialen und Postagenturen registriert; 2008 nur noch 387, d. h. 29 % weniger.1 Die Gründe dafür sind vielfältig. Sicher spielen die gute Sicherheitsausstattung und der zeitverzögerte Bargeldzugriff, aber auch die hohe Aufklärungsquote (69,3 % im Jahr 2008 [1]) eine wichtige Rolle. Trotz abnehmenden Risikos ist es notwendig, die Grundsensibilisierung der Filialmitarbeiter aufrecht zu erhalten, da sie weiterhin diesem Risiko aus

---

[1] Quelle: BKA, Berichte und Statistiken, PKS Berichtsjahr 2008.

gesetzt sind. Auch die kontinuierlich weiterentwickelten Sicherheitssysteme können hier keinen vollständigen Schutz gewährleisten. In Beratungen des Sozialreferates sind psychosomatische Erkrankungen im Zusammenhang mit einem Banküberfall immer wieder ein Thema.

Um das gesundheitliche Gefährdungspotenzial für den Einzelnen so gering wie möglich zu halten, entwickelte das Sozialreferat zusammen mit der Abteilung Bankensicherheit 1997 ein Präventionskonzept, basierend auf aktueller Traumaforschung und der realen Arbeitssituation bei der Frankfurter Sparkasse.

Da die Zeit nicht alle Wunden heilt, werden Präventivmaßnahmen in einem Bausteinprogramm angeboten: Schulungen finden regelmäßig statt. Im Akutfall läuft ein professionelles Krisenmanagement an, und im Rahmen der Nachsorge steht die sorgfältige Abklärung und Verarbeitung des Überfalltraumas im Mittelpunkt. Ziel dieses Bausteinprogramms ist es, ein Überfallgeschehen möglichst ohne seelische Beeinträchtigung im beruflichen und privaten Alltag überstehen zu können.

Im ersten Teil dieses Beitrages möchte ich einige kurze Basisinformationen zu Trauma und posttraumatischen Belastungsstörungen geben und im zweiten Teil das Präventionskonzept der Frankfurter Sparkasse vorstellen.

Trauma ist nicht zu verwechseln mit Notfall. Leider wird der Begriff Trauma inflationär verwendet. Trauma wird hier als Folge eines Ereignisses verstanden. Dazu einige Definitionen:

- Der Begriff Trauma stammt aus dem Griechischen und bedeutet *Wunde*. Nach van Dole (1992) ist ein Trauma eine Verletzung der Psyche durch eine starke Gemütserfahrung, die eine Störung hervorruft.
- *Psychotrauma*: Konfrontation oder Bedrohung mit dem Tod, Verletzung der körperlichen Integrität, intensive Angst, ein Gefühl der Machtlosigkeit oder Abscheu, ein außergewöhnliches Erlebnis, eine möglicherweise außergewöhnliche Reaktion.

Bis zu 75 % der Bevölkerung sind im Laufe ihres Lebens von einer Traumaerfahrung betroffen, und etwa 25 % entwickeln eine Traumafolgeerkrankung. Viele Menschen erholen sich von selbst, weil Selbstheilungsprozesse greifen, wie wir sie beispielsweise von Schnittverletzungen kennen. Aber bei rund einem Drittel der Betroffenen, die ihr Leben scheinbar normal weiterführt, kann ein Trauma wiederbelebt werden, wenn sie in eine Situation kommen, die von Ohnmacht und Hilflosigkeit geprägt ist. Deshalb ist es wichtig, dass ein betroffener Bankmitarbeiter um dieses Risiko weiß, falls es in anderen Zusammenhängen zu posttraumatischen Symptomen kommt. Grundsätzlich gilt:

- Ein einmaliges Traumageschehen im Erwachsenenalter wird in der Regel besser verarbeitet als wiederholte und lang andauernde Traumata im Kindesalter und Traumata, die von vertrauten Personen verursacht werden.
- Ein durch äußere Faktoren wie Naturkatastrophen verursachte Einwirkung ist leichter zu verarbeiten als eine von Menschen verursachte. Die Unterscheidung ist zur Risikoeinschätzung wichtig, denn je enger die Beziehungen zwischen den Beteiligten sind, desto schwerwiegender sind die Folgen.
- Zu den Faktoren, die eine positive Verarbeitung unterstützen, gehören: verlässliche und vertrauenswürdige Personen, die Fähigkeit, sich Hilfe holen zu können, ein hohes Selbstwirksamkeitsgefühl, ein wirksamer Reizschutz u. v. m.

Ob sich eine posttraumatische Belastungsstörung entwickelt, ist von unterschiedlichen Aspekten abhängig. Wichtig ist es, zu wissen, dass dieser Verarbeitungsprozess nach Clemens und Lüdke (2004) in vier Phasen abläuft, und zu erkennen, wie er positiv unterstützt werden kann.

Ablauf der Reaktion nach einem belastenden Ereignis
(nach Clemens und Lüdke 2004)

Auslöser	Schockphase	Einwirkungsphase	Erholungsphase oder Chronifizierung
Traumatisches Ereignis z. B. Überfall, Unfall	Aufgeregtheit, Verwirrtheit, Traurigkeit, Wut, wie betäubt sein	Intrusionen, Vermeidung, Abwehr, Übererregung	Rückkehr zum Alltag, Integration der Erlebnisse oder Langzeitfolgen
Moment	1 Stunde bis 1 Woche; im Schnitt 2 Tage	Rund 2 bis 4 Wochen	Bis 8 Wochen

Die akute Belastungsreaktion nach einem traumatischen Ereignis ist (zunächst) eine normale Reaktion auf eine außergewöhnliche Situation. Bei rund einem Drittel der Betroffenen halten die Symptome länger als 12 Wochen an (Clemens & Lüdke 2004). In dieser Zeit ist es wichtig, entsprechende Schutzmechanismen und Ressourcen zu aktivieren: verständnisvolles betriebliches und persönliches Umfeld, betriebliche Ansprechpartner und psychologische Betreuer im Unternehmen (in der Frankfurter Sparkasse die Sozialreferentin), Kennenlernen der natürlichen Traumareaktionsmuster wie erhöhte Emotionalität, Wut, Erschreckbarkeit und Bekanntmachen mit den Chronifizierungssignalen. Die individuellen Auswirkungen haben immer auch mit der Lebens- und Belastungssituation der Betroffenen zu tun, z. B. Trauer- oder Krankheitsfall in der Familie, Kindheitserlebnisse. Umso wichtiger ist es, eine genaue Risikoeinschätzung der einzelnen Überfallopfer nach dem Geschehen vorzunehmen.

Die direkt nach einem Überfall auftretenden Symptome sind akute Belastungsreaktionen (ICD-10:f 43.0 oder DSM-IV:308.3). Können diese nicht ordnungsgemäß verarbeitet werden, treten posttraumatische Belastungsstörungen (PTSD) auf. Es kommt zu einem Chronifizierungsprozess, in dem sich verschiedene psychosomatische Krankheitsbilder, Sucht, Angststörungen und Depressionen entwickeln können.

Voraussetzung für die Diagnose posttraumatischer Belastungsstörungen (PTSD) im Klassifikationssystem für psychische Erkrankungen ICD-10:F 43.1 (Weltgesundheitsorganisation 1994) und DSM-IV:309.81 (American Psychiatric Association 1994) sind folgende Symptome:

1. *Intrusion*: Hier handelt es sich um ein Wiedererleben des traumatischen Ereignisses, das durch unterschiedliche sensorische Reaktionen ausgelöst wird. Wenn z. B. nach einem Überfall ein Kunde mit einem Motorradhelm, wie ihn der Täter trug, in die Sparkasse kommt, dann tauchen bei dem Betroffenen dieselben körperlichen Stressreaktionen wieder auf: Schweißausbrüche, Herzklopfen, Erstarrung, die Sprache bleibt weg usw. Das heißt, ein Außenreiz (ähnliche Stimme, gleichfarbige Mütze) triggert den Stressprozess, und die Betroffenen sind wieder „im alten Film".

2. *Vermeidungsreaktionen:* Es werden Orte und Menschen, die mit dem Ereignis in Verbindung gebracht werden, gemieden. Der Betroffene empfindet Angst, wenn er bei einem Einkauf im Supermarkt an der Kasse steht. Der Körper verknüpft die Supermarktkasse mit der Banksituation (Geld) und ordnet die Situation an der Kasse als eine akute Bedrohungssituation ein. Es wird automatisch ein archaisches Stressprogramm aktiviert, analog der Reaktion während des Überfalls. Der Betroffene reagiert mit Herzrasen, Schweißausbrüchen o. ä. und vermeidet jegliche Situation, in der er mit Geld in Kontakt kommt. Hieraus kann sich sehr schnell eine Angststörung entwickeln.
3. *Hypererregung des vegetativen Nervensystems:* Schreckhaftigkeit, Schlafstörungen, Herzklopfen, ständiges Schwitzen, Bluthochdruck. Der Körper ist auf Dauerfluchtreaktion und Bedrohung eingestellt, er kann nicht abschalten und sich erholen – er ist im Dauerstress. Eine chronische Erschöpfung ist vorprogrammiert, aus der sich ohne Behandlung eine Depression oder ein Burnout entwickeln kann.

In diesem Chronifizierungsprozess treten überdies unterschiedlichste Verhaltensveränderungen auf: sozialer Rückzug (auch im Privatbereich), depressive Episoden, Wutausbrüche usw. Hier wird das Ausmaß des Krankheitsgeschehens erkennbar.

Für die Diagnose einer posttraumatischen Belastungsstörung spielt die Dauer der Symptome eine Rolle. Halten die Symptome länger als 6 bis 8 Wochen an, dann spricht man von einer posttraumatischen Belastungsstörung.

Der Themenbereich Traumatisierung ist viele Jahre von Ärzten, Psychotherapeuten und Rehabilitationsträgern (Kassen, Berufsgenossenschaften) stiefmütterlich behandelt worden. Seitdem im Rahmen der Diagnostik mehr Augenmerk auf traumatische Störungen gelegt wird, konnte die Behandlung der Betroffenen wesentlich verbessert werden. Es gibt inzwischen sehr wirkungsvolle Therapiemethoden: kognitive Verhaltenstherapien, psychodynamische Therapien, Mischformen und Spezialverfahren wie Eye Movement Desensitization and Reprocessing (EMDR). Dieses Verfahren wurde von Dr. Francine Shapiro aus den USA entwickelt und hat sich bei der Behandlung von Monotraumapatienten (z. B.

Banküberfallopfern) bewährt, da es sich auch mit klassischen Therapieformen kombinieren lässt. Wichtig ist es, einen in der Traumabehandlung erfahrenen Therapeuten zu suchen. Ergänzend zur Psychotherapie kann eine zeitlich begrenzte medikamentöse Behandlung erfolgen. Grundsätzlich wird eine Behandlung von den Krankenkassen oder im Falle eines Banküberfalles (Arbeitsunfall) von der zuständigen Unfallkasse übernommen.

Für einen Bankmitarbeiter ist ein Banküberfall ein berufliches Risiko wie für einen Lokführer ein Selbstmordversuch auf den Schienen und für einen Polizisten Verletzung oder Tod durch Schusswaffengebrauch. Der Banküberfall ist nicht unausweichlich mit einer physischen oder psychischen Gewalteinwirkung verbunden wie beispielsweise bei einer Umweltkatastrophe. Häufig geht es „lediglich" um persönliche Bereicherung – um Geld. Diese Tatsache erhöht das Wutpotenzial auf das Geschehen bzw. auf den Täter. Für den betroffenen Mitarbeiter ist die Welt danach eine andere: Die berufliche Existenz ist gefährdet, die Sicherheit am Arbeitsplatz ist verloren gegangen, und er lebt mit der Angst, dass jederzeit wieder ein Überfall passieren kann.

Das Spezifische am Banküberfall ist die Todesangst des Einzelnen. Er weiß nicht, ob alle Betroffenen die Situation heil überstehen werden. Er kann nicht seinem natürlichen Fluchttrieb folgen, sondern muss in der Situation ausharren (Erstarrung). Hinzu kommt, dass er weiterhin handlungsfähig bleiben muss: die Geldauszahlung vorbereiten und versuchen, alles richtig zu machen, damit die Situation nicht eskaliert. Ein hoher Druck lastet auf den Agierenden. Sie haben das Gefühl, dass das Wohl und Wehe der Kollegen und Kunden von ihnen abhängt. Dies ist eine außergewöhnliche Stresssituation mit einem hohen Verantwortungsgefühl.

Praxisbeispiel der Frankfurter Sparkasse: Konzept Banküberfall

Das Konzept basiert auf einer im Jahr 1997 durchgeführten anonymisierten Befragung der betroffenen Mitarbeiter. Das Ergebnis der Umfrage (90 % Rücklaufquote) zeigte, dass

- 65 % der Befragten den Überfall als außerordentlich belastend empfanden.

- 60 % unter körperlichen oder seelischen Auswirkungen wie Schlafstörungen, Albträume, innere Unruhe und Überängstlichkeit litten.

Als besonders kritisch beschrieben die Befragten folgende Situationen:
- die direkte Konfrontation mit dem Täter (Blickkontakt, Berührung, Kommunikation).
- die Ungewissheit über den Einsatz der Waffe (Todesangst).
- die Überlegenheit des Täters, die eigene Erniedrigung.
- die direkte Bedrohung der Kollegen durch den Täter.
- das untätige Herumsitzen, die Unmöglichkeit, sich der Situation zu entziehen und der Zwang, handeln bzw. funktionieren zu müssen.
- Angst vor der Rückkehr des Täters in die Filiale.

Im Rahmen der Befragung wurden auch viele Verbesserungswünsche geäußert: der Wunsch nach Ruhe und Anteilnahme, nach Sicherheit, nach einem gesteuerten Umgang mit der Polizei, nach klaren Vorgaben (z.B. Filialschließung nach einem Überfall, keine Schwachstellendiskussion im Akutfall), nach besseren Kameras (geräuschlos), nach Schulungen für alle Mitarbeiter.

Auf Basis der Befragungsergebnisse entwickelte das Sozialreferat mit der Abteilung Bankensicherheit ein Konzept zum „Verhalten vor, während und nach einem Banküberfall". Dieses Konzept wurde immer wieder an die strukturellen Veränderungen in der Frankfurter Sparkasse angepasst: automatischer Kassentresor (AKT) im Jahr 2002, Servicepoint im Jahr 2008. Es flossen aber auch die im Rahmen von Qualitätssicherungs- und Schulungsmaßnahmen gesammelten Anregungen ein.

Die Frankfurter Sparkasse sorgt nicht nur für modernste Sicherheitssysteme, sondern schult auch alle Mitarbeiter zu sicherheitsrelevanten Themen. Dabei wird auch auf die Verantwortung und das Verhalten der betrieblichen Akteure nach einem Überfall eingegangen, das sich wie folgt gestaltet:
- Der Revisor überprüft nach einem Überfall den Kassenbestand und ist dabei gefordert, sehr einfühlsam, geduldig und behutsam mit den betroffenen Kollegen umzugehen.
- Die Bankensicherheit koordiniert das Vorgehen sämtlicher Akteure

am Überfallort und leistet Akutversorgung.
- Das Sozialreferat leistet akute psychologische Unterstützung, begleitet Betroffene zur Aussage bei der Polizei, bietet Einzelnen und Gruppen Gespräche an, vermittelt Betroffene bei Bedarf kurzfristig an Fachtherapeuten oder in Kliniken und sorgt für eine professionelle Versorgung der betroffenen Kunden. Das Sozialreferat kooperiert dabei eng mit der zuständigen Unfallversicherung (Verwaltungsberufsgenossenschaft, VBG), um z. B. die Frage der Behandlungskosten schnell und unbürokratisch zu klären.
- Der zuständige Vertriebsleiter kommt vor Ort und zeigt Präsenz.
- Der Vorstand nimmt schriftlich Kontakt zu den betroffenen Mitarbeitern und Kunden auf. Er bedankt sich z. B. bei den Mitarbeitern für ihren Einsatz.
- Die von dem Überfall betroffenen Kunden werden ebenfalls professionell von der Sozialreferentin versorgt. Sie steht als Ansprechpartnerin zur Verfügung und vermittelt zu regionalen Fachstellen.

Mit der Konzepteinführung fand ein Kulturwandel im Hause der Frankfurter Sparkasse statt. Das Risiko eines Banküberfalls wird nicht nur wahrgenommen, sondern es wird auch wertschätzend mit der potenziellen Gefährdung umgegangen. Die Mitarbeiter wissen, dass es keine 100-prozentige Sicherheit gibt, aber sie erkennen, dass ihr Arbeitgeber alles dafür tut, das Gefährdungspotenzial so gering wie möglich zu halten. So lässt sich das Risiko – auch als Team – besser tragen.

Nach der Befragung wurde zunächst ein Vorstandsbeschluss erwirkt, und es wurden verbindliche Richtlinien zur einheitlichen Vorgehensweise festgelegt:
- Eine Filiale bleibt an dem Überfalltag geschlossen.
- Die Mitarbeiter erhalten eine Zeitgutschrift bis zum tagesüblichen Dienstende oder bis zum Eintreffen am Wohnort, wenn eine Aussage auf dem Polizeipräsidium gemacht werden muss.
- Die Mitarbeiter erhalten ein hausinternes Hinweisblatt mit Ansprechpartnern und Notfallnummer, die rund um die Uhr erreichbar sind, und eine Informationsbroschüre zu Verhaltensweisen und Reaktionen nach einem Überfall.

Man darf nicht unterschätzen, wie wichtig für die Mitarbeiter die Klärung hausinterner Rahmenbedingungen ist. Die Klarheit diesbezüglich gibt Verhaltenssicherheit. Das Konzept zum „Verhalten vor, während und nach einem Banküberfall" beinhaltet drei Bausteine:

Abb. 1: Präventionskonzept zum Banküberfall der Frankfurter Sparkasse

1. Baustein: Regelmäßige Schulungen

Alle 2 bis 3 Jahre oder nach Umbau einer Filiale werden die Mitarbeiter von der Abteilung Bankensicherheit und dem Sozialreferat geschult, ebenso alle Auszubildenden. Ziel dieser Schulungen ist es, durch Aufklärung und Information über mögliche Risiken und Abläufe eine realistische Sicht auf einen Banküberfall zu vermitteln und Grundlagenwissen der Traumaforschung weiterzugeben, um so im Akutfall das Belastungsniveau zu verringern. Mitarbeiter sollen lernen, die Gefahren real einzuschätzen und sich mit Möglichkeiten der Deeskalation in Krisensituationen vertraut machen.

Schulungsinhalte:
- Detaillierte Darstellung der Sicherheitseinrichtungen, deren Aktivierung und Funktionsweise.

- Aufklärung über mögliche Risiken und Abläufe von belastenden Situationen. Beschreibung der Abläufe, um eine richtige Situationseinschätzung und ein risikominimierendes Handeln seitens der Mitarbeiter zu fördern.
- Praktische Beispiele für klassische Risikosituationen: Ein Kunde versucht, den Helden zu spielen. Der betroffene Kollege ist blockiert und nicht mehr in der Lage, die Tastatur zu bedienen. Der Täter versteht die deutsche Sprache nicht. Es fährt zufällig ein Polizeiwagen mit Alarmsignal vorbei. Ein Kollege ist Diabetiker und droht zu unterzuckern.
- Schilderung und Besprechung von Risikosituationen, Erlebnissen und Erfahrungen. Mögliche Handlungsweisen werden diskutiert und Absprachen getroffen.
- Vorstellung der Verhaltensrichtlinien der Frankfurter Sparkasse.
- Besprechung der Checkliste mit Handlungsanweisungen nach einem Überfall.
- Treffen von Teamabsprachen und Erarbeiten von Notfallplänen, z. B. für einen Überfall außerhalb der Geschäftszeiten (atypischer Überfall).
- Durchsprechen des Ablaufplanes für einen Überfall und Kennenlernen der Sozialreferentin in ihrer Funktion als psychologische Betreuung und der weiteren Notfallhelfer (Mitarbeiter der Abteilung Bankensicherheit).
- Vermittlung von Methoden zur Verringerung des eigenen Erregungsniveaus.
- Vorstellung des Gesamtkonzeptes Banküberfall.

Durch die regelmäßigen Schulungen erhöht sich die Wahrscheinlichkeit, die angemessenen Verhaltensweisen im entscheidenden Moment abrufen zu können und übermäßige Risiken zu vermeiden. Zudem lernen die Mitarbeiter die internen Notfallhelfer kennen. Der Aspekt, dass im Akutfall vertraute Personen zur Unterstützung kommen, ist – nach meinen Erfahrungen – sehr hoch zu bewerten und wirkt stressreduzierend. „Als ich nach dem Überfall die Sozialreferentin sah, fiel mir ein Stein vom Herzen, und ich wusste, jetzt kann ich Verantwortung abgeben."

2. Baustein: Krisenintervention

Ein Banküberfall löst eine außergewöhnliche Stressreaktion bei den Beteiligten aus. Dabei werden alte Überlebens- und Notfallprogramme aktiviert; die analytischen Denkprozesse sind hier nachgeordnet.

Nach Information durch die Sicherheitsleitstelle versucht das Kriseninterventionsteam, schnellstmöglich in die Filiale zu kommen. Bis zum Eintreffen sind die Filialmitarbeiter auf sich allein gestellt. Hier zeigt sich, dass Mitarbeiter durch Schulungen die Situation besser meistern und ihnen eine Checkliste dabei hilft, möglichst nichts zu vergessen.

In den ersten zwei Stunden nach dem Überfall sollte eine möglichst reizarme Umgebung für die Betroffenen geschaffen werden, um einen positiven Verarbeitungsprozess zu aktivieren. Dies ist eine Herausforderung für das gesamte Kriseninterventionsteam. Es gilt, die vielen Akteure (Kripo, Spurensicherung, Kunden, Presse) zu koordinieren, eine Risikoeinschätzung der einzelnen Mitarbeiter vorzunehmen und eine Atmosphäre der Sicherheit zu schaffen.

Krisenintervention vor Ort:
- Zunächst gilt es, für Ruhe zu sorgen, die Mitarbeiter zu beruhigen und sich als Gesprächspartner anzubieten. Grundsätzlich aktiviert das schnell einsetzende Sprechen über das Geschehene den Verarbeitungsprozess.
- Dafür sorgen, dass Getränke und etwas zum Essen da ist, auch solche Details sind für die Betroffenen wichtig.
- Das private Unterstützungssystem jedes einzelnen Mitarbeiters aktivieren und bei organisatorischen Dingen helfen, z. B. Angehörige anrufen.
- Individuelle Risikoeinschätzung vornehmen: Liegen bei dem Mitarbeiter Mehrfachbelastungen vor und fand eine starke Dissoziation während des Geschehens statt: „Ich habe das Gefühl, ich schwebe über dem Geschehen – wie fremdgesteuert, wie in Watte gepackt." Falls erforderlich ärztliche Betreuung sicherstellen.
- Abschließendes Gruppengespräch (max. 30 Minuten) in einem Raum außerhalb des Tatortes, z. B. in der Küche:

- Die möglichen Reaktionen auf ein traumatisches Ereignis beschreiben. Auch auf die Tage danach eingehen und aufkommende Gefühle schildern.
- Verarbeitungsmöglichkeiten und nützliche Verhaltenstipps geben.
- Informationsblatt mit Verhaltensempfehlungen, Adressen und Telefonnummern der professionellen Ansprechpartner, die rund um die Uhr über die Sicherheitsleitstelle erreichbar sind, aushändigen.
- Heimweg klären: Die Mitarbeiter sollen nicht mit dem Auto oder öffentlichen Verkehrsmitteln nach Hause fahren. Die Gefahr einer zeitverzögerten Stressreaktion ist viel zu groß. Die Taxikosten (auch am anderen Morgen) werden von der Berufsgenossenschaft übernommen.
- Den nächsten Tag planen: Es wird eine einheitliche Sprachregelung festgelegt, sodass Mitarbeiter auf Kundenfragen dieselben Antworten geben. Für Mitarbeiter, die am folgenden Tag wieder arbeiten möchten, wird eine Personalreserve organisiert, sodass sie im Falle einer Überlastung jederzeit ihren Arbeitsplatz verlassen können.
- Offene Punkte und Fragen werden geklärt.
- Darauf hinweisen, dass die Möglichkeit zu einem Einzelgespräch mit dem Sozialreferat besteht (24-stündiger Bereitschaftsdienst).

• Die Mitarbeiter, die wegen einer Zeugenaussage oder einer Gegenüberstellung zum Polizeipräsidium müssen, werden von einer Person aus dem Krisenteam begleitet. Um betroffene Kunden wird sich ebenfalls gekümmert, und bei Bedarf wird eine Akutbetreuung oder Nachsorge organisiert. Ansprechpartner ist auch das Sozialreferat. Die Filiale bleibt nach einem Überfall für den Tag geschlossen.

Eine außergewöhnliche Situation kann außergewöhnliche Reaktionen hervorrufen. Auch wenn man einen Fehler gemacht haben sollte, wird dies nicht in den ersten Stunden nach dem Überfall geklärt.

3. Baustein: Nachsorge

Die sorgfältige Abklärung und Verarbeitung des Überfalltraumas steht im Vordergrund der Nachsorge. Spätestens 14 Tage nach dem Überfall wird das Nachsorgegespräch mit allen Filialmitarbeitern geführt – auch mit denen, die nicht bei dem Überfall anwesend waren.

- Jeder beschreibt das eigene Erleben während des Überfalls, seine Befindlichkeit unmittelbar nach dem Überfall und in den darauf folgenden Tagen. Sollte ein Mitarbeiter dies nicht können oder wollen, ist das zu respektieren. Immer wieder gibt es fachlichen Input, werden verschiedene Reaktionsmuster in Extremsituation aufgezeigt und Erklärungen angeboten. Auch schambesetzte Situationen, die häufig einen langfristigen teamdynamischen Einfluss haben, gilt es zu relativieren: „Ich hatte Angst und habe mich unter dem Tisch versteckt. Mir fiel die Notfallnummer nicht mehr ein." Selbstvorwürfe wie „Hätte ich ihm nur weniger Geld mitgegeben..." sind zu entkräften.
- Qualitätssicherung für das Krisenteam: Was war hilfreich? Gibt es Verbesserungsvorschläge?
- Es werden die Symptome einer posttraumatischen Belastungsstörung benannt und die Mitarbeiter dafür sensibilisiert. Es wird vereinbart, dass bei auffälligen Verhaltensänderungen der Betroffene selbst angesprochen wird oder man sich an das Sozialreferat wendet. Es wird darauf hingewiesen, dass die Möglichkeit zur Diagnostik besteht und man kurzfristig einen niedergelassenen Traumaspezialisten vermitteln kann.

Die Praxis zeigt, dass einige Mitarbeiter durch das Nachsorgegespräch Erinnerungen in logische Zusammenhänge bringen können, sich das „schlechte" Gewissen relativiert und die Zusammengehörigkeit gestärkt wird. Jedes einzelne Teammitglied hat die Situation mit seinen aktuellen Möglichkeiten gemeistert. Die Integration der beim Überfall nicht anwesenden Kollegen ist für das langfristige Teamgeschehen ebenfalls sehr wichtig.

Als weiteres Nachsorgeangebot können die Mitarbeiter zwischen einem gemeinsamen Wochenende in einem Sporthotel oder einem gemeinsamen Abendessen wählen. Dieses Angebot dient in erster Linie der Teamfestigung und -stabilisierung. Die am Überfallgeschehen nicht beteiligten Kollegen können so in das Team integriert werden.

Ein wichtiger Aspekt der Nachsorge ist ebenfalls die Vorbereitung der betroffenen Mitarbeiter auf die Rolle als Zeuge in einem Gerichtsprozess und auf die Aussage vor Gericht. Das Sozialreferat bereitet den Mitarbeiter vor, begleitet ihn zur Verhandlung und arbeitet mit ihm zusammen das Erlebte auf. Wichtige Aspekte dabei sind:

- In der Verhandlung ist der Täter im Raum, und die Adresse des Zeugen wird vorgelesen. Das verunsichert das Überfallopfer immens.
- Häufig finden Verhandlungen Jahre nach dem Überfall statt. Es kann jedoch nur das ausgesagt werden, was aktuell in der Erinnerung präsent ist. Lücken sind normal!
- Das Belastungsgeschehen des Opfers nimmt Einfluss auf das Strafmaß.
- Entschuldigungsschreiben von Tätern werden von den Überfallopfern oft als Belastung empfunden.

Einen 100-prozentigen Schutz vor einen Banküberfall gibt es nicht. Durch die systematische Vorbereitung auf einen Banküberfall und die professionelle Betreuung und Nachsorge können die Mitarbeiter aber gestärkt werden. Ziel des Präventionsprogramms der Frankfurter Sparkasse ist es, den Mitarbeitern dabei zu helfen, ihre Erfahrungen professionell zu bewältigen und in die eigene Lebensbiographie zu integrieren. Nach einer Traumaerfahrung ist zunächst nichts mehr so, wie es war. Eine Narbe wird bleiben. Das Präventionskonzept der Frankfurter Sparkasse hilft den Mitarbeitern, Ängste zuzulassen und diese allmählich abzubauen, um ihren Alltag auch nach einem Überfall wieder leben zu können.

Literatur

Lasogga,F. & Gasch, B. (Hrsg) (2008): Notfallpsychologie: Lehrbuch für die Praxis,Springer Medizin Verlag, Heidelberg

Lüdke,C. & Clemens, K. (Hrsg) (2004): Vernetzte Opferhilfe: Handbuch der psychologischen Akutinterventionen, EHP, Bergisch Gladbach

Reddemann, L. & Dehner-Rau, C. (2004, 2008): Trauma: Folgen erkennen, überwinden und an ihnen wachsen, Trias-Verlag, Stuttgart

Rainer Koppenhöfer und Oliver Eichhorn

„Leidensdruck war gestern"
Paradigmenwechsel in der betrieblichen Suchtarbeit – Peergroup-orientierte Prävention bei Auszubildenden

Die Suchtarbeit im Betrieb hat in der Vergangenheit mehrere Phasen der Veränderung durchlaufen. Waren zunächst Alkohol und Alkoholkonsum nicht nur gestattet, sondern manchmal sogar erwünscht, so hat sich dies im Laufe der Zeit deutlich verändert. Der folgende Beitrag schlägt einen Bogen durch die Geschichte der Alkoholprävention und beschäftigt sich ausführlich mit einem innovativen Ansatz in der Suchtprävention, dem Peergroup-orientieren Ansatz des BASF-Tutorensystems.

1 Ein Blick in die Geschichte

1.1 Die Alkoholfrage seit der Zeitenwende

Alkoholkonsum ist so alt wie die menschliche Zivilisation und in der Betrachtung unterschiedlich besetzt – von weinseliger Zugeneigtheit bis hin zur strikten Ablehnung.

BASF ist ein pfälzisches Unternehmen, und gerade den Pfälzern sagt man eine besondere Affinität zu Alkohol, insbesondere Wein, nach. Haben doch schon die Römer den Weinbau in der Gegend begründet und propagiert, was von den Germanen gerne übernommen wurde, zumal sie zuvor lediglich ein relativ alkoholarmes Bier zur Verfügung hatten. Zeugnis dieser Zeit ist der Fund einer Flasche mit (mittlerweile nicht mehr genießbarem) Wein, ausgestellt im Historischen Landesmuseum in Speyer. Bereits Tacitus monierte: „Tag und Nacht durchzutrinken, [...] [war] für niemand eine Schande."

Dies wurde dann volkstümlich zu „sie lagen an den Ufern des Rheins und tranken immer noch eins". Die Germanen waren nach Tacitus leichter durch ihre Trinklust zu schlagen als durch Waffen. Allerdings entwickelten sich durch den Beginn der Christianisierung bereits die ersten Versuche zur Prävention. So wurde den Trunkenbolden damit gedroht, dass sie nie ins Reich Gottes eingehen würden, so der Benediktinermönch Winfried Bonifatius.

Der Alkoholkonsum nimmt über die Jahrhunderte weiter zu, bis zu einem ersten traurigen Höhepunkt im 16. Jahrhundert, das gelegentlich auch als das klassische Zeitalter deutscher Trunksucht bezeichnet wird. Aber auch hier gab es Versuche, das Trinken einzudämmen. Davon zeugen Werke wie „Das Narrenschiff" (1494) von Sebastian Brant und „Wider das Zutrinken" (1516) von Johan von Schwarzenberg. In diesen Werken wird der Alkoholkonsum verteufelt und mit Drohungen und Verboten belegt. Vorherrschende Ansicht war, dass Trinken nicht gottgefällig sei. Diese Art der Prävention lässt sich über die Jahrhunderte hinweg beobachten.

1.2 Die Alkoholfrage in der Neuzeit

Erst mit Beginn der Industrialisierung ändert sich die Grundmotivation. Es geht nicht mehr um das Himmelreich, sondern um den Erhalt der Arbeitskraft. Mit Slogans wie „Arbeiter, meide den Schnaps" versuchte man, den Alkoholkonsum einzudämmen. Grundsätzlich war der Präventionsgedanke schwach entwickelt. Es wurde sogar (wie z. B. bei Krupp) Branntwein an die Arbeiter ausgegeben. Dafür setzte man im Gegenzug auf Verteufelung und Abschreckung zur Bekämpfung der „Trunksucht" und propagierte Mäßigung und Abstinenz. Erst nach und nach, insbesondere nach dem Zweiten Weltkrieg, wurde Prävention differenzierter. Dies ging ab 1960 einher mit der Verbreitung des Gedankengutes der 1935 in Amerika entstandenen Anonymen Alkoholiker in Deutschland und der Anerkennung des Alkoholismus als Krankheit (1969). Neben der Abschreckung wurden Information und persönliche Betroffenheit als präventives Prinzip entdeckt. Broschüren mit Suchtinformationen und Schilderungen von Suchtschicksalen waren übliche Mittel.

Die Unternehmen versuchten zunehmend, mit Regelungen und Übereinkünften der Verbreitung von Suchtmitteln am Arbeitsplatz zu begegnen. Es wurden die unterschiedlichsten Maßnahmen ergriffen und Aktivitäten entwickelt – sowohl in präventiver Hinsicht als auch in Bezug auf die Versorgung und Behandlung Suchtmittelabhängiger. Inhaltlich ging es (und geht es oft noch) um den systematischen Aufbau von „Leidensdruck", um eine nachhaltige Verhaltensänderung zu erreichen. Die von der Deutschen Hauptstelle für Suchtfragen (DHS) initiierte Kampagne „Alkohol am Arbeitsplatz" war dann letztlich der Kulminationspunkt dieser Bewegung. Sie vereinte unterschiedlichste Interessengruppen im Kampf gegen Suchtmittelmissbrauch. Ab 1990 verlor diese Bewegung allerdings an Bedeutung und ist heute nicht mehr existent. Doch sind die Herausforderungen an die betriebliche Suchtarbeit nach wie vor vorhanden.

1.3 Die Alkoholfrage bei BASF

Gerade die BASF hat sich früh der Bekämpfung des Suchtmittelkonsums verschrieben. Das Unternehmen engagierte sich schon in den 1980er Jahren bei der Beratung von Suchtabhängigen. Es führte intensive Präventionsprogramme durch. Diese Aktivitäten folgten aber noch immer dem damaligen Kenntnisstand und dem vorherrschenden Zeitgeist. Durch konsequente Einschränkungen sollte ein „konstruktiver Leidensdruck" aufgebaut werden, der den Mitarbeiter zu seinem persönlichen Tiefpunkt führt und zur Veränderung und Behandlung motiviert.

Die Erkenntnis, dass man durch den Aufbau von Leidensdruck – und sei er noch so konstruktiv – keine dauerhafte Motivation zur Veränderung erreicht, hat in der betrieblichen Suchtberatung der BASF zu einem Umdenken geführt. Beratungsansatz ist nunmehr der Gedanke, dass jeder Mensch im Grundsatz motiviert ist, aber im Ausleben der Motivation oft gehemmt.

Diese Überzeugung hat uns veranlasst, die Suchtarbeit bei BASF einem Paradigmenwechsel zu unterziehen. Unsere Entwicklung ging weg vom Versuch der Beeinflussung des Klienten zu einem absolut abstinenten Leben hin zu einem risikobewussten Umgang mit Alkohol. Wir folgen damit den Stadien der Verhaltensänderung, wie sie das transtheoretische Modell (TTM) von Prochaska und di Clemente (1995) postuliert. Beraterisch setzen wir dieses Modell mit Hilfe der motivierenden Gesprächsführung nach Miller und Rollnick (1991) um.

Die Folge war, dass zunehmend mehr Augenmerk auf die Vermittlung von gesundheitsbewusstem Verhalten und Risikoinformationen gerichtet wurde. In der Beratung wurden Programme zur Trinkkontrolle und zur Reduktion des Konsums angeboten. Exemplarisch seien hier nur das ambulante Einzel- und Gruppenprogramm zum kontrollierten Trinken (Körkel 2003) genannt.

Die präventiven Ansätze wurden ebenfalls grundlegend durchforstet und verändert. Wie im Folgenden zu sehen, waren die ersten Ansätze noch geprägt vom Dreischritt Abschreckung, Information und Betroffenheit. Unsere jetzigen Interventionen betreiben „Prävention auf Augenhöhe".

2 Das BASF-Tutorensystem

2.1 Die Ausgangssituation

Der Film „Christiane F. – Wir Kinder vom Bahnhof Zoo" zeigt schreckliche Bilder von Drogenabhängigen und von schweren Unfällen im Zusammenhang mit dem Konsum von Suchtmitteln. Das alles steht für eine Ära der Prävention durch Abschreckung. Es war zum Teil auch der Versuch, durch das Schicksal Einzelner Betroffenheit zu erzielen.

Dem folgte die Episode der Informationsvermittlung. Man vertrat den Standpunkt „informierte Menschen sind geschützte Menschen" und vermittelte ausführlich „Drogenkunde" und Informationen zum Hilfssystem. Dennoch war man verwundert, dass es Menschen gab, die erst durch diese Aktivitäten auf Drogen und ihre Wirkung aufmerksam gemacht wurden.

Erste Veränderungen unserer Suchtprävention für die Zielgruppe der Auszubildenden bzw. jüngeren Arbeitnehmer zeigten sich in Multiplikatorenschulungen mit dem Titel „Keine Macht den Drohungen" (in Anlehnung an die Suchtpräventionskampagne „Keine Macht den Drogen"). Diese Schulungen konzentrierten sich nicht mehr auf den konstruktiven Leidensdruck. Ein Verzicht auf ausführliche Beschreibung sämtlicher Drogenarten und deren Wirkung stellte eine weitere gravierende Veränderung dar. Um eine nachhaltigere Wirkung bei den Teilnehmern (Ausbildern, Jugendarbeitnehmervertretern und anderen) zu erzielen, setzen wir verstärkt auf Sensibilisierung für das Thema Suchtmittel im Unternehmen. Die Erweiterung der Wahrnehmung und das Vermitteln von praktischen Fähigkeiten ermöglicht es den Teilnehmern, bei Bedarf aktiv zu werden. Suchtmittelauffälliges Verhalten wird konstruktiv und konsequent angesprochen.

Gemeinsam mit der Arbeitnehmervertretung (Betriebsrat), dem Arbeitgeber (Personalwesen), dem werksärztlichen Dienst und dem Leiter der betrieblichen Sozialberatung der BASF wurde 2004 eine Neuauflage der Betriebsvereinbarung gegen Suchtmittelmissbrauch beschlossen. Diese sah erstmals Drogenscreenings bei der Einstellung vor. Auszubildende werden bei der Einstellung sowie bei der Übernahme getestet.

Einhellig bestand jedoch die Überzeugung, dass Drogenscreenings allein keine geeignete Maßnahme darstellen, die Auszubildenden der BASF vor Suchtmittelproblemen „zu schützen". Somit wurde die Sozialberatung beauftragt, ein Suchtpräventionsmodell für die Ausbildung der BASF zu entwickeln.

2.2 Die Idee

Das BASF-Tutorensystem als ein peergroup-orientiertes Suchtpräventionsmodell in der betrieblichen Ausbildung stellt eine neue und innovative Form der Suchtprävention in der BASF dar.

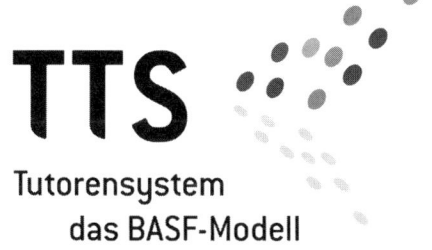

Es basiert auf der Grundannahme, dass Auszubildende eher bereit sind, Anregungen, Ideen und Unterstützung zu akzeptieren, wenn diese von Gleichaltrigen stammen. Auszubildende wissen am besten, was Auszubildende interessiert. Sie können das Verhalten von Gleichaltrigen besser erkennen und einordnen. Sie haben eine besondere Sensibilität für die Lebenswelt der Auszubildenden. Sie akzeptieren sie schneller und vertrauen ihnen leichter. Aus diesem Grund werden Auszubildende als Tutoren eingesetzt. Präventionsarbeit in den Ausbildungsjahrgängen erfolgt dadurch nicht nur punktuell, sondern flächendeckend. Durch die Einschaltung der Tutoren erfolgt die Kontaktaufnahme zur Sozialberatung früher. Dadurch können die Hilfesysteme der Sozialberatung ebenfalls früher einsetzen. Das Bewusstsein der Auszubildenden hinsichtlich Suchtmittelmissbrauchs, insbesondere bei Alkohol und Drogen, wird geschärft.

2.3 Die Rahmenbedingungen

Die Tutoren werden über Sucht und Suchtprävention in einem zweitägigen Workshop durch die Sozialberatung informiert und geschult. Hierdurch entwickeln sie eine eigene Haltung zu Sucht und den daraus folgenden Problemen. Durch ihre Persönlichkeit und ihr Wissen über den Ausbildungsalltag sind sie in der Lage, Suchtprobleme zu erkennen, diese anzusprechen und aufzuklären.

Sie sollen im Anschluss an ihre zweitägige Ausbildung zum Tutor in einem eigenen Workshop Informationen und Denkanstöße zur Suchtprävention an die Gesamtgruppe weitergeben. Während des gesamten Ausbildungszeitraums sind sie für ihre Kollegen und Ausbilder Ansprechpartner zum Thema Suchtmittel, insbesondere Alkohol und Drogen.

Das Tutorensystem lässt sich mit einem Satz beschreiben: Auszubildende werden geschult, andere Auszubildende anzusprechen und zu informieren.

Die Rolle des Tutors besteht nicht darin, als Streetworker oder verlängerter Arm der Sozialberatung zu fungieren. Sie besteht vielmehr darin, Auszubildende auf eine andere Art an ihrem Arbeitsplatz anzusprechen und ihnen Unterstützung anzubieten, als dies Ausbilder tun. Die Tutoren handeln dabei eigenverantwortlich und führen Gespräche nach Bedarf.

Gemeinsam mit der GK Quest Akademie, einem privaten Fortbildungs- und Beratungsinstitut in Heidelberg, wurde dieses Konzept entwickelt. Die Seminarstruktur und das Tutorenhandbuch wurden an die Ausbildungssituation der BASF angepasst. Seminare und Handbuch vermitteln Hintergrundinformationen zu Suchtmitteln, stellen Rahmenbedingungen bei der BASF und die rechtliche Situation dar und beschreiben Gesprächsführungsmethoden und den Ablauf der Workshops.

2.4 Ablauf und Umsetzung

Aus der Gesamtgruppe aller Auszubildenden der BASF werden Einzelne als Tutoren geschult. Die Wahl der Tutoren erfolgt innerhalb der ersten drei Monate nach Ausbildungsbeginn. Die Betreuungsausbilder informieren die Auszubildenden vorher ausführlich. Dazu erhalten sie von der BASF-Sozialberatung ein persönliches Anschreiben und eine Präsentation über die Ziele und den Ablauf des Tutorensystems. Damit bereiten sie die Wahl der Tutoren entsprechend vor. Die Auszubildenden wählen ihre Tutoren selbstständig in den Ausbildungsgruppen. Unterstützung bei der Wahl bieten dabei die Ausbilder, die aktiven Tutoren der vorhergehenden Jahrgänge, die BASF-Sozialberatung und die Jugend- und Auszubildendenvertretung.

Bei rund 450 Auszubildenden im ersten Ausbildungsjahr bedeutet dies, dass 30 bis 35 Tutoren für die jeweiligen Ausbildungsberufe ausgewählt werden. Teilweise ist ein Tutor auch für mehrere Berufsgruppen zuständig.

In der ersten Phase erfolgt die zweitägige Ausbildung zum Tutor. In der zweiten Phase agieren die Tutoren bereits aktiv und führen eigenständig Workshops in ihren Ausbildungsgruppen durch. In der dritten Phase unterstützen sie zusätzlich die neuen Tutoren und besuchen einen halbtägigen Workshop zum Erfahrungsaustausch. Sie werden für die Teilnahme freigestellt.

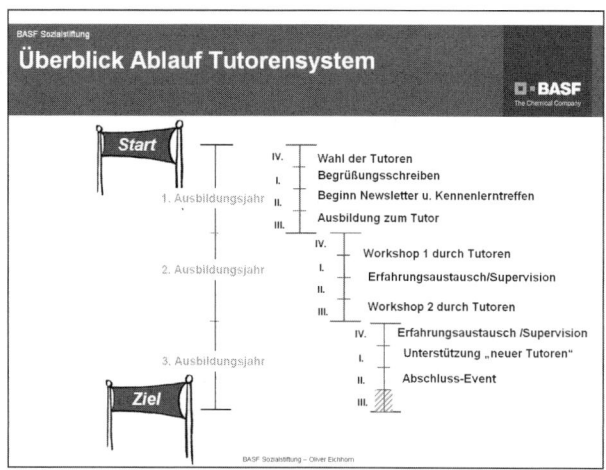

2.5 Inhalte der zweitägigen Ausbildung

Die Tutoren erhalten in der ersten Phase grundlegende Informationen über Suchtmittel (Alkohol und Drogen) und werden mit Betriebsvereinbarungen der BASF (z. B. Betriebsvereinbarung gegen den Suchtmittelmissbrauch) und weiteren gesetzlichen Bestimmungen vertraut gemacht. Zusätzlich lernen sie Methoden der motivierenden Gesprächsführung nach Miller und Rollnick kennen. Sie üben schwierige Gesprächssituationen in Rollenspielen und bereiten sich so auf reale Situationen im Ausbildungsalltag vor. Das befähigt sie, Auszubildende mit einem Suchtproblem anzusprechen. Didaktisch ist die Tutorenausbildung auf Gruppenarbeiten und Lernen mit Spaß ausgerichtet. So wird z. B. Wissen über Drogen durch ein Drogenquiz vermittelt. Die Wissenslücken der Auszubildenden werden auf spielerische Art geschlossen. Sie können dabei engagiert eigene Erfahrungen und Kenntnisse aus früheren Suchtpräventionen im schulischen Bereich einbringen und erweitern.

2.6 Die Workshops der Tutoren

„Wir sollen dann ganz allein ohne einen Ausbilder oder jemanden von der Sozialberatung einen Workshop mit unserer Ausbildungsgruppe durchführen? Das geht doch gar nicht." Diese Aussage kam von einem Tutor, als ihm zu Beginn seiner Ausbildung der Ablauf des Tutorensystems vorgestellt wurde. Nach der zweitägigen Ausbildung äußerte er sich bereits positiver: „Ich bin zwar kein Suchtfachmann, aber ich muss ja auch nicht alles wissen. Im Gegensatz zu vorher bin ich jetzt aber zuversichtlich, dass ich den Workshop mit meiner Tutorenkollegin gut hinbekomme und dass es unseren Azubikollegen auch Spaß machen wird!" Den zwei- bis dreistündigen Workshop führen die Tutoren selbständig ohne Ausbilder durch. Aktivierende Elemente ergeben einen lebendigen Workshop. Angeregt durch die positive Resonanz der Kollegen entstand bei den Tutoren der Wunsch nach einem Folgeworkshop zu einem anderen suchtbezogenen Thema.

Daraus entwickelte sich eine suchtpräventive Kurzintervention zum Rauchen. Dieser Workshop ist für die Tutoren freiwillig. Tutoren, die selbst rauchen, sind nicht verpflichtet, diesen Workshop durchzuführen. Aber auch rauchende Tutoren können dazu beitragen, dass andere nicht damit anfangen. Falls Kollegen nach dem Workshop aufhören möchten, wissen sie wie und wo sie Unterstützung erhalten. Inhaltliche Bestandteile sind unterhaltsame Elemente mit Videos und Gruppenspielen. Nichtraucher und Raucher schlüpfen in unterschiedliche Rollen und nehmen andere Perspektiven ein.

2.7 Erfahrungen mit dem Tutorensystem

Mittlerweile sind über 140 Tutoren ausgebildet worden. Flächendeckend kommt durch den Workshop der Tutoren in der eigenen Ausbildungsgruppe nahezu jeder Auszubildende eines Ausbildungsjahrgangs mit dem Thema Suchtmittel in Berührung. Die Rückmeldungen aus den Workshops an die Tutoren sind durchweg positiv. Die Tutoren werden als Ansprechpartner akzeptiert und wirken zusätzlich als „Türöffner" für Auszubildende, die den Weg zur betrieblichen Sozialberatung der BASF scheuen.

Ein weiterer positiver Aspekt ist, dass auch Auszubildende mit anderen Problemen zur Beratung kommen. Themen wie Probleme mit Eltern, Essstörungen, selbstverletzendes Verhalten und andere werden angesprochen, weil die Tutoren sensibilisiert sind.

Ist die Ausbildung abgeschlossen und wird der Auszubildende in ein festes Arbeitsverhältnis übernommen, endet seine Funktion als Tutor. Unabhängig davon hat er immer noch sein Wissen und seine Erfahrungen, die er als Kollege oder auch als zukünftiger Vorgesetzter einsetzen kann.

3 Fazit

Das Tutorensystem ist weit mehr als ein Suchtpräventionsprogramm. Es ermöglicht Auszubildenden, als Tutoren Erfahrungen zu sammeln, die über den normalen Ausbildungsalltag hinausgehen. Die erlernten Gesprächsführungsmethoden und das selbständige Durchführen von Workshops tragen maßgeblich zur Entwicklung ihrer sozialen Kompetenz bei, die auch nachhaltig über die Ausbildungszeit fortbesteht.

Die Tutoren erreichen durch ihre Aktivitäten einen kompletten Ausbildungsjahrgang zu Suchtthemen, werden aber auch bei anderen sozialen Themen aktiv. Führungskräfte schildern mittlerweile erste positive Eindrücke über ehemalige Tutoren. Sie erleben die jungen Mitarbeiter als hilfreich und unterstützend.

Nach einer dreijährigen Probephase entschied das Unternehmen, das Tutorensystem ohne Befristung fortzusetzen.

Jürgen Riemer

Neu als Führungskraft – ein Seminar- und Coaching-Angebot für Mitarbeiter eines Universitätsklinikums

1 Das System[1] Universitätsklinikum

Ein Universitätsklinikum dient der medizinischen Forschung, der Lehre und der Patientenversorgung. Dabei deckt es ein breites Spektrum medizinischer Fachrichtungen ab. Zur Umsetzung seiner Ziele ist eine komplexe Organisation erforderlich, die sowohl hierarchisch als auch fachlich strukturiert ist und am ehesten einer Matrix entspricht.

Im Universitätsklinikum arbeiten mehrere tausend Menschen mit unterschiedlichen Qualifikationen, die auf eine gute Zusammenarbeit angewiesen sind, u. a. Mediziner, Pflegekräfte, Kaufleute, Techniker und Pädagogen. Dabei treffen zum Teil sehr divergente berufliche Selbstverständnisse aufeinander, und das birgt ein großes Konfliktpotenzial. Zwischen einem pragmatisch orientierten Wissenschaftler und einem auf Gründlichkeit pochenden Verwaltungsangestellten können Welten liegen – dennoch sind beide Charaktere für den Gesamtablauf von Nutzen.

Der momentane wirtschaftliche Druck im Klinikum ist enorm und erfordert – neben anderen betriebswirtschaftlichen Aspekten – eine geschickte Planung der engen Personalressourcen. Hier zeigt sich, dass der Faktor Mensch für einen reibungslosen Ablauf ein Risiko darstellt. Im Laufe der letzten Jahre hat das betriebswirtschaftliche Denken großen Einfluss gewonnen. Nicht nur Patienten sollen als Kunden betrachtet und behandelt werden, sondern auch die eigenen Kollegen, wenn sie intern Dienstleistungen anfordern.

Im Universitätsklinikum gibt es auf unterschiedlichen Ebenen Führungspositionen, die von den verschiedenen Berufsgruppen besetzt werden. Die Organisation setzt sich in der Regel aus den Bereichen Verwal-

---

[1] Die Betrachtung aus dem Blickwinkel System – Rolle – Person folgt dem Ansatz einer personenzentrierten Beratung, vgl. Straumann,U. und Zimmerman-Lotz, Ch., Personorientiertes Coaching und Supervision – ein interdisziplinärer Balanceakt. Kröning: Asanger, 2006, S. 52 ff.

tung, Pflege und Medizin zusammen. Diese werden übergeordnet durch den Klinikvorstand geleitet, in welchem die jeweiligen obersten Führungskräfte der Bereiche – der Kaufmännische Direktor[2], der Pflegedirektor und der Ärztliche Direktor – vertreten sind. Im Bereich der Verwaltung sieht die Hierarchie von oben nach unten wie folgt aus: Kaufmännischer Direktor, Dezernent, Abteilungsleiter und Sachgebietsleiter. Für den Bereich der Pflege steht der Pflegedirektor auf oberster Ebene, darunter befinden sich die Pflegefachbereichsleitungen und dann die Stationsleitungen. Oberster Chef der Medizin ist der Ärztliche Direktor; darunter befinden sich im Organigramm die geschäftsführenden Direktoren der einzelnen Kliniken und Institute und die Oberärzte. Je nach Position haben die Führungskräfte unterschiedliche Weisungsbefugnisse und Entscheidungsspielräume.

2 Die Rolle der Führungskraft

Während es in den oberen Ebenen eher um die strategische Führung des Universitätsklinikums geht, gewinnen nach unten hin die Fragen der Umsetzung von Bedeutung. Problematisch kann sich hierbei die Abwägung der Prioritäten zwischen fachlichen, wirtschaftlichen und mitarbeiterorientierten Aspekten gestalten. So steht zum Beispiel ein Sachgebietsleiter in der Verwaltung im Spannungsfeld zwischen den Interessen der Mitarbeiter und denen seiner eigenen Vorgesetzten. Gleichzeitig fungiert er als Ansprechpartner bzw. Verantwortlicher seines Bereiches gegenüber den Medizinern, Wissenschaftlern und Pflegekräften, die er als Kunden zu behandeln hat. Ist auch der damit verbundene Dienstleistungsgedanke für ihn bereits selbstverständlich, so braucht dies noch lange nicht bei seinen Mitarbeitern der Fall zu sein. Gerade langjährigen Mitarbeitern fällt das Umdenken schwer, und sie zweifeln das Ziel der Kundenorientierung an. Nachwuchsprobleme in der Pflege führen zwar zu erfahrenen, aber überalterten Teams. Krankheitsausfälle können hier die stationären Abläufe in der Patientenversorgung empfindlich treffen. Stationsleitungen stehen unter dem Druck, die dann knappen Personalressourcen

---

[2] Aus Gründen der Lesbarkeit wurde die männliche Form gewählt.

effektiv einzusetzen und gleichzeitig die Mitarbeiter zu motivieren, durchzuhalten.

3 Die Person als Führungskraft

Für die Rolle als Führungskraft gibt es kein idealtypisches, allgemeingültiges Persönlichkeitsprofil. Aus Sicht des Unternehmens sollte eine Führungskraft in der Lage sein, die Unternehmensziele überzeugend umzusetzen. Aus Sicht der Mitarbeiter sollte man der Führungskraft vertrauen können. Eigenschaften wie „kompetent", „belastbar" und „durchsetzungsfähig" kommen bei unterschiedlichen Persönlichkeiten ganz unterschiedlich zum Ausdruck. Es gibt unter Führungskräften die Leisen, die Lauten, die Geduldigen, die Forschen, die Ernsten, die Freundlichen und viele andere. Dabei sagen diese Charakterisierungen zunächst wenig über die Qualität des Führungsverhaltens aus. Erst im Kontext der Anforderungen und Erwartungen zeigt sich, ob eine bestimmte Person der Führungsaufgabe gewachsen ist. Stärken und Schwächen werden erst in diesem Kontext sichtbar. Im Wesentlichen knüpft hier die Führungskräfteberatung an.

4 Die innerbetriebliche Beratung von Führungskräften im Universitätsklinikum

Über die innerbetriebliche Beratung von Führungskräften kann man geteilter Meinung sein. Aus systemischer Sicht lässt sich anmerken, dass eine unbefangene Beratung kaum möglich ist, da der Berater ja selbst Teil des Unternehmens und von ihm abhängig ist und einer gewissen Betriebsblindheit unterliegt. Für Führungskräfte stellt sich daher durchaus die Frage, inwieweit sie sich einem innerbetrieblichen Berater öffnen können. Die Beratungsthemen berühren nämlich häufig empfindliche Punkte und Schwächen des Coachees. Zudem soll es in der Beratung auch möglich sein, Kritik am Unternehmen zu äußern. So steht die berechtigte Frage im Raum: „Berät der innerbetriebliche Berater wirklich in meinem Interesse, oder ist er wohlmöglich ein geschickter Handlanger des Universitätsklinikums?".

Andererseits ist es von großem Vorteil, zu wissen, wie so ein komplexes Gebilde „tickt", das wie ein eigener Stadtteil mit vielen verschiedenen Einwohnern wirkt. Dem innerbetrieblichen Berater sind bestimmte kliniktypische Problematiken vertraut, und er kann der Führungskraft Lösungsmöglichkeiten anbieten, die ein externer Berater möglicherweise nicht parat hat, weil ihm die internen Kenntnisse fehlen. Eilt dem innerbetrieblichen Berater zudem ein guter Ruf voraus, so wird er weiterempfohlen. Das senkt die Hemmschwelle, Kontakt zu ihm aufzunehmen.

Der fest angestellte Mitarbeiterberater ist weniger als seine freiberuflichen Kollegen einem persönlichen wirtschaftlichen Druck ausgesetzt und kann daher eine Kontraktgestaltung, die Ausmaß und Inhalt der Beratung festlegt, gelassener angehen. Die Beratungsstelle befindet sich meist auf dem Gelände des Klinikums und ist gut zu erreichen. Der Berater ist in der Dienstzeit ansprechbar, und es entstehen der anfragenden Führungskraft keine persönlichen Kosten.

Der gute Ruf hängt eng mit einer als vertrauensvoll erlebten Beratung zusammen. Eine vertrauensvolle Beratung setzt eine peinlich genaue Einhaltung der Verschwiegenheit voraus, die innerhalb des Unternehmens geregelt sein muss[3] – das kann nicht oft genug betont werden! Grundsätzlich ist der Berater verpflichtet, über alle Informationen, die ihm im Zusammenhang mit seiner Tätigkeit für den Klienten bekannt werden, Stillschweigen zu bewahren. Das schließt auch die Terminvereinbarung ein. Vorgesetzter: „Hat Herr M. sich bei Ihnen gemeldet? Ich habe ihm gesagt, er soll sich doch mal an Sie wenden." Berater: „Es tut mir leid, aber hierzu darf ich Ihnen keine Auskunft geben! Die Beratung ist vertraulich."

Darüber hinaus sind schriftliche Dokumentationen sorgfältig und sicher, vor dem Zugriff anderer geschützt, aufzubewahren.

5 Der Berater als Coach

Was muss nun ein Berater an fachlichen und persönlichen Voraussetzungen mitbringen, um in seinem Unternehmen Führungskräfte coachen zu

---

[3] Gesetzliche Vorschriften wie der § 203 Strafgesetzbuch gelten nicht für alle Berufsgruppen, die Beratungskompetenzen besitzen (wie etwa Sozialpädagogen oder Psychologen), zum Beispiel nicht für Coachs und Supervisoren mit anderen beruflichen Werdegängen.

können? Im Idealfall sollte er über eine akademische Ausbildung mit psychologischen, sozialpädagogischen, sozialmedizinischen und betriebswirtschaftlichen Schwerpunkten verfügen. Diese sollte ihn dazu befähigen, komplexe Zusammenhänge zu erkennen und zu beschreiben. Eine mehrjährige Berufserfahrung im Umgang mit Menschen – sei es in beratender oder führender Funktion – wäre ein weiteres erforderliches Kriterium. Denn als Berater muss man in der Lage sein, flexibel auf unterschiedliche Menschen einzugehen, sich ggf. auch von ihnen distanzieren und die eigene Position gut orten und vertreten zu können. Zusätzliche Ausbildungen mit dem Schwerpunkt Beratung in der Arbeitswelt oder eine Ausbildung zum Coach oder Supervisor, wie sie von verschiedenen Fachverbänden oder als berufsbegleitende Ausbildung im Rahmen von Masterstudiengängen angeboten wird, sind erforderlich, um den Beratungsprozess verstehen und steuern zu können.

Der Coach sollte eine personenzentrierte Haltung einnehmen können, die dem Coachee Raum zur Selbstexploration gibt. Dabei ist es wichtig, als Coach authentisch und transparent zu bleiben. Wo der Coach es als erforderlich ansieht, bietet er dem Coachee ein Feedback oder eine fachliche Information an. Dabei sollte der Blick auf die Bedürfnisse des Coachees gerichtet sein. Eine ständige eigene Inanspruchnahme von Supervision ist für die berufliche Selbstreflexion des Coachs unbedingte Voraussetzung.

6 Neu als Führungskraft – ein Seminar mit Coaching-Angebot

Am Beispiel des Seminar- und Coaching-Angebotes „Neu als Führungskraft" soll nun ein Coaching-Prozess beschrieben werden, wie er in einem Universitätsklinikum ablaufen könnte. Die Beschreibung basiert auf Erfahrungen mit einem entsprechenden Angebot sowie einer mehrjährigen Coachingpraxis in diesem Feld.

Die Idee zu diesem Angebot entstand aus der Erfahrung heraus, dass viele frisch gebackene Führungskräfte sehr dankbar für eine beratende Begleitung in der Anfangsphase ihrer noch zu festigenden neuen Rolle sind. Ein erheblicher Teil dieser Führungskräfte hat bereits mehrere Jahre als Mitarbeiter im Hause gearbeitet und ist beispielsweise vom Mitarbeiter aus einem Team von Gesundheits- und Krankenpflegern in die Position des Stationsleiters gewechselt. Nicht selten befindet sich die neue Führungskraft noch im selben Team und besetzt als Nachfolger dort eine freigewordene Leitungsposition. Oft spielen bei der Personalauswahl die fachlichen Erfahrungen eine große Rolle, zumal die Leitungsfunktion mit der weiteren praktischen Pflegetätigkeit auf einer Station einhergeht.

Alle neuen Führungskräfte nehmen an einem innerbetrieblich organisierten Stationsleitungslehrgang teil, sind jedoch beim persönlichen Transfer des Gelernten in die Praxis auf sich selbst gestellt. Daran setzt das Seminar mit dem Coaching-Angebot an. Erfahrungsgemäß ist es sehr hilfreich, über innerbetriebliche Fortbildungsangebote zu unterschiedlichen Themen wie zum Beispiel „Burnout – Erkennung und Umgang im betrieblichen Alltag", „Mobbing am Arbeitsplatz", „Zufriedenheit am Arbeitsplatz" usw. auf die Beratungsangebote für Mitarbeiter aufmerksam zu machen. Diese haben dort die Möglichkeit, die Person des Beraters kennenzulernen und gegebenenfalls vorhandene Hemmschwellen abzubauen. Es kommt nach einer solchen Fortbildungsveranstaltung oft zu Beratungsaufträgen.

In einer Fortbildungsbroschüre wird auf das für alle Mitarbeiter zugängliche, innerbetriebliche Angebot aufmerksam gemacht (s. Box).

Teil A: Das Seminar

Teil A „Das Seminar" ist wie folgt aufgebaut:

- Begrüßung und Vorstellungsrunde.
- Einleitende Gedanken.
- Das System, in dem ich mich befinde.
  - Unternehmensziele, -interessen;
  - Strukturen;
  - Kulturen.
- Die Rolle, die ich ausfülle(n soll).
  - aus Unternehmenssicht;
  - aus Mitarbeitersicht;
  - aus eigener Sicht.
- Die Person, die ich bin.

Begrüßung und Vorstellungsrunde

Hier wird Raum für die persönliche Vorstellung (Name, Beruf, Arbeitsplatz und Zuständigkeit) sowie für Fragen, Erwartungen und Befürchtungen gegeben, die der Moderator auf einem Flipchart protokolliert. Dieses üblicherweise in vielen Seminaren vorkommende Procedere wird mit dem Hinweis darauf erweitert, dass im Rahmen des Seminars ggf. Inhalte zur Sprache kommen können, die einen vertraulichen Rahmen erfordern. Es wird die Frage an die Teilnehmer gerichtet, ob sie sich darauf einlassen können. Erfahrungsgemäß lautet die Antwort „ja". Der Seminarleiter darf dies jedoch nicht voraussetzen und sollte hier sorgfältig darauf achten, ob nicht doch Teilnehmer blockiert sind, dem Gruppendruck nachgeben und sich einverstanden erklären. Für den Fall, dass Teilnehmer Vorbehalte benennen, wie „Ich habe schlechte Erfahrungen mit dem Umgang von anderen bei vertraulichen Inhalten gemacht", kann der Moderator diese verbalisieren: „Sie befürchten, dass etwas von dem, was Sie hier einbringen auf irgendeinem Weg nach außen dringen könnte." Der Moderator kann auch den Teilnehmer

Box
**Neu als Führungskraft –
Ein Seminar- und Coaching-
Angebot für Führungskräfte**

Die Führungskraft befindet sich in einem Spannungsfeld zwischen Unternehmens- und Mitarbeiterinteressen. Auch ihre eigenen Interessen will sie verfolgen.

Allen Erwartungen zu entsprechen und dennoch die erforderlichen Prioritäten setzen zu können, wird selten in Einklang zu bringen sein. Dennoch ist die Führungskraft hierin ständig gefordert.

Teil A: Seminar

Das Seminar thematisiert die Führungskraft im Spannungsfeld zwischen unterchiedlichen Rollenerwartungen und fachlich erforderlichen Aufgabenstellungen.

Teil B: Coaching

Nach Vereinbarung erhalten die Teilnehmer drei Termine von je 60 Minuten für ein Einzelcoachng zur individuellen Vertiefung. Das Coaching unterliegt der Schweigepflicht.

Zielgruppe: Führungskräfte aus dem gesamten Uniersitätsbereich.

Angabe von Termin/Uhrzeit (180 Minuten) und Ort

Teilnehmer/innen: max. 12

Referent: Jürgen Riemer, Telefon... Herr Riemer, Diplom-Sozialpädagoge, ist Mitarbeiter der Psychosozialen Beratungsstelle für Mitarbeiter/innen der Heinrich-Heine-Universität und des Universitätsklinikums Düsseldorf.
Anmeldung bis...

darum bitten, sich zu äußern, wenn es für ihn „heikel" wird. Der Moderator weist generell darauf hin, dass vertrauliche Themen auch im Rahmen des Einzelcoachings eingebracht werden können.

Einleitende Gedanken

Hier wird aus Sicht des Seminarleiters das Ziel der Veranstaltung dargestellt, wobei Bezug auf die vorangegangenen Äußerungen der Teilnehmer genommen wird. Als Ziele werden genannt:
- Mehr Sensibilität für meine Rolle als Führungskraft erreichen
- Ins Gespräch kommen; formulieren können, was mich in meiner Rolle als Führungskraft bedrückt und beglückt, was von mir gefordert wird und was erwünscht ist
- Auseinandersetzung und Standortbestimmung: Meine Rolle und meine Person im Kontext des Systems

Das System, in dem ich mich befinde

Das Unternehmen wird als ein vielschichtiges, organisatorisches und soziales System vorgestellt. Weiter geht es um die Möglichkeit, über Unternehmensziele und -interessen zu sprechen: um übergeordnete Ziele, wie etwa das Leitbild des Universitätsklinikums, um strategische und praktische Ziele, um Jahrespläne und formelle und informelle Erwartungen an die Führungskraft. Was hat da letztlich Relevanz in der Arbeit der Führungskraft vor Ort? Worauf sollte sie den Blick gerichtet halten, weil es anderen – Vorgesetzten, Klinikleitung, Kunden – wichtig ist?

Weitere Fragestellungen können sein: Wie ist das Universitätsklinikum organisiert und welche Dienstwege gilt es zu beachten? Welche Kommunikationsstrukturen kann ich in meiner Position selbst gestalten (zum Beispiel Mitarbeitergespräche, Teambesprechungen, Arbeit in Gremien und Projekten)? Welche Mitarbeiter habe ich (Beruf, Alter, Geschlecht, Herkunft, …)? Was weiß ich von den Erwartungen meiner Mitarbeiter an mich?

In einer solchen Bestandsaufnahme sind auch die Fragen nach der Unternehmenskultur und der im eigenen Arbeitsbereich gelebten Kultur wichtig. Kommt beispielsweise eine Führungskraft aus einem anderen Unternehmen, wo die Bezahlung eng an die Leistung gekoppelt ist, und findet nun eine Gruppe von Mitarbeitern vor, die die Erfahrung gemacht hat, dass Leistung nicht honoriert wird und es egal zu sein scheint, ob der Einzelne viel oder wenig leistet, so sind in der Regel Konflikte im Umgang mit der Leistungsfrage zu erwarten.

Weitere Themen können zum Beispiel sein: Werden Neuerungen als Bedrohung erlebt oder als Herausforderung? Gibt es die Erfahrung, dass sich Aufgaben im Team besser lösen lassen oder herrscht die Haltung vor, Probleme besser allein zu lösen, weil man sich nicht auf andere verlassen will?

Die Rolle, die ich ausführe(n soll)

In einer Gegenüberstellung der eigenen Interessen mit den Interessen des Universitätsklinikums, der gleichgestellten Kollegen und Mitarbeiter kann die begonnene, zum Teil noch recht abstrakte Bestandsaufnahme im Rahmen des Seminars vertieft werden. Dieser Teil des Seminars gestaltet sich daher auch eher lebhaft, da nun konkrete aktuelle Begebenheiten eingebracht werden, die die Führungskräfte täglich am eigenen Leib erfahren. Es geht in der Auseinandersetzung auch hier zunächst um ein Bewusstmachen der eigenen Rolle, die viele Konflikte und Problematiken bergen kann, die in keinem ursächlichen Zusammenhang mit der Person der Führungskraft stehen.

Häufig sind Mitarbeiter, die neu in der Rolle der Stationsleitung sind und vorher dem Pflegeteam angehörten, über die plötzliche „Funkstille" irritiert: „Früher haben wir uns immer gut verstanden, aber jetzt ..." Herrscht in der Seminargruppe eine offene Atmosphäre, so kann es hier zu einem Erfahrungsaustausch kommen: „Das Problem kenne ich. Aber Sie müssen die Mitarbeiter auch verstehen. Die merken, dass sie nun nicht mehr alle Ansichten des Teams teilen können, weil sie ja auch die Ziele der Direktion umsetzen sollen. Man muss das auch aushalten lernen."

Bei den Seminarteilnehmern, die sich auch meist selbst in der Rolle des Mitarbeiters gegenüber den eigenen Vorgesetzten erleben, kommen zum Beispiel Fragen und Beobachtungen auf wie: „Warum werden meine Ideen bzw. die Ideen meines Teams nicht aufgegriffen? Mein Chef deckt mir nicht den Rücken. Der interessiert sich nur für seine Forschung und für eine hohe Anzahl an Privatpatienten."

Typische Fragestellungen seitens der Teilnehmer in ihrer Rolle als Führungskraft sind: „Wie gehe ich mit problematischen Mitarbeitern um? Wie motiviere ich Mitarbeiter bei aufkommendem Stress? Wie gehe ich mit Mitarbeitern um, die älter sind als ich oder mehr Berufserfahrung haben? Wann bin ich gefordert, bei Konflikten zwischen Mitarbeitern tätig zu werden und in welcher Weise? Wie gehe ich mit meinem Stellvertreter um, wenn er gegen mich arbeitet?"

Die Person, die ich bin

Mit dem Zitat „Ich bin nämlich eigentlich ganz anders, aber ich komme nur so selten dazu" [4] werden die Teilnehmer eingeladen, über ihr Selbstkonzept nachzudenken. Ziel dabei ist es, die eigenen Bedürfnisse und die daraus resultierenden Handlungsmuster zu reflektieren: „Wo erlebe ich mich als blockiert, wo als motiviert? Was spricht mich an? Wo erlebe ich Anstrengung, wo Leichtigkeit?" Die Teilnehmer erhalten Gelegenheit, in Einzelarbeit über sich nachzudenken wichtige Aussagen über sich selbst schriftlich zu formulieren, sich selbst zu beschreiben. Es besteht die Möglichkeit, anschließend mit der Seminargruppe darüber ins Gespräch zu kommen. Den Teilnehmern steht es dabei frei, wie weit sie sich in diesem Rahmen öffnen. Im Kontext dieser Auseinandersetzung spielt auch das Thema „Mit den Kräften haushalten – gesund bleiben" eine wichtige Rolle.

Abschluss

Das Seminar endet mit einer Abschlussrunde, in der jeder Teilnehmer reihum die Gelegenheit erhält, mitzuteilen, wo er Anregung gefunden hat und was noch offen geblieben ist. Zur Orientierung dient hier das ein

---

[4] Das Zitat stammt aus der Komödie „Zur schönen Aussicht" (1926) von Ödön von Horvath; Quelle: Wikipedia

gangs per Flipchart erstellte Protokoll. Offen gebliebene Themen können im weiteren Coachingprozess vertieft werden.

Bemerkung zur Praxis der Durchführung des Seminars

Die bis hierhin dargestellten Inhalte können in einem Zeitrahmen von 3 Stunden nicht erschöpfend behandelt werden. Die Zeit ist schneller um, als man glaubt. In diese Richtung gehen auch die Feedbacks der Seminarteilnehmer. Entsprechend werden die Seminare zukünftig zeitlich auszuweiten sein. Andererseits muss mit Blick auf die zum Teil knappe Zeit der Mitarbeiter ein zeitliches Mittelmaß gefunden werden, dass den Mitarbeitern die Teilnahme ermöglicht (der Vorgesetzte muss zustimmen). Das Konzept des Seminars baut natürlich auch darauf auf, die angesprochenen Themen individuell nach Bedarf zu vertiefen.

Teil B: Coaching

Bedingt durch die intensive Auseinandersetzung im Seminar ist bereits ein Vertrauensverhältnis zwischen Coach und Coachee entstanden. Im Einzelcoaching besteht nun die Möglichkeit, einerseits offen gebliebene Fragen zu den im Seminar behandelten Sachthemen zu stellen (Was meinten Sie mit dem Begriff Inkongruenz? Wie war das noch mal mit den vier Ohren?[5]) und andererseits die persönlichen Fragestellungen und Themen des Coachees aufzugreifen. In der ersten Sitzung werden die Themen vereinbart, die im Rahmen der drei Sitzungen von je 60 Minuten behandelt werden sollen. Die Sitzungen finden nun im Raum der Beratungsstelle statt.

Anhand eines fiktiven Falls möchte ich zum Abschluss meine Beratungstätigkeit als Coach illustrieren, wie sie im Beratungsalltag verlaufen kann. Hier wird die erste Sitzung nach dem Seminar dargestellt. Die beiden weiteren Sitzungen verlaufen nach demselben Muster. Es besteht nach Beendigung der dritten Sitzung für den Coachee die Möglichkeit, weitere Sitzungen zu vereinbaren.

[5] Friedemann Schulz von Thun, Miteinander reden 1 – Störungen und Klärungen. Allgemeine Psychologie der Kommunikation, 1981.

In diesem von mir frei erfundenen Fall ist der Coachee, Frau X, eine Krankenschwester, die vor vier Wochen die Stationsleitung übernommen hat. Die bisherige Stationsleiterin ist aus Altersgründen ausgeschieden. Es gab seitens des Teams keine Bedenken, dass Frau X die Stationsleitung übernimmt. Auch die Pflegedirektion war mit ihrer Wahl einverstanden. Anfangs ist nach Aussage von Frau X alles noch sehr kollegial gelaufen. Frau X: „Ich verstehe mich als Teammitglied mit Leitungsfunktion." Dann hat es eine Beschwerde eines Patienten über die unfreundliche Behandlung durch eine der Mitarbeiterinnen aus dem Team gegeben, die an die Pflegedirektion weitergegeben wurde. Nun soll ein bereits terminiertes Gespräch mit dieser Mitarbeiterin stattfinden, und zwar beim Pflegedirektor. Früher hat Frau X mit dieser Kollegin zusammengearbeitet und kann sich erinnern, dass diese unfreundlich zu den Patienten gewesen ist. Jetzt fürchtet Frau X, dass dieser Konflikt negative Auswirkungen auf die Stimmung im Team haben wird.

Als Coach lasse ich Frau X Zeit, ihr Problem ausführlich zu schildern. Ich frage nach, wenn ich Verständnisfragen habe, gebe wieder, was ich verstanden habe (Paraphrasierung) und bitte darum, die gegebenenfalls von mir noch nicht eindeutig erfassten Sachverhalte (aus der Perspektive von Frau X) richtig zu stellen. Als das größte Problem kristallisiert sich heraus, dass Frau X sich in ihrem Selbstkonzept als eine Person sieht, die sehr viel Wert auf Treue und Verlässlichkeit legt. Unter den gegebenen Umständen sieht sie sich in Gefahr, Menschen zu enttäuschen. Ihr Vorgesetzter, der von ihr verlangt, dass sie konsequent Disziplin gegenüber der Mitarbeiterin einfordert, könnte enttäuscht werden, weil sie nicht die notwendige Strenge aufbringen kann. Enttäuscht werden könnte auch die zu disziplinierende Mitarbeiterin, die sich aufgrund der vorangegangenen Kollegialität („Du weißt doch, wie die Patienten sein können. Ich hatte halt einen schlechten Tag. Das wirst du doch nicht an die große Glocke hängen!") darauf verlassen möchte, dass Frau X ein gutes Wort für sie einlegt. Enttäuscht werden könnte auch das Team, dass die Erwartung hat, das sie eine von ihnen ist und sich nun abwendet.

Ich beschreibe diese Situation als Zwickmühle (Verbalisierung) und ernte von Frau X volle Zustimmung. Sie sähe sich in einer Position, in der sie nur verlieren könne. Es sei ihr eigentlich jetzt erst klar geworden, was es bedeute, diese Station zu leiten. Sie könne jetzt viel besser verstehen, warum die alte Leiterin manchmal so merkwürdige Entscheidungen getroffen habe. Jeder habe damals gemeckert, aber letztlich waren irgendwie alle im Großen und Ganzen mit ihrer Leitung zufrieden. Später, als ich danach frage, wie sie denn eigentlich selbst am liebsten vorgehen würde, schmunzelt sie und sagt: „Stimmt. Ich habe ja auch noch eine Meinung. Nur die ist nicht gefragt!"

Im weiteren Verlauf der Beratung kann Frau X für sich die Erkenntnis herausarbeiten, dass es sich lohnt, die eigene Position deutlich zu formulieren. Nur so kann sie auch als verlässliche und klar präsente Führungskraft wahrgenommen werden. Es falle ihr jetzt leichter, ihre Position anzunehmen, auch wenn der Eindruck, die anderen zu enttäuschen, noch nicht ganz vom Tisch sei.

Für die nächste Sitzung biete ich an, dass sie berichten kann, wie sie das Gespräch beim Pflegedirektor erlebt hat.

7 Schlussbemerkung

Ein kombiniertes Seminar- und Coachingangebot im Rahmen einer innerbetrieblichen Fortbildung bietet eine gute Möglichkeit, Coaching für neue Führungskräfte in einem Universitätsklinikum zu etablieren. Mit Rücksicht auf die oft knappen Zeitressourcen der Führungskräfte ist der zeitliche Rahmen für dieses Angebot begrenzt. Dennoch erhalten neue Führungskräfte in der Auseinandersetzung mit den Seminarteilnehmern und in der Einzelberatung wertvolle Anregungen zur eigenen Standortbestimmung. Für die innerbetriebliche Beratungsstelle stellt dieses kombinierte Angebot eine wertvolle Form der Akquise dar.

Sabine Schewe

Sucht und Suchtprävention in der Ausbildung – Forschung und Praxis

Einleitung

Für meine Masterarbeit im Bereich der Suchthilfe habe ich 2008 eine Befragung zum Konsumverhalten der Auszubildenden in einer großen deutschen Versicherung durchgeführt. Die Ergebnisse wurden teilweise in die laufende Suchtprävention eingearbeitet. Seit 2007 habe ich mit Unterstützung der Ausbildungsabteilung, dem Betriebsarzt, einer Betriebskrankenkasse und der Drogenhilfe Köln speziell für Auszubildende der betreffenden Versicherung eine Suchtprävention installiert.

1. Forschung zum Konsum bei Auszubildenden

1.1 Hintergrund der Forschung – Fragestellungen

Es gibt nur wenige Studien über den Konsum von legalen und illegalen Drogen während der Ausbildung. Diese Studie wird nicht alle Fragen zu diesem Thema beantworten können, vor allem nicht jene, ob Ausbildungsabbrüche im Zusammenhang mit einem Drogenkonsum stehen (Degen et al. 2005).

Es gab keinen konkreten Anlass eine Suchtprävention im Rahmen der Ausbildung durchzuführen, denn es gab weder besonders viele auffällige Auszubildende noch einen speziellen dramatischen Fall von Abhängigkeit. Lediglich die stete Präsenz von dramatischen Trinkexzessen Jugendlicher in den Medien ließ vermuten, dass auch bei Auszubildenden ein solches Verhalten möglich ist. Dazu war man sich einig, dass eine Prävention bei den Auszubildenden auch einen späteren Multiplikatoreffekt haben würde – nämlich dann, wenn die Auszubildenden als Jungangestellte in das Unternehmen gehen. Man erhoffte sich zudem, einen langsamen Abbau von Vorurteilen und Tabus zum Thema Sucht im Unternehmen.

Da es kaum Studien zum Substanzkonsum von Auszubildenden gibt, bietet sich eine Befragung der Auszubildenden zu ihrem Konsumverhalten an, um die Suchtprävention bei den Auszubildenden zielgerichtet durchführen zu können.

Es wurden Auszubildende für den Innen- und Außendienst einer Versicherung befragt. Somit konnte erforscht werden, ob es signifikante Unterschiede im Konsummuster zwischen diesen beiden Gruppen gibt.

In der dualen Ausbildung haben die Auszubildenden maximal drei Berufsschulblöcke zu je drei Monaten. In dieser Zeit nehmen sie nur einmal wöchentlich am überbetrieblichen Unterricht teil. Zwischen den Berufsschulblöcken werden die Auszubildenden in Ausbildungsabteilungen von Betrieben eingesetzt, wo sie die praktische betriebliche Ausbildung erhalten. Für die Auszubildenden sind dies normale 8-Stunden-Arbeitstage.

Interessant wäre festzustellen, ob es signifikante Unterschiede zwischen den Konsummustern während der Berufsschulblöcke und während der Einsätze im Betrieb gibt. In der Berufsschule ist die Kontrolle nicht so stark wie im Betrieb. Außerdem ist die Arbeitszeit kürzer, da die Berufsschule in der Regel nur vormittags stattfindet und der Nachmittag zum Lernen vorgesehen ist. Interessant ist natürlich die Frage, ob während einer Berufsausbildung mehr oder weniger konsumiert wird als vor der Ausbildung. Diese Studie versucht, auch darauf eine Antwort zu geben.

Die von mir 2008 durchgeführte Studie sollte folgende Fragen untersuchen:

- Gibt es einen Unterschied beim Konsum von Alkohol, Nikotin, Cannabis, Ecstasy und Amphetaminen zwischen den Innendienst-Auszubildenden und den Außendienst-Auszubildenden?
- Wann und wie konsumieren Auszubildende? Gibt es Unterschiede zwischen dem Konsum während des Berufsschulblocks und dem Konsum während der Arbeit im Betrieb?
- Konsumieren Auszubildende während ihrer Ausbildung mehr Alkohol und Cannabis als vor ihrer Ausbildung?

1.2 Konsum während der Ausbildung

Viele Unternehmen wollen sich nicht mit der Suchtproblematik im eigenen Haus beschäftigen. Das wird auch der Grund sein, warum es wenige Studien gibt, die sich speziell mit dem Substanzkonsum von Auszubildenden beschäftigen.

Andreas Hoth (1994) hat Anfang der neunziger Jahre Berufsschüler in Magdeburg nach ihrem Alkoholkonsum befragt. Reimers und Sperber (2000) haben 1999 unter anderem in einer nicht repräsentativen Studie Berufsschüler in Stuttgart zu ihrem Konsum von Drogen befragt. Diese beiden Studien sind die einzigen, die eine Befragung einer Stichprobe von Auszubildenden bzw. Berufsschülern durchgeführt haben. In einer anderen Untersuchung zum Thema Ausbildung und Alkohol- und Drogenkonsum wurden Experten wie Ausbilder, betriebliche Sozialarbeiter und Betriebsärzte nach ihrer Einschätzung gefragt (Degen, Gerwin & Ross 2005).

Studie von Hoth

Hoth (1994) hat von 1991 bis 1992 2.345 Berufsschüler des 2. Ausbildungsjahres in Magdeburg zu ihrem Trinkverhalten befragt. Hier war die Stichprobe der männlichen Auszubildenden mit 1.509 deutlich größer als die der weiblichen Auszubildenden mit 836.

Es wurden die letzten 14 Tage als Grundlage für die Einschätzung der Trinkfrequenz herangezogen. Das Ergebnis war, dass 95,9 % der Befragten regelmäßig Alkohol konsumieren. Erstaunlicherweise waren in dieser Studie die männlichen Abstinenzler mit 4,9 % fast um die Hälfte häufiger vertreten als die weiblichen (2,9 %). 23,2 % der weiblichen und 47,5 % der männlichen Auszubildenden zeigten einen suchtgefährdenden Alkoholkonsum. Das bedeutet, dass fast 50 % der männlichen Auszubildenden riskant Alkohol konsumieren.

In dieser Studie war nicht überraschend, dass die Trinkmengen an den Wochenenden bei beiden Geschlechtern massiv anstiegen und 51,6 % der weiblichen und 66,2 % der männlichen Auszubildenden über den täglichen Grenzwerten lagen. Hoth legte dabei folgende Grenzwerte zu Grunde (Hoth 1994, S. 13):

- 3 Tage in der Woche keinen Alkohol,
- max. 20 g Reinalkohol/Tag für Frauen,
- max. 35 g Reinalkohol/Tag für Männer.

Hoth (1994) hat auch nach der Motivation für den Konsum gefragt und kam zum dem Ergebnis, dass die Befragten bewusst Alkohol benutzen, um ihre Emotionen zu beeinflussen: „Sie erzeugen künstlich positive Zustände oder/und beseitigen negative Zustände." (Hoth 1994, S. 19). Außerdem wurde der Alkohol zur Problemlösung, zum Vergessen oder Ertragen von Situationen benutzt.

Studie von Reimers und Sperber

Reimers und Sperber (2000) führten 1999 eine Befragung von Schülern einer allgemeinbildenden Schule und von Berufsschülern einer Berufsschule in Schleswig-Holstein durch. 2001 wurden insgesamt 454 Schüler eines mittelständischen Berufsschulzentrums in Schleswig-Holstein zu ihrem Konsum befragt, wobei der männliche Anteil der Befragten mit 59,3 % deutlich höher lag als der der weiblichen (40,7 %). Das durchschnittliche Alter lag bei 18,5 Jahren. Zwischen den Ergebnissen dieser nicht repräsentativen Befragung und der repräsentativen Befragung an allgemeinbildenden Schulen gibt es erhebliche Unterschiede (Reimer & Sperber 2000, Kraus et al. 2004 und 2008).

Reimers und Sperber fanden 1999 heraus, dass unter jungen Menschen Cannabis die am weitesten verbreitete illegale Droge ist. Danach kommen schon Ecstasy und Amphetamine. Unter den befragten Berufsschülern war auffällig, dass in der Lebenszeitprävalenz 16,5 % angaben, Ecstasy genommen und 12,7 %, Amphetamine konsumiert zu haben. In dieser Stichprobe bei Berufsschülern lag der Konsum der beiden Substanzen weit über den 4 % je Substanz, die im Suchtsurvey ermittelte wurden. Ebenfalls fanden Reimers und Sperber heraus, dass die „männlichen Berufsschüler signifikant mehr Konsumerfahrung bei Pilzen, Kokain sowie Heroin" hatten als ihre weiblichen Mitschüler (Reimers & Sperber 2000, S. 21).

Bei der Selbsteinschätzung zum Konsum gab in der Studie von 1999 jeder fünfte Berufsschüler an, regelmäßig Alkohol zu trinken. Damit liegen die Berufsschüler weit über dem Niveau der allgemeinbildenden Schule. 10 % der Berufsschüler gaben an, regelmäßig Cannabis zu konsumieren. In ihrer Studie von 2001 stellten Reimers und Sperber fest, dass die Berufsschüler eher starke alkoholische Getränke bevorzugten. Die männlichen Schüler tranken signifikant mehr Spirituosen und Bier als die weiblichen. Beim Weinkonsum näherten sich beide Geschlechter an.

Studie von Degen, Werner und Ross

Degen et al. (2005) beschreiben in ihrer Studie, dass es immer wichtiger wird, sich um die Auszubildenden im Zusammenhang mit Alkohol- und Drogenkonsum zu kümmern. Sie sind die Fachkräfte von morgen und gefährden ihre Ausbildung durch Drogenkonsum. Schließlich muss beachtet werden, dass die demographische Entwicklung in ein paar Jahren die Zahl der Auszubildende senken wird, andererseits gibt es aber eine hohe Quote von Ausbildungsabbrechern. Dies bereitet Schwierigkeiten bei der ausreichenden Bereitstellung von Fachkräften für die Wirtschaft (Degen et al. 2005).

In der Studie von Degen et al. wurden Experten befragt. Diese setzten sich aus „Vertretern von Verbänden und Gewerkschaften, Ausbildungsverantwortlichen, Mitarbeitern von Sozialdiensten in Betrieben, Betriebsärzten und Vertretern von Berufsgenossenschaften" zusammen (Degen et al. 2005, S. 3). Stichprobenartig wurden 78 computergestützte Telefoninterviews und 5 Intensivinterviews durchgeführt. Als Ergebnis konnte festgehalten werden, dass in den Betrieben und bei den Experten das Thema Alkohol- und Drogenkonsum bei Auszubildenden ein wichtiges und relevantes Thema ist. Die Befragten schätzten, dass mehr als 10 % der Auszubildenden regelmäßig Alkohol konsumieren. Bei dem Konsum illegaler Drogen waren sich die Experten nicht einig. Die Schätzungen beim regelmäßigen Konsum von illegalen Drogen gehen weit auseinander und reichen von 5 % bis zu 50 % der Auszubildenden.

Bezeichnend ist auch, dass die Befragten, die aus den Sozial- und Gesundheitsberatungen kamen, die Verbreitung von Alkohol und Drogen unter den Auszubildenden sehr viel drastischer und dramatischer sahen als die Ausbilder. Degen et al. (2005) bedauert in dieser Studie, dass es so wenige Untersuchungen zu diesem Thema gibt. Außerdem wäre eine Untersuchung im Zusammenhang mit Ausbildungsabbrüchen und Alkohol und Drogenkonsum sicherlich sinnvoll. Ebenso würden viele Unternehmen das Thema noch als Tabu-Thema behandeln.

1.3 Methodik der Untersuchung

Stichprobe

Mit 226 Auszubildenden im Innen- und Außendienst war die Stichprobe groß genug, um Anonymität zu gewährleisten. Die Verteilung der Auszubildenden auf den Innendienst in der Zentrale und den Geschäftsstellen und auf den Außendienst stellt sich wie folgt dar:

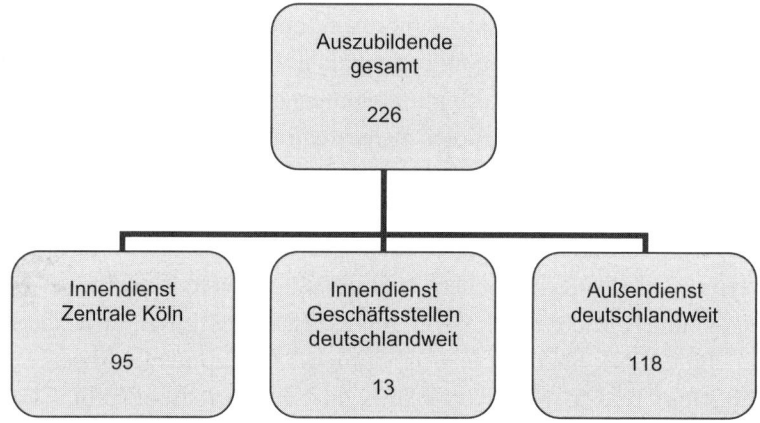

Abb. 1: Darstellung der Gesamtstichprobe

Innendienst/Zentrale

Die Innendienst-Auszubildenden hatten überwiegend Abitur (55) oder Fachhochschulreife (36). 6 der Befragten hatte Fachoberschulreife. Der Altersdurchschnitt im Innendienst betrug 20,69 Jahre.

Die Verteilung der Geschlechter spiegelt den prozentualen Anteil von Frauen mit 62,1 % und Männern mit 37,9 % im Gesamtunternehmen wieder (Gesamtbelegschaft Innendienst: 67,6 % Frauen und 32,4 % Männer).

Schulbildung Innendienst

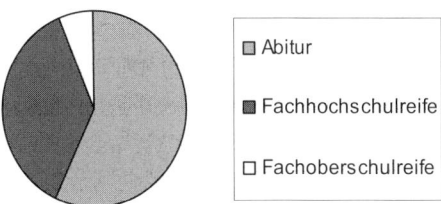

Abb. 2: Schulbildung Innendienst

Außendienst/Geschäftsstellen

Die Ausbildung für den Außendienst unterscheidet sich nur im praktischen Einsatzgebiet der Auszubildenden voneinander. Während die Innendienst-Auszubildenden hauptsächlich in der Verwaltung eingesetzt werden und nur wenige Wochen im Außendienst verbringen, werden die Außendienst-Auszubildenden überwiegend dort eingesetzt. Sie werden Außendienstmitarbeitern zur Ausbildung unterstellt und fahren mit diesen auch zu den Kunden. Sie können ebenfalls Versicherungen verkaufen und Provisionen dafür bekommen. Sie werden von Ausbildern aus dem Innendienst in der jeweiligen Geschäftsstelle betreut und innerbetrieblich geschult sowie auf Prüfungen vorbereitet. Die Innendienst-Auszubildenden aus den Geschäftsstellen werden ebenfalls von diesen Ausbildern betreut.

Die Außendienst-Auszubildenden hatten ebenfalls überwiegend mittlere Reife (29), Fachabitur (16) oder Abitur (71). Sie waren aber mit 19 bis 34 Jahren ein wenig älter als die Innendienst-Auszubildenden.

Schulbildung Außendienst

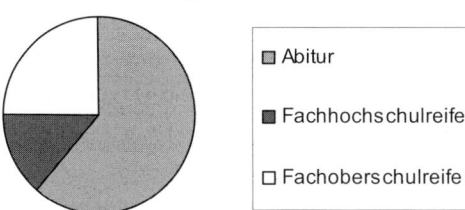

Abb. 3: Schulbildung Außendienst

Die meisten Auszubildenden waren 21 bis 23 Jahren alt; das Durchschnittsalter betrug 22,1 Jahre. Bei der Stichprobe der Außendienst-Auszubildenden lag das Durchschnittsalter mit 23,3 Jahren etwas höher. Die Ursache hierfür liegt darin, dass einige Auszubildende bereits an Universitäten oder Fachhochschulen studiert hatten.

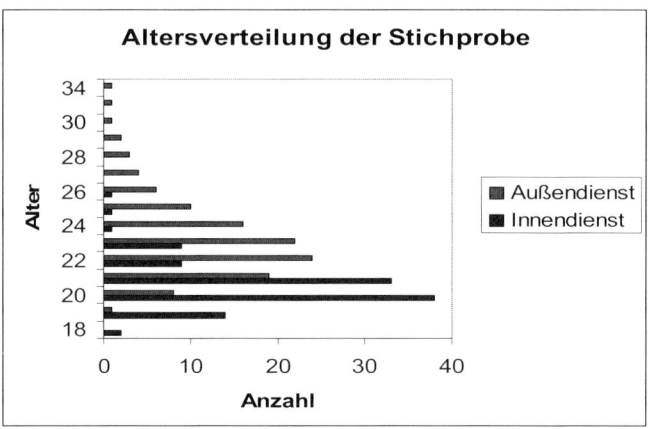

Abb. 4: Altersverteilung der Gesamtstichprobe

Im Außendienst ist im Vergleich zum Innendienst die Geschlechterverteilung genau umgekehrt. Im Mai 2008 wurden hier 44 Frauen (37,3 %) und 74 Männer (62,7 %) ausgebildet. Auch dies spiegelt die Verteilung der Geschlechter im Gesamtaußendienst wider: 22,5 % Frauen und 77,5 % Männer.

Die Befragung war freiwillig. Auf Wunsch des jeweils zuständigen Betriebsrates wurde die Befragung schriftlich durchgeführt. Die Auszubildenden bekamen den Fragebogen sowie einen voradressierten Freiumschlag für die Antwort per Post an ihre Privatadresse zugeschickt.

Eine Probebefragung erübrigte sich, da die Jugend- und Auszubildendenvertretung (JAV) – die selbst zur Zielgruppe gehörte – den Fragebogen auf Verständlichkeit überprüft und überarbeitet hatte, bevor sie der Befragung zustimmte.

Durch die schriftliche Befragung und die Zusendung der Fragebögen per Post musste davon ausgegangen werden, dass der Rücklauf nicht hoch sein würde.

Gesamtstichprobe

Tabelle 1 zeigt, dass die Geschlechterverteilung in der Gesamtstichprobe fast gleich ist: 114 weibliche Auszubildende und 112 männliche Auszubildende. Die Anzahl der befragten Innendienst-Auszubildenden war mit 108 (47,8 %) ein wenig geringer als die der befragten Außendienst-Auszubildenden mit 118 (52,2 %).

Tab. 1: Geschlechterverteilung und Ausbildungsart der Gesamtstichprobe

			Ausbildung		Gesamt
			Innendienst	Außendienst	
Geschlecht	weiblich	Anzahl	70	44	114
		In %	61,4 %	38,6 %	100,0 %
	männlich	Anzahl	38	74	112
		In %	33,9 %	66,1 %	100,0 %
Gesamt		Anzahl	108	118	226
		In %	47,8 %	52,2 %	100,0 %

Datengewinnung

Die erste Datenerhebung erfolgte anhand der Personalakten der Auszubildenden und der vom Arbeitgeber zur Verfügung gestellten Listen. Hieraus wurden Daten über Alter, Geschlecht, Schulbildung und Ausbildungsart (Innen- bzw. Außendienst) der Auszubildenden erhoben. Die zweite Datenerhebung erfolgte mit einem anonymisierten Fragebogen. Der Fragebogen wurde per Post mit Rückumschlag verschickt.

Der entscheidende Nachteil bei anonymen Befragungen per Post ist, dass man nicht davon ausgehen kann, dass die Zielperson den Fragebogen auch ausfüllt. Ebenfalls muss von einer höheren Ausfallquote als bei mündlichen Befragungen ausgegangen werden (Bortz & Döring 2006).

Fragebogen

Um die aufgestellten Hypothesen zu überprüfen, wurde ein anonymer Fragebogen entwickelt, der per Post verschickt wurde. Da es zu diesem Thema kein validiertes Erhebungsinstrument gibt, wurde der dieser Studie zugrunde liegende Fragebogen an den Fragebogen der ESPAD-

Studie von 2004 angelehnt. Einige Fragen wurden komplett übernommen und nur in der Anrede geändert. Einige Fragen mussten zur Überprüfung der Fragestellungen und Hypothesen entsprechend erstellt werden.

1.4 Ergebnisse

Deskriptive Darstellung und Analyse der Ergebnisse

Insgesamt antworteten 55 weibliche und 33 männliche Auszubildende, davon 48 Innendienst-Auszubildende und 40 Außendienst-Auszubildende. Insgesamt antworteten 33 weibliche Innendienst- und 22 weibliche Außendienst-Auszubildende. Die männlichen Auszubildenden zeigten ein schlechteres Antwortverhalten. Es antworteten 15 Innendienst- und nur 18 Außendienst-Auszubildende. Das entspricht nicht dem Verhältnis der Geschlechterverteilung in der Stichprobe (Tab. 1).

Auch das Antwortverhalten vom Innendienst war mit 41,1 % bezogen auf die Gesamtstichprobe besser als das vom Außendienst mit 39,8 %. In Bezug auf die Stichprobe ist die Differenz noch größer.

			Ausbildung		Gesamt
			Innendienst	Außendienst	
Geschlecht	weiblich	Anzahl	33	22	55
		in %	60,0 %	40,0 %	100,0 %
	männlich	Anzahl	15	18	33
		in %	45,5 %	54,5 %	100,0 %
Gesamt		Anzahl	48	40	88
		in %	54,5 %	45,5 %	100,0 %

Tab. 2: Geschlechterverteilung und Ausbildungsart der Rückläufe

Betrachtet man das Antwortverhalten in Bezug auf die Rückläufe (Tab. 2), so fällt auf, dass nicht so viele Außendienst-Auszubildende (45,5 %) wie Innendienst-Auszubildende (54,4 %) antworteten. Dies kann damit zusammenhängen, dass die Innendienst-Auszubildenden enger mit der Hauptverwaltung, von der aus auch die Befragung gestartet wurde, zusammenarbeiteten. Einige der Auszubildenden hatten die Fragebögen bereits im Zuge einer Suchtpräventionsveranstaltung abgegeben. Ebenfalls war der Kontakt der Innendienst-Auszubildenden zur Jugend- und Auszubildendenvertretung, die diese Forschungsarbeit unterstützte, sehr viel intensiver als der der Außendienst-Auszubildenden, die über ganz Deutschland verteilt waren und mehr mit den Außendienstpartnern arbeiteten als mit der Hauptverwaltung.

Außerdem fällt auf, dass weniger männliche Auszubildende antworteten als weibliche, obwohl die Stichprobengröße bei beiden Geschlechtern fast gleich war. So antworteten von den weiblichen Auszubildenden 48,25 % und von den männlichen Auszubildenden nur 29,46 %. Und von diesen männlichen Auszubildenden antworteten wiederum weniger Außendienst- als Innendienst-Auszubildende, obwohl sie dort höher repräsentiert waren als im Innendienst.

Aufgrund der Anonymität und der Brisanz des Themas im Zusammenhang mit einer Befragung im eigenen Unternehmen konnte keine Rücklaufstatistik, wie sie von Bortz und Döring (2006) empfohlen wird, erhoben werden.

Die dieser Befragung zugrunde liegende Stichprobe ist nicht repräsentativ für alle jungen Menschen in diesem Alter. Weiterhin können die so gewonnenen Ergebnisse nicht auf alle Auszubildenden übertragen werden. Darüber hinaus wurden die Auszubildenden vom Arbeitgeber für diese Studie ausgewählt. Sie haben in der Regel höhere Schulabschlüsse und sind durch die Wahl ihrer Ausbildung schon determiniert. Damit waren hochsignifikante Ergebnisse sehr unwahrscheinlich.

Schließlich ist zu berücksichtigen, dass die Befragung vom Arbeitgeber initiiert und unterstützt wurde. Die Auszubildenden konnten trotz Zusicherung der Anonymität nicht abschätzen, was der Arbeitgeber aus dem Ergebnis dieser Befragung für Konsequenzen ziehen würde und ob Rückschlüsse auf die Identität bestimmter Teilnehmer möglich waren. So wurden vermutlich auch die Fragen nach den illegalen Drogen nicht wahrheitsgemäß, sondern eher nach der sozialen Erwünschtheit beantwortet.

Nun zu den einzelnen Fragestellungen und den Ergebnissen der Studie.

Frage 1: Gibt es einen Unterschied beim Konsum von Alkohol, Nikotin, Cannabis, Ecstasy und Amphetaminen zwischen den Innendienst-Auszubildenden und den Außendienst-Auszubildenden?

Es wurde ein leicht höherer Konsum, vor allem von Alkohol und Nikotin, bei den Außendienst-Auszubildenden festgestellt. Dass sich keine statistisch relevanten Unterschieden ergaben, mag an der kleinen Stichprobe und der postalischen Befragung liegen. Es ist davon auszugehen, dass die Auszubildenden bei der Beantwortung der Fragen nach den legalen Drogen ehrlicher waren als bei der Beantwortung der Fragen nach den illegalen Drogen.

Sicherlich sind hier weitere Untersuchungen nötig, um einen tieferen Einblick in den Drogenkonsum von jungen Menschen zu bekommen, die eine Ausbildung als Kaufmann für Versicherung und Finanzen machen. Dazu bietet sich eine Befragung aller Auszubildenden (rund 1200 Personen) im Konzern an. Da die zum Konzern gehörenden Gesellschaften im ganzen Bundesgebiet vertreten sind, bekäme man ein regional unabhängiges Bild. Außerdem würde die Größe der Stichprobe ein aussagekräftigeres Ergebnis liefern. Es ist dabei allerdings zu berücksichtigen, dass im süddeutschen Konzernteil trotz einer Betriebsvereinbarung in der Kantine Bier zum Mittagessen verkauft wird.

Um mehr und auch ehrlichere Antworten zu bekommen, sollte diese Untersuchung aber von einer externen Stelle durchgeführt werden. Ob sich die Konzernleitung und die entsprechenden Betriebsräte dazu entschließen können, ist zurzeit fraglich.

Frage 2: Wann und wie konsumieren Auszubildende? Gibt es Unterschiede zwischen dem Konsum während des Berufsschulblocks und dem Konsum während der Arbeit im Betrieb?

Beim Alkoholkonsum gibt es einen klaren Unterschied, auch wenn die Hypothese nicht bestätigt werden konnte. Das klare, hochsignifikante Ergebnis zeigt in diesem Fall, dass der Konsum während der Zeit im Betrieb höher ist als während der Berufsschulzeit. Hier sind weitere Untersuchungen erforderlich, damit dieses Ergebnis in einer breiteren Stichprobe bestätigt oder verworfen werden kann. Außerdem sind die Gründe für einen erhöhten Alkoholkonsum im Ausbildungsbetrieb gegenüber dem in der Berufsschule während des Blockunterrichts zu erforschen.

Es wurde auch der Cannabiskonsum in der Berufsschule mit dem im Betrieb verglichen. Da hier die Ergebnisse in keiner Weise aussagekräftig sind, sollte in weiteren Forschungen überprüft werden, ob sie auch bei einer größeren Stichprobe auftreten. Hier bietet sich – wie in den Studien von Hoth (1994) sowie Reimers und Sperber (2001) – an, die Auszubildenden in der Berufsschule zu befragen. Erstens ist dort die Hemmschwelle, auf Fragen zu antworten, geringer, und zweitens kann hier eine größere Anonymität gewährleistet werden. Idealerweise sollte eine Befragung in der Berufsschule und in den dazugehörigen Ausbildungsbetrieben durchgeführt werden.

Frage 3: Konsumieren Auszubildende während ihrer Ausbildung mehr Alkohol und Cannabis als vor ihrer Ausbildung?

Die Studie beantwortet diese Frage mit einem klaren Nein. Beim Alkoholkonsum gaben die Befragten in der Mehrheit an, dass sich nichts verändert habe. Auf die Frage nach dem Cannabiskonsum antworteten die meisten, überhaupt kein Cannabis zu konsumieren.

Auch hier können weiterführende Studien helfen, ein genaueres Bild über den Einfluss des Ausbildungsbeginns auf das Konsumverhalten von jungen Menschen zu erhalten. Idealerweise sollte diese Studie über einige Jahre dauern und bereits in der Schulzeit beginnen. In regelmäßigen Abständen sollten weitere Befragungen und Interviews folgen, um Veränderungen zu dokumentieren und ihre Ursachen zu erforschen.

Diese Studie gewährt nur einen kleinen Einblick in den Substanzkonsum von Auszubildenden. Auf diesem Gebiet wurde noch sehr wenig geforscht. Dies liegt wahrscheinlich an der fehlenden Bereitschaft von Betrieben, ihre Auszubildenden befragen zu lassen. Ebenso müssten hier Gelder zur Verfügung gestellt werden, damit auf diesem Gebiet umfangreich geforscht werden kann.

Dass Suchterkrankungen auch vor dem Arbeitsplatz nicht halt machen, ist hinlänglich bekannt. Dass es aber schon in der Ausbildung Ansätze für süchtiges Verhalten gibt und hier durch präventive Maßnahmen gesunde Mitarbeiter ausgebildet werden können, müssen viele Betriebe noch verinnerlichen. Darum ist es unerlässlich, hier mit weiteren Untersuchungen eine Notwendigkeit aufzuzeigen.

2 Suchtprävention

2.1 Unterstützung und Schulung der Ausbilder

Zuerst wurden alle Ausbilder durch die Drogenhilfe geschult. Vor allem wurde Wert auf eine sichere Gesprächsführung beim Erstgespräch mit einem auffälligen Auszubildenden gelegt, und es wurden die Grundlagen der motivierenden Gesprächsführung nach Miller und Rollnick (1999) vermittelt. Obwohl die Suchtprävention nicht für die Auszubildenden des Außendienstes angeboten wurde, konnten die Ausbildungsbeauftragten für den Außendienst an dieser Schulung teilnehmen. Ziel war es, den Ausbildern Handlungssicherheit zu vermitteln und sie für das Thema zu sensibilisieren. Alle zwei Jahre sollen die Ausbilder wieder durch die Drogenhilfe geschult werden.

2.2 Auszubildende

Es wurden alle Innendienst-Auszubildenden über das interne Hilfesystem, den Umgang mit Drogen im Betrieb und über die geplante Suchtprävention im Rahmen einer Veranstaltung informiert.

Halbjährlich wurden Workshops zum Thema Sucht mit den Auszubildenden durchgeführt:

Workshop I: Mit verschiedenen Methoden (Suchtdreieck, Suchtsack, Suchtverlauf) wurden auf spielerische Art Informationen zum Thema Sucht vermittelt.

Workshop II: Hier stand das Thema Alkohol im Mittelpunkt. Durch verschiedene Methoden (Rauschbrillen, Film „Du fehlst", Mauer gegen Sucht) wurde die Wirkung von Alkohol thematisiert.

Workshop III: In diesem Workshop wurde ein kurzer Überblick über Verhaltenssüchte gegeben. Die Auszubildenden übten zusätzlich Gespräche, in denen sie die Rolle des Kollegen oder des Vorgesetzten übernahmen. Ebenfalls wurde die betriebliche Praxis im Umgang mit Sucht vorgestellt.

Workshop IV: In diesem Workshop berichtete ein Betroffener über seine Sucht. (Dazu sollte man einen Betroffenen einladen, der Alkohol,

Cannabis und eventuell noch Ecstasy oder Speed konsumiert.) Die Auszubildenden erarbeiteten vorab Fragen, die sie dem Betroffenen stellen wollten. Nach dem Gespräch mit dem Betroffenen erhielten die Auszubildenden die Möglichkeit, über das Gehörte und Erlebte zu sprechen.

2.3 Evaluationen

Alle Workshops wurden anschließend anhand eines Fragebogens, der mit den Mitbestimmungsgremien abgestimmt worden war, evaluiert.

2.4 Eindrücke

Die Auszubildenden waren in den Workshops sehr aktiv und brachten ihre persönlichen Erfahrungen ein. Durch die Vertrautheit in den Kleingruppen mit maximal 10 Auszubildenden war auch Raum für Emotionen und „Outings".

Durch abwechslungsreiche Methoden verging die Zeit schnell. Die Auszubildenden lernten eine Menge und hatten Spaß. Ziel war es nicht, mit erhobenem Zeigefinger über Sucht zu sprechen, sondern junge Menschen im Umgang mit Sucht zu sensibilisieren und sie zu ermutigen, Kollegen, Mitarbeitern aber auch Freunden und der Familie durch Ansprache und Vorbild zu helfen.

Literatur

Bortz, J. und Döring, N. (2006). Forschungsmethoden und Evaluation für Human- und Sozialwissenschaftler. 4., überarbeitete Auflage. Heidelberg: Springer Medizin Verlag

Degen, U., Gerwin, W. und Dr. Ross, E. (2005). Alkohol- und Drogenkonsum bei Auszubildenden und jungen Berufstätigen. Bonn: Bundesinstitut für Berufsbildung (BIBB). Veröffentlicht im Internet: 29.11.2005

Hoth, A. (1994). Alkoholismus bei Auszubildenden in Magdeburg. In Sucht, 40, 4, 2/1994, 12–23. Hamm: DHS

Kraus, L., Heppekausen, K., Barrera, A. und Orth, B. (2004). Die Europäische Schülerstudie zu Alkohol und anderen Drogen (ESPAD): Befragung von Schülerinnen und Schülern der 9. und 10. Klasse in Thüringen. Institut für

Therapieforschung, München, Fassung vom 15. Januar 2004

Kraus, L., Papst, A. & Steiner, S. (2008). Europäische Schülerstudie zu Alkohol und anderen Drogen. 2007 (ESPAD): Befragung von Schülerinnen und Schülern der 9. und10. Klasse in Bayern, Berlin, Brandenburg, Hessen, Mecklenburg-Vorpommern, Saarland und Thüringen. Institut für Therapieforschung, München, Fassung vom 05.02.2008

Miller, W. & Rollnick, S. (1999). Motivierende Gesprächsführung. Ein Konzept zur Beratung von Menschen mit Suchtproblemen. Lambertus-Verlag: Freiburg im Breisgau

Reimers, S. & Sperber, P. (2000). Studie zum Suchmittelkonsum bei Auszubildenden in Schleswig-Holstein. 2000 BfS-LSSH, Internetzugriff: 01.05.2008, 11.30 Uhr.

Schewe, S. (2008). Substanzkonsum junger Erwachsener. Eine Untersuchung im Bereich kaufmännischer Berufe. Masterthesis an der Katholischen Hochschule Nordrhein-Westfalen. 01.12.2008

Annette Söling-Hotze

Stressprävention – ein Beispiel aus der Praxis

1   Warum Stressprävention sinnvoll ist

Die Berichte der Krankenkassen über Arbeitsunfähigkeit und Krankentage dokumentieren eine stetig wachsende Zahl von psychischen Ursachen als Grund für Ausfälle am Arbeitsplatz (BKK-Gesundheitsreport 2008). Ob Muskel- und Skeletterkrankungen oder Herz- und Kreislaufprobleme oder psychische Störungen – in vielen Fällen werden die Ursachen unter anderem in einer stressvollen Lebensführung liegen.

Wie viele Leute kennen Sie, die bereits mit 45 Jahren einen Bandscheibenvorfall erlitten haben? Haben diese Personen eine überwiegend sitzende Tätigkeit? Sind sie beruflich stark eingebunden und treiben nur selten Sport? Wer von Ihren Freunden oder Klienten leidet an Bluthochdruck und geht gleichzeitig mit Hochdruck durchs Leben? Viele erfolgreiche Menschen gehen hochtourig durchs Leben, haben es verlernt, im Alltag herunterzuschalten und rechtzeitig Pausen einzulegen bis ihr Körper und Geist „überdrehen" (Panikstörung) oder einfach „schlapp macht" und seinen Dienst verweigert (Depressionen, Burnout). In allen Varianten ist Stress die eigentliche Ursache des Problems!

Stressprävention kann und soll helfen, die Aufmerksamkeit rechtzeitig auf unsere „übersteuerte" Lebensführung zu richten, genau hinzugucken, wie und warum wir so „hochtourig" durch das Leben rasen und vor allem, wie wir wieder lernen können, einen oder zwei Gänge herunterzuschalten, um unsere (Schaffens)kraft und Lebensfreude dauerhaft zu erhalten.

1.1   Ein typischer Arbeitstag als Sozialberaterin

Es ist Donnerstag, und ich fahre um 8 Uhr mit dem Zug zu einem externen Standort meines Arbeitgebers, wo ich um 12 Uhr einen Vortrag halten werde. Zuvor finden noch drei Einzelgespräche statt, zu denen sich Mitarbeiter angemeldet hatten.

Hier ein kurzer Ausschnitt aus den Anfangssequenzen der Beratungsgespräche:

Person A: „Ich weiß gar nicht, womit ich anfangen soll... Also, ich arbeite seit 15 Jahren bei der Bank und gehe gerne zur Arbeit. In letzter Zeit schaffe ich allerdings kaum noch meine Arbeit und fühle mich total unkonzentriert. Das ist aber nur die eine Baustelle. Zuhause bin ich sehr belastet insbesondere meine 9-jährige Tochter kostet mich viel Kraft. Sie ist durch eine Krankheit (Epilepsie) schwerbehindert und muss dauernd umsorgt werden. Das Problem ist, dass wir nie wissen, wann der nächste Anfall kommt und uns deshalb auch nie darauf einstellen können. Außerdem versorge ich die Mutter meines Mannes und habe ja auch noch zwei weitere Kinder (drei und fünf Jahre alt). Für mich selber und meinen Mann habe ich seit der Erkrankung meiner Tochter nie Zeit. Ich kann nicht mehr."

Person B: „Nach der Fusion zweier Standorte pendele ich jeden Tag drei Stunden. Das lässt sich einfach nicht ändern. Meine Frau hat einen Halbzeitjob an unserem Wohnort. Wir haben dort ein schönes Haus. Auch die Schwiegereltern wohnen dort, und so sind dann unsere Kinder auch versorgt. Ich bin ehrenamtlich engagiert im Kirchenvorstand. Zusätzlich trainiere ich die lokale Jugendfußballmannschaft, da spielt auch mein Sohn mit. Schließlich muss ich ja noch irgendetwas für meine Familie tun, wo ich den ganzen Tag abwesend bin. Ich habe meinen Gruppenleiter um eine Reduktion der Arbeitszeit gebeten (80 %), weil ich einfach nicht mehr kann und wenigstens einen Tag in der Woche meine Kinder einmal im wachen Zustand erleben möchte. Mein Gruppenleiter ist darauf nicht eingegangen. Er hat mir jetzt die Möglichkeit gegeben, an zwei Tagen zehn Stunden zu arbeiten, damit ich freitags eher nach Hause gehen kann. Die Fahrzeit kommt natürlich noch dazu. Ich bin aber einfach nur noch geschafft."

Person C: „Ich bin alleinstehend, seit 25 Jahren berufstätig, hatte eine Position als Abteilungsleiterin, bin jetzt nach interner Umstrukturierung runtergestuft worden zur Gruppenleiterin. In unserem Team sollen 10 Stellen abgebaut werden, ich habe Angst dabei zu sein, obwohl ich mittlerweile 100 Überstunden habe. Ich kann nicht mehr schlafen. Wache früh morgens auf und kann nicht mehr einschlafen, weil ich in Gedanken schon bei der Arbeit bin. Montags kriege ich schon Herzjagen, wenn ich nur daran denke, dass jetzt wieder eine Arbeitswoche beginnt".

Diese Beschreibungen sind keine Einzelfälle! Allen gemeinsam ist, dass die Beteiligten beschreiben, wie ihnen ihr Alltag im wahrsten Sinne des Wortes über den Kopf (und über den Körper) wächst, was sie auch gefühlsmäßig enorm belastet. Schauen wir uns die Symptome und die wissenschaftlichen Erklärungen zum Thema Stress genauer an.

2 Stress – Theorie und Symptome

2.1 Die Stressformel

Die Stressformel zeigt sehr schön, dass es im Grunde auf das richtige Verhältnis von Anforderung und Kontrolle ankommt: Sind die Anforderungen, die an uns gestellt werden, größer als die Kontrolle, die wir bei der Bewältigung dieser Anforderungen haben, so gerät das Verhältnis aus dem Gleichgewicht, und wir entwickeln Stress.

$$\text{Stress} = \frac{\text{Anforderung}}{\text{Kontrolle}}$$

Abb. 1: Die Stressformel.

Ist die Kontrolle, d.h. unsere Möglichkeiten, die an uns gestellten Anforderungen zu erfüllen, größer als die Anforderungen, dann fühlen wir uns normalerweise gut und ausgeglichen. Dann haben wir alles im Griff.

Wir müssen also das eigene Leistungspotential den objektiven Anforderungen anpassen. Stress entsteht, wenn wir die eigene Überforderung negieren, nichts an dem Verhältnis zwischen Anforderung und Kontrolle verändern und dieselben destruktiven Muster Tag für Tag wiederholen.

2.2 Stressverläufe

Stress ist ein ganz normales Phänomen. Stress bringt unseren Körper auf die richtige Betriebstemperatur. Ohne Stress könnten wir nicht existieren. Angeleitet durch einen äußeren Reiz schüttet unser Körper Stresshormone aus, die dafür sorgen, dass wir überhaupt aktiv werden. Das kann man sich so wie in der folgenden Abbildung vorstellen:

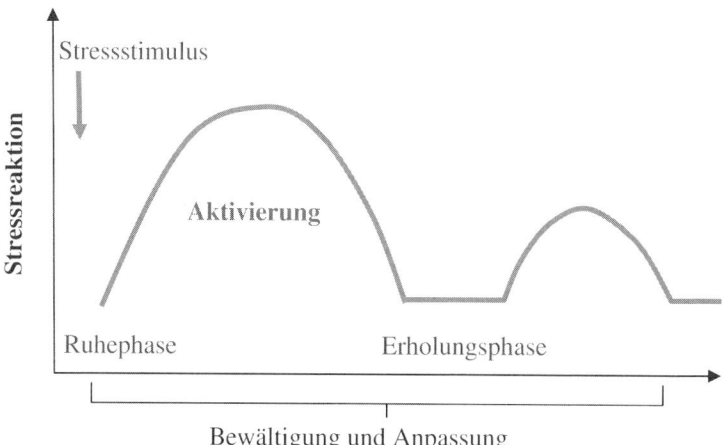

Abb. 2   Die normale Stressreaktion

Ein Stressstimulus veranlasst den Körper, seine Betriebstemperatur hochzufahren, um eine Aufgabe zu bewältigen. Ist die Aufgabe erledigt, fährt er wieder auf die normale Betriebstemperatur zurück. Bei lang anhaltender Belastung setzt der nächste (und der nächste und der nächste) Stressstimulus bereits ein, bevor der Körper wieder auf seine normale Betriebstemperatur zurückfahren konnte.

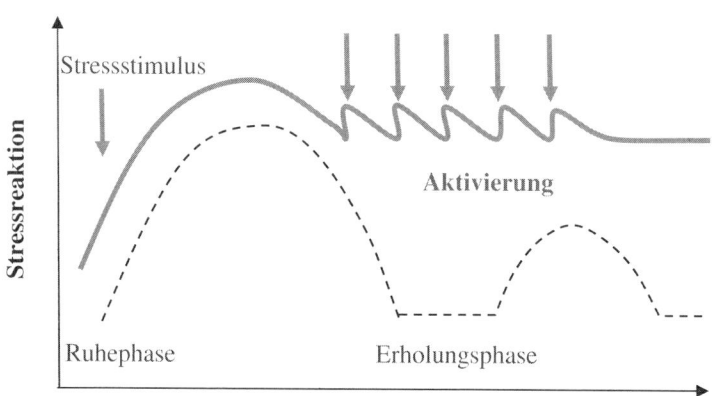

Abb. 3: Stress bei lang anhaltender Belastung.

Auch dieser Zustand ist für eine gewisse Zeit kein Problem. Man nimmt jedoch an, dass spätestens nach acht Wochen Dauerstress die Fähigkeit zur Regeneration stark abnimmt und wir den erhöhten Stresszustand als Normalzustand erleben.

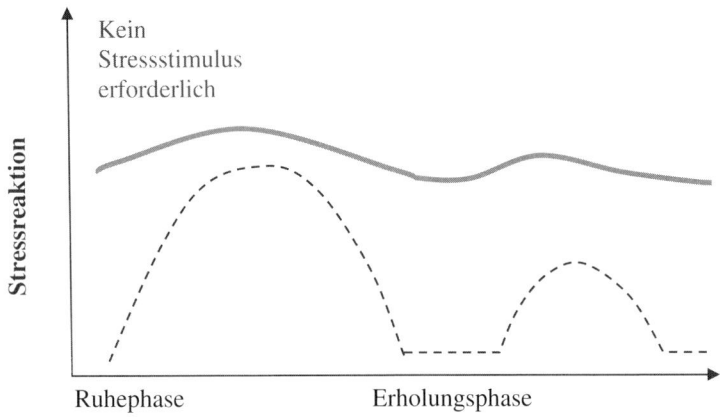

Abb. 4: Dauerstress

Im Dauerstress bedarf es gar nicht erst eines erneuten Stimulus, um die Betriebstemperatur hochzufahren. Körper und Geist sind praktisch in ständiger Alarmbereitschaft. In diesem Zustand nehmen Probleme wie Nervosität, Gereiztheit, Schlafstörungen, Muskelanspannungen, Desinteresse, Mangel an Genussempfinden usw. erheblich zu. Oft bemerken wir dies gar nicht, weil wir diesen Zustand als normal erleben (der normale Wahnsinn). Auf diesem dauerhaft überhöhten Stresslevel nimmt die Vulnerabilität für ernsthafte und oft chronische Erkrankungen des Immunsystems und insbesondere der Psyche zu.

Kurz: Je höher der allgemeine Stresslevel ist und je länger er anhält, desto schwieriger wird es für uns, die alltäglichen Stressoren zu bemerken. Wir stehen im wahrsten Sinne des Wortes kurz vor dem Durchdrehen.

2.3 Stress stresst: der Teufelkreis

In der Verhaltenstherapie geht man davon aus, dass wir Menschen auf vier verschiedenen Ebenen auf Stimuli aus der Umwelt reagieren, die über gesunde oder aber störungsspezifische Abläufe unseres Daseins entscheiden: Wir reagieren mit Gedanken, Gefühlen, körperlichen Reaktionen und mit unserem Verhalten.

Abb. 5: Teufelskreis Stress

Wenn man sich die einzelnen Ebenen im dargestellten Kreislauf wie Zahnräder einer Uhr vorstellt, die ineinander greifen und so die Drehbewegung übertragen. wird schnell klar, dass wenn auch nur ein Rad ins Stocken kommt, alle anderen Zahnräder davon betroffen sind.

Denken wir also „Ich kann nicht mehr!", „Ich schaffe das einfach nicht", „Es ist mir einfach zuviel", dann bleiben diese Aussagen nicht einfach nur in unserem Kopf, sondern lösen Gefühle aus: In den geschilderten Fällen rufen die Gedanken Gefühle von Hilflosigkeit, Überforderung und Angst hervor. Auf diese Gefühle reagiert unsere Körper wiederum mit Ausschüttungen von Stresshormonen wie Cortisol, Adrenalin usw., die ursprünglich bei unseren Vorfahren dazu gedacht waren, den Körper anzuwärmen und somit schnelle Reaktionen wie z. B. Flucht zu ermöglichen. Heute aber bleiben wir meist auf unserem „hochgefahrenen" Körper sitzen und tun nach außen so, als ob nichts wäre, d. h. der Kreislauf bleibt im verharrenden Verhalten stecken. Auch der Kopf denkt in diesem Zustand schneller; wir sind hochproduktiv und aufnahmefähig. Wird daraus jedoch ein Dauerzustand, der nicht über körperliche Betätigung abgebaut werden kann, werden wir unruhig und fahrig, können uns nicht mehr richtig konzentrieren und sind nicht in der Lage, die Leistung zu erbringen, die erforderlich ist, um die an uns gestellten Anforderungen zu erfüllen. Die meisten Menschen reagieren in dieser Situation so, dass sie sich noch mehr antreiben und somit entsteht ein Teufelkreis – wie er in Abbildung 5 zu sehen ist.

In der Regel reagiert zunächst die Psyche auf dauerhafte Störungen des Ablaufs: Wir erleben Stimmungsschwankungen, Ängste, Niedergeschlagenheit, depressive Einbrüche. Oder es meldet sich der Körper mit Schlafstörungen, Kopfschmerzen, Heißhungeranfällen, Verdauungs- oder Rückenproblemen, Kreislaufattacken, Bluthochdruck oder auch Herzbeschwerden. Das Immunsystem wird aufgrund der andauernden Cortisolausschüttungen schwächer, Infekte häufen sich oder werden chronisch.

Nicht nur die geistige, sondern auch die körperliche Leistungsfähigkeit nimmt jetzt ab, und ein Teufelskreis zwischen körperlicher Schwäche und dem Einhalten von Anforderungen beginnt. Die körperlichen Folgen von Stress können äußerst bedrohlich werden: bis zum Herzinfarkt oder Schlaganfall, bis zu Diabetes und anderen Stoffwechselstörungen, bis zu Depression, Sucht und Abhängigkeit. „Wer an dieser Stelle den Teufelskreis nicht mit Expertenhilfe durchbricht, für den wird die Summe aus beruflichen und anderen alltäglichen Herausforderungen zur Lebensgefahr", sagt Schedlowski, den Kröher in seinem Artikel „Stress – wie Sie Druck abbauen" zitiert (Kröher 2005, S. 12).

3 Welche Interventionsmöglichkeiten ergeben sich nun für die Beratung?

Die Stressformel bildet die Lösung. Wir müssen die Verhältnisse umdrehen:

$$\text{Positiver Stress} = \frac{\text{Kontrolle}}{\text{Anforderung}}$$

Abb. 6: Positiver Stress – Stressformel

Aufgabe des Sozialberaters ist es, den Klienten dabei zu helfen, die Kontrolle über ihren Körper und über die Vielzahl der an sie gestellten Anforderungen und die damit verbundene Erledigung von Aufgaben zurückzugewinnen. Das eigene Kontrollgefühl muss wieder größer werden als die Anforderung. Das Gefühl, „Ich schaffe das!" muss sich wieder einstellen! Für stark gestresste Klienten heißt das konkret: „Wie lassen sich externe Anforderungen herunterschrauben? Wie kann ich meine eigene Kontrolle wieder erhöhen?"

3.1 Senkung des allgemeinen Stresslevels

Analog zu den unter Abb. 3 dargestellten Dauerstressfaktoren müssen wir in der Beratung zusammen mit dem Klienten analysieren, wie hoch und wie genau sein Stresslevel im Alltag aussieht und was sich daran verändern lässt. Hierbei geht es meist um eine Reduktion von Stressoren durch die Umverteilung von Aufgaben, um das Erlernen von Techniken zur Entspannung, um die Erhöhung des eigenen Wohlbefindens durch eine Verbesserung des Genussempfindens, gute soziale Kontakte und einfach Zeit für sich selbst (sogenannte Langzeitverfahren).

Im Sinne der Work-Life-Balance wäre es z. B. für C wichtig, ihr Leben wieder selbst in die Hand zu nehmen und nicht allein durch die Arbeit bestimmen zu lassen. Sie müsste wieder lernen, die Arbeitsanforderungen auf ein erträgliches Maß herunterzuschrauben und pünktlich abends nach Hause zu gehen. Wie sieht ihr Freizeitverhalten aus? Was tut sie in Bezug auf Entspannung und Bewegung? Sieht sie immer mal wieder Freunde? Nimmt sie sich Zeit für den Besuch eines Konzerts?

Unsere Akkus wollen gepflegt und aufgeladen werden. Wenn immer nur Energie abgerufen, aber nicht zugeführt wird, sind die Akkus eines Tages leer. Der Akku von Person C (und der anderen, oben angeführten Klienten) bedarf also dringender Regeneration und Pflege.

3.2 Stressanalyse

Gleichzeitig ist es natürlich notwendig, sich die einzelnen Stressoren, die das Fass zum Überlaufen bringen, anzuschauen. Analog zum Verhaltensmodell (Abbildung 5) werden hier gemeinsam mit dem Klienten die den Stress aufrechterhaltenden Bedingungen in Form einer Verhaltensanalyse untersucht. Untersuchen wir zum Beispiel die Stressoren gemeinsam mit B, dann würden wir ihn zuerst einmal nach einer typischen Situation fragen, in der Stress auftritt.

Möglicherweise würde B antworten, dass er insbesondere Stress verspürt, wenn er sich auf den Weg von der Arbeit nach Hause macht. Jetzt würden wir B bitten, sämtliche Gedanken, die ihm in diesem Moment im Kopf herumschwirren, zu erzählen:

- *Kognitionen*: „Jetzt ist es schon wieder so spät geworden. Eigentlich wollte ich heute doch endlich mal pünktlich gehen. Bis ich zuhause bin, sind die Kinder schon wieder im Bett. Ich habe sie diese Woche noch gar nicht richtig gesehen. Die Sitzung des Kirchenvorstands verpasse ich heute auch schon wieder. Hoffentlich guckt mich wenigstens meine Frau nicht wieder so vorwurfsvoll an. Ich würde es ja gern allen recht machen, aber ich kann einfach nicht mehr."
- *Gefühle*: Ärger, Traurigkeit, Einsamkeit, Angst, Hilflosigkeit.
- *Körperliche Reaktionen*: Kopfschmerzen, Schlafprobleme, Konzentrationsschwierigkeiten, Herzflattern.
- *Verhalten*: B kann auch im Zug auf der Heimfahrt nicht abschalten und schreibt seiner Frau schon mal eine SMS, dass er heute später dran ist.
- *Kurzfristige Konsequenz*: B hat das Gefühl, Kontrolle zu gewinnen. Gleichzeitig hat B jedoch weiterhin ein schlechtes Gewissen seiner Familie gegenüber.
- *Langfristige Konsequenz*: Subjektiv ändert sich die psychische und physische Belastung nicht. Die Vorhaltungen der Ehefrau und das eigene schlechte Gewissen werden noch größer, die eigene Hilflosigkeit wächst. Die Situation von B verändert sich nicht. Der Stress nimmt zu.

Die Analyse macht deutlich, dass das Verhalten von B nur kurzfristig hilfreich ist. Langfristig gesehen bewirkt die SMS keinerlei Veränderung. Deshalb müsste man überlegen, was B tun könnte, um langfristig eine Lösung zu seinem Stressverhalten zu finden und welche Gedanken er sich machen sollte, um aus der Stressfalle auszusteigen. Verändert B nichts, bleibt der Stresszustand erhalten, bzw. verschlimmert sich durch internen und externen Druck. B wird geradewegs in den Burnout gehen oder seine Leistung wird nachlassen und er wird Fehler machen, was möglicherweise zu arbeitsrechtlichen Konsequenzen führt.

3.3 Aufdecken der inneren Treiber

Damit B aber überhaupt bereit ist, irgendetwas zu verändern, wird er sich mit seinen inneren Treibern auseinandersetzen müssen. Denn diese bestimmen unbewusst darüber, wieso und warum wir uns stressen. Unter Treibern verstehe ich die Glaubenssätze, die uns täglich dazu verleiten, über unsere Kräfte hinaus zu arbeiten. Häufig handelt es sich dabei um Leitsätze oder Sprüche, die wir schon früh im Elternhaus erlernt und nie hinterfragt haben.

„Ohne Fleiß kein Preis."

„Nur Leistung zählt."

„Du musst immer 5 % besser sein als alle anderen."

„Faulenzen wird in unserer Familie nicht geduldet."

„Wer zu spät kommt, den bestraft das Leben!"

„Schaffe, schaffe, Häusle baue."

Es gibt ganze Listen von stressenden und entstressenden Gedanken (z. B. Kaluza 2005), die es durchaus lohnt, systematisch mit den Klienten durchzugehen. Dabei sind dann die gefundenen Denkmuster zu hinterfragen und durch alternative Denkweisen zu ersetzen. Dieser Prozess ist anstrengend und muss sehr bewusst vollzogen werden, da wir hier Automatismen überdenken und durch neue Programme auf unserer Festplatte ersetzen wollen, wie es Hohensee 2007 in seinem Buch „Gelassenheit beginnt im Kopf" beschreibt.

4 Stressprävention

4.1 Stressprophylaxe

In der Stressprophylaxe wird zusammen mit den Klienten erarbeitet, wie sie ihr Arbeits- und Privatleben so einrichten können, dass es nicht zu oben beschriebenem Dauerstress kommt. Dabei wird sehr genau auf das richtige Verhältnis zwischen Anforderungen und Kontrolle geachtet und nur so viele Anforderungen angenommen, wie auch bewältigt werden können. Zeitpuffer, in denen wir herunterschalten können, sollten täglich eingebaut werden – mindestens aber alle 8 Wochen.

Und wir sorgen analog zu den vier Zahnrädern im Stresskreislauf dafür, dass es immer wieder Ventile gibt: guten Schlaf, Entspannungsmethoden, Yoga oder Konditionssport für den Körper, aber auch Ventile für die Gedanken. Wir müssen uns nicht ständig zu höheren Leistungen antreiben oder negativ mit uns selbst reden, sondern innerlich ermuntern, uns selbst Gutes zu tun. Wir sollten nicht mehr äußerlich gelassen hinnehmen, dass der Aufgabenberg anwächst, sondern selbst aktiv werden und etwas dagegen unternehmen, z. B. das Gespräch mit unserem Chef und der Familie suchen.

Bei akutem Stress müssen wir lernen, wie wir in Stresssituationen „ticken", um diese Zeiten in Zukunft halbwegs unbeschadet zu überstehen. Dies geschieht durch Stressmanagement:

- *Selbstdiagnose*: Welche Symptome tauchen bei mir in Stresssituationen auf?
- *Selbsterkenntnis*: Erkennen, dass diese Symptome ernst zu nehmen sind.
- *Selbstreflexion*: Welche äußeren und inneren Treiber bestimmen mein Verhalten?
- *Stressabbau*: Wie kann ich am besten Stress abbauen? Was passt zu mir? Ausdauersport baut praktisch sämtliche Stresshormone ab. Entspannungstechniken bieten unserem Hirn einen Kurzurlaub, wollen jedoch genauso eingeübt werden wie Wurftechniken beim Handball. Entspannungsmittel wie Alkohol und Schlaftabletten führen dagegen langfristig in die Abhängigkeit und verhindern, dass unser Körper eigenständige Methoden der Entspannung lernt.

Diese Fragen lassen sich sowohl in einer Einzelberatung als auch in Gesprächen mit zwei Personen oder im Rahmen einer Gruppenarbeit klären.

4.2 Stressbewältigung

Innerhalb der betrieblichen Gesundheitsfürsorge sollte die Stressbewältigung eine herausragende Rolle einnehmen. Die heutige Zeit als Arbeitnehmer zwischen E-Mails und Telefonaten, die durch ständige Unterbrechungen der Arbeitsabläufe gekennzeichnet ist, zwingt uns praktisch dazu, uns mit den gesundheitlichen und psychischen Phänomen von Stress intensiv und professionell auseinanderzusetzen. Letztendlich geht es darum, verheerenden persönlichen wie wirtschaftlichen Verlust aufgrund nachlassender Kraft und Energie zu vermeiden.

Das Thema Stressbewältigung kann in Einzelgesprächen im Rahmen der Sozialberatung angesprochen werden, was aber zeitlich sehr aufwendig ist. Eine andere Möglichkeit wäre, die Achtsamkeit für dieses Thema durch Präventionsvorträge für alle Mitarbeiter im Betrieb zu fördern.

Ich selbst habe das Angebot der Sozialberatung in der DZ BANK auf zwei Stressbewältigungsseminare erweitert. Das neue Seminar besteht aus acht 90-minütigen Sitzungen und steht allen Mitarbeitern des Unternehmens offen. Grundlage ist das Konzept von Kessler und Gallen „Stress erfolgreich bewältigen". Entsprechend der obigen Darstellungen und der Anforderungen der Krankenkassen werden im Seminar folgende Inhalte behandelt:

1. *Theoretischer Hintergrund*: Vorbereitung auf Bewältigungsstrategien: Einführung in die Problem- und Verhaltensanalyse. Hinführung auf ein neues Problemverständnis. Entspannungstraining.
2. *Kurzfristige Bewältigung von Belastungssituationen*: Beschreibung der Strategie. Theoretischer Hintergrund. Vermittlung der Strategie im Kurs.
3. *Langfristige Bewältigung von Belastungssituationen*: Befriedigende Aktivitäten. Einstellungsänderung. Problemlösen.

5 Ausblick

Was nutzen die besten Schulungen, wenn unsere beiden Klienten nicht zu den Seminaren kommen? Zweifelsohne hätte jeder von ihnen durch ein gezieltes Stressbewältigungstraining eine große Erleichterung der Belastung erzielen können. Hier ihre Antworten: „Ich muss nach der Arbeit sofort nach Hause – meine Kinder warten. Ich weiß jetzt schon, dass ich von acht Mal mindestens drei Mal fehlen werde. Wie soll ich dass denn auch noch schaffen? Ich habe einfach keine Zeit dazu. Ich kann es mir nicht leisten, dort gesehen zu werden; nachher denkt mein Chef, ich hätte es nötig. Die Teilnahme an einem Stressbewältigungskurs wird als Schwäche ausgelegt."

Stress, begünstigt durch Fusionen, Arbeitsplatzabbau und Arbeitsverdichtung, ist oft eine tickende Zeitbombe, die vor allem diejenigen betrifft, die ihren Arbeitsplatz noch haben. Es muss ein Umdenken in uns selbst, aber auch in unserer Gesellschaft stattfinden: Eine bewusste Work-Life-Balance ist keine Schande oder Schwäche, sondern die absolut notwendige Voraussetzung für eine gesunde und produktive Arbeitshaltung und Lebensführung.

Als Sozialberater sollten wir unsere Klienten aber auch die Unternehmen zu einer Work-Life-Balance ermutigen und befähigen. Dazu bietet dieser Artikel einen Handlungsfaden. Er soll praktische und theoretische Tipps geben und vor allem Lust und Spaß an der Aufgabe vermitteln. Nebenbei gesagt: Es schadet nicht, das Konzept zur Stressreduktion einmal auf uns selbst anzuwenden, unser Zeitmanagement zu überdenken und unser eigenes Tun und Denken im Sinne der Work-Life-Balance anzugleichen. Das erhöht die Qualität unserer Arbeit und tut zudem noch gut. Fachleute nennen dieses Phänomen eine Win-Win-Situation.

Literatur

Asgodom, S. (2002). Leben macht die Arbeit süß. Wie Sie Ihr persönliches Work-Life-Konzept entwickeln. München, Econ Verlag.

Becker, Hansjörg (2009). Powerpointvortrag von Insite, „Work-Life Balance", Höchenschwand, Fitalhotel.

BKK Bundesverband (2008). Gesundheitsreport 2008, Krankheitsentwicklungen – psychische Gesundheit. Essen.

Blech, J. (2008). Wege aus dem Stress – wie das Gehirn sich selbst heilen kann, Der Spiegel Nr.48, Seite 144-156.

Drexler, D. (2007). Gelassen im Stress – Bausteine für ein achtsames Leben, Stuttgart, Klett-Cotta.

Drexler, D.(2008). Das integrierte Stressbewältigungs-Programm ISP, Stuttgart, Klett-Cotta.

Hohensee, T. (2007). Gelassenheit beginnt im Kopf, Stuttgart: Knaur Taschenbuch im Kreuz Verlag.

Kabat-Zinn, J. (1999). Stressbewältigung durch die Praxis der Achtsamkeit, Freiburg, Arbor Verlag.

Kaluza, G.(2005). Gelassen und sicher im Stress Stressbewältigung. Trainingsmanual, Heidelberg, Springer Verlag.

Kessler, A, Gallen, M. (1995). Der erfolgreiche Umgang mit täglichen Belastungen, München, IFT Materialien, Schneider Verlag

Klein, M. (2002). Die Glücksformel oder Wie die guten Gefühle entstehen. Reinbeck, Rowohlt Verlag

Kröher, M. (2005). Stress – wie Sie Druck abbauen, Manager Magazin, Heft 2/2005.

Leidig, S., Limbacher, K., Zielke, M. (Hrsg.) (2006). Stress im Erwerbsleben: Perspektiven eines integrativen Gesundheitsmanagements, Lengerich, Pabst Verlag.

Pfeiffer, V. (1997). Positives Denken. Was Sie immer schon wussten, aber sich nicht trauten in die Tat umzusetzen", Augsburg ‚Midena Verlag.

Schedlowski, M. (2007). Gezielte Verhaltensinterventionsprogramme können das biochemische Netzwerk im Körper beeinflussen, Verhaltenstherapie Nr.17:129–131.

Seiwert, L. (2005). Wenn du es eilig hast, gehe langsam, Frankfurt, Campus Verlag.

Lars Friege

Betriebliche Sozialarbeit mit psychisch erkrankten Mitarbeitern

1 Einleitung

Psychisch Erkrankte sind in unserer Gesellschaft wie keine andere Patientengruppe konfrontiert mit abstrusen Vorurteilen, Ängsten und Ablehnung. Viele Menschen wissen nicht, wie sie mit ihnen umgehen sollen, da sich ihr Verhalten ständig verändert und sich nicht mehr verlässlich vorhersagen lässt – das löst Unsicherheit und manchmal sogar Angst aus. Psychische Erkrankungen sind in hohem Maße stigmatisiert, und Betroffene werden sowohl gesellschaftlich als auch persönlich ausgegrenzt, was die Krankheitsbeschwerden meist verschlimmert – ein Teufelskreis.

Von psychischen Erkrankungen sind auch Erwerbstätige betroffen. Ihre Beratung ist eine typische Aufgabe der betrieblichen Sozialarbeit. In dem jüngst erschienenen Heft „Krankheitskosten" in der Reihe „Gesundheitsberichterstattung des Bundes" (GBE-Heft 48) verweist das Robert-Koch-Institut darauf, dass psychische Erkrankungen zu den häufigen und teuren Erkrankungen in unserer Gesellschaft zählen. Danach verursachen psychische und Verhaltensstörungen 11,3 % aller Krankheitskosten und nehmen damit den dritten Platz ein. Betrachtet man die verlorenen Erwerbsjahre, dann gehen davon 16,1 % zu Lasten der psychischen und Verhaltensstörungen (zweiter Platz). Die Lebenszeitprävalenz für eine klinisch relevante psychiatrische Erkrankung beträgt bis zu 48 % (Meyer et al. 2000); fast jeder Zweite aus der Bevölkerung ist also im Lauf seines Lebens mindestens einmal davon betroffen.

Psychische Erkrankungen haben demnach neben dem individuellen Leid auch erhebliche negative Folgen für die Betriebe und die Volkswirtschaft. Diese Daten unterstreichen die Notwendigkeit einer kompetenten, niederschwelligen Beratung betroffener Mitarbeiter im Betrieb. Hinzu kommt, dass in vielen Regionen vor allem die ambulante Versorgung sehr schlecht ist und (zumindest gesetzlich) Versicherte oft monatelang auf einen Therapieplatz warten müssen. Diese Versorgungssituation ist Teil einer wenig ruhmreichen Geschichte der Behandlung psychisch Erkrankter und des gesellschaftlichen Umgangs mit ihnen.

Psychisch erkrankte Menschen setzen sich mit sich selbst und ihrem Umfeld oft intensiv auseinander und merken sehr schnell, wenn ihnen Mitmenschen ängstlich, unsicher, ablehnend, distanziert und mit Vorurteilen begegnen. Auch betriebliche Sozialarbeiter sind nicht frei von Vorurteilen. Um Mitarbeiter mit psychischen Erkrankungen erfolgreich beraten zu können, sind nicht nur Fachwissen über psychische Erkrankungen und angemessene Hilfsmöglichkeiten erforderlich. Vor allem ist eine Reflexion der eigenen Vorteile und Einstellungen diesen Patienten gegenüber notwendig. Hilfreich sind dabei Erfahrungen in Einrichtungen zur Versorgung psychisch Kranker. Angst, Unsicherheit, Vorurteile und Ablehnung können vor den Betroffenen selten dauerhaft verborgen werden. Ein Sozialarbeiter wird jedoch mit seiner Beratung die psychisch Erkrankten im Betrieb nur dann erreichen, wenn sich diese von ihm akzeptiert fühlen. Sonst wird er ihnen kaum helfen können.

Dieser Beitrag befasst sich mit der Beratung psychisch erkrankter Mitarbeiter im Rahmen der betrieblichen Sozialarbeit. Suchterkrankungen gehören zwar zu den psychischen Erkrankungen, erfordern jedoch sehr spezielle Maßnahmen und werden in einem eigenen Beitrag in diesem Buch behandelt.

2 Psychische Erkrankungen

Psychische Erkrankungen (oder auch Störungen) zeichnen sich durch ein verändertes, nicht der Norm entsprechendes Verhalten oder Erleben aus. Meistens leiden die Betroffenen und das Umfeld unter den Symptomen oder den Folgen der Erkrankung. Psychische Störungen führen zu Beeinträchtigungen im Leben der Betroffenen: in der privaten Lebensführung, im sozialen Miteinander und bei der Arbeit. Oft ist die Lebensqualität stark vermindert. Neben den genauen Symptomen sind zum Verständnis die konkreten Auswirkungen auf die Person, das soziale und berufliche Umfeld zu erfragen. Der Übergang von psychischen Problemen zu psychischen Störungen ist fließend; die Abgrenzung ist oft schwierig und unzuverlässig. Maßgeblich sind Art, Schwere und Dauer der Symptomatik sowie der individuellen Krankheitsfolgen.

2.1 Diagnosen und Klassifikation

Psychische Erkrankungen werden überwiegend nach der ICD-10 (International Classification of Diseases) klassifiziert. Tabelle 1 zeigt die Systematik, in dem die psychischen Störungen kodiert werden.

Tab. 1: Spektrum psychischer Störungen nach ICD-10 GM (2010)

Psychische und Verhaltensstörungen (F00-F99)
- F00-F09 Organische, einschließlich symptomatischer psychischer Störungen
- F10-F19 Psychische und Verhaltensstörungen durch psychotrope Substanzen
- F20-F29 Schizophrenie, schizotype und wahnhafte Störungen
- F30-F39 Affektive Störungen
- F40-F48 Neurotische, Belastungs- und somatoforme Störungen
- F50-F59 Verhaltensauffälligkeiten mit körperlichen Störungen und Faktoren
- F60-F69 Persönlichkeits- und Verhaltensstörungen
- F70-F79 Intelligenzstörung
- F80-F89 Entwicklungsstörungen
- F90-F98 Verhaltens- und emotionale Störungen mit Beginn in der Kindheit und Jugend
- F99-F99 Nicht näher bezeichnete psychische Störungen

Diagnosen stellen stets Vergröberungen der individuellen Situation dar. Psychische Probleme lassen sich nicht ausschließlich einer Diagnose zuordnen; es gibt viele Überlappungen zwischen Diagnosen, sodass oft der Verlauf abgewartet werden muss. Für die Behandlung ist das weniger ein Problem, da man sich hier in der Regel mehr an Symptomen bzw. Symptomgruppen (so genannte Syndrome) und den Kompetenzen sowie Zielen der Patienten orientiert.

Auch wenn Mitarbeiter teilweise ein ausgeprägtes Interesse an Diagnosen haben, ist es besser, damit vorsichtig zu sein. Empfehlenswerter ist es, sich die konkreten Probleme und Beschwerden genau beschreiben zu lassen und darüber mit dem Betroffenen ins Gespräch zu kommen. Eine Diagnose sollte man dem behandelnden Arzt oder Psychotherapeuten überlassen.

Psychische Störungen machen sich ganz unterschiedlichen bemerkbar, so weisen z. B. Depressive nicht alle die gleichen Symptome auf. Auch verbergen und überspielen manche Betroffene Symptome oder Folgen der Erkrankung aus Scham oder Angst. Entscheidend ist es, herauszufinden, was sich in der vergangenen Zeit verändert hat.

Im betrieblichen Alltag fällt oft eine Verschlechterung der Leistungsfähigkeit, der Konzentrationsfähigkeit und des Kommunikationsverhaltens auf. Meist ziehen sich psychisch erkrankte Mitarbeiter zurück und zeigen ein vermindertes Vertrauen zu ihren Fähigkeiten. Manche reagieren gereizt und weniger flexibel als zuvor und nehmen Kritik persönlicher auf. Ihre veränderten Verhaltensweisen und Äußerungen verunsichern Kollegen und Vorgesetzte, die ihrerseits mit Ablehnung oder Rückzug reagieren.

2.2 Ursachen und Verlauf psychischer Störungen

Psychische Erkrankungen haben in der Regel nicht nur einen einzigen Grund. Selbst Erkrankungen wie posttraumatische Belastungsstörungen lassen sich nicht allein aufgrund des erlebten Traumas erklären, sondern müssen im Gesamtzusammenhang der Persönlichkeit und insbesondere des sozialen Netzes der Betroffenen gesehen werden. Psychische Erkrankungen werden im Allgemeinen mit dem Vulnerabilitäts-Stressmodell erklärt. Danach entsteht eine Erkrankung durch das Zusammenspiel persönlicher Dispositionen (Vulnerabilität, z. B. aufgrund genetisch bedingter Stoffwechselbesonderheiten des Gehirns) und besonderer Lebensumstände (z. B. Verlust einer nahestehenden Person). In der Regel sind die Ursachen in drei großen Bereichen zu suchen:
1. Medizinisch-biologische Faktoren (Genetik, Stoffwechselerkrankung)
2. Psychologische Faktoren (Stress, Konflikte, besondere Lebensereignisse, negative Lernerfahrungen)
3. Soziale Faktoren (Familie, privates und berufliches Umfeld)

Im konkreten Einzelfall sind dabei Ursache und Wirkung nur schlecht voneinander zu trennen: Eine (primär) biologisch verursachte Depression zieht Probleme im sozialen Umfeld nach sich. Ebenso führt eine Depression, bedingt durch ein belastendes Ereignis (z. B. Arbeitsunfall), eine Veränderung des Hirnstoffwechsels nach sich.

Psychische Erkrankung verlaufen je nach Typ sehr unterschiedlich. Sie können chronisch, im Wechsel von Gesundheits- und Krankheitsphasen verlaufen. Manche psychischen Erkrankungen heilen nach ein oder mehreren Phasen komplett ab. Verlässliche Verlaufsprognosen sind im Einzelfall oft schwer. Grundsätzlich gilt, dass die Prognose umso besser ist, je kürzer die Dauer der Symptomatik, je geringer die Symptomschwere und je höher die persönlichen und sozialen Ressourcen der Betroffenen.

2.3 Behandlung

Die klinische Behandlung psychischer Störungen fußt auf drei großen Säulen:
1. Psychotherapie
2. Medikamentöse und biologische Behandlungsverfahren
3. Verfahren zur Förderung der sozialen Integration

In dieser kompakten Darstellung soll nur darauf hingewiesen werden, dass Psychotherapeuten eine Kassenzulassung benötigen, damit die Kosten von den gesetzlichen Kassen getragen werden. Patienten haben Anspruch auf fünf so genannte probatorische Sitzungen, in denen Therapeut und Patient herausfinden, ob sie erfolgreich zusammenarbeiten können. Wenn ja, stellt der Therapeut einen Antrag bei der GKV auf Gewährung von Psychotherapie. Sollte die Zusammenarbeit keinen Erfolg versprechen, z.B. weil der Patient den Therapeuten ablehnt, können weitere fünf probatorische Sitzungen bei einem anderen Therapeuten genutzt werden.

2.4 Hinweise zu Psychopharmaka

Vorurteile gegenüber Psychopharmaka sind weit verbreitet. Das liegt nicht zuletzt daran, dass viele dieser Medikamente unangenehme Nebenwirkungen haben. Andererseits ermöglichen sie vielen psychisch Erkrankten überhaupt erst, am sozialen Leben teilzunehmen, einer Erwerbstätigkeit nachzugehen und in der Gesellschaft integriert zu bleiben. Daher sollten betriebliche Sozialarbeiter trotz einer kritischen Haltung die

Möglichkeit einer Behandlung mit Psychopharmaka nicht ausschließen. Wichtig ist es, die Behandlung mit Psychopharmaka nicht zu forcieren und den Betroffenen Zeit zum Überlegen zu lassen. Wenn möglich, sollte man mit dem behandelnden Arzt eng zusammenarbeiten.

In der Langzeitbetreuung von psychisch erkrankten Mitarbeitern ist es sinnvoll, sich über die möglichen und vor allem die konkret auftretenden Nebenwirkungen von Psychopharmaka zu informieren. Manche Psychopharmaka machen müde und verlängern Reaktionszeiten. Kritisch sind dann alle Tätigkeiten, die im Gefahrenbereich ausgeübt werden und z.B. mit der Bedienung von Maschinen und Kraftfahrzeugen zu tun haben. Im Zweifelsfall sollte eine Unbedenklichkeitsbescheinigung durch den behandelnden Arzt oder den Betriebsarzt beigebracht werden, um nicht die Betroffenen oder Dritte zu gefährden.

Schließlich können Mitarbeiter, die lange Zeit auf Medikamente mit Nebenwirkungen angewiesen sind, im Rahmen von Trainingsmaßnahmen (Psycho-, Ergotherapie) lernen, mit diesen unerwünschten Medikamentenwirkungen umzugehen.

Die meisten Psychopharmaka machen nicht abhängig. Das gilt auch für Medikamente gegen Depressionen (Antidepressiva). Einige Psychopharmaka haben jedoch Abhängigkeitspotential, wie die so genannten Benzodiazepine, die zur Beruhigung, zur Angstbekämpfung oder bei Schlafstörungen verschrieben werden. Da einige Hausärzte zu unkritisch in ihrer Verschreibungspraxis sind, kann es sinnvoll sein, die Mitarbeiter aufzuklären bzw. einen Besuch beim Facharzt anzuregen. Medikamentenabhängigkeit und -missbrauch können erhebliche Probleme nach sich ziehen und sind daher zu vermeiden.

Eine gut verständliche Einführung zum Thema liefert Otto Benkert (2009) in seinem Buch „Psychopharmaka: Medikamente, Wirkung, Risiken". Detaillierte Informationen auch zu den einzelnen Medikamenten finden sich im „Kompendium der psychiatrischen Pharmakotherapie" von Otto Benkert und Hanns Hippius (2009).

3 Beratung von psychisch erkrankten Mitarbeitern

Betriebliche Sozialarbeiter, zu denen psychisch erkrankte Mitarbeiter in die Beratung kommen, haben es mit psychischen Problemen zu tun, die entweder unabhängig von betrieblichen Bedingungen sind oder durch betriebliche Faktoren (mit)verursacht, verschlimmert oder aufrechterhalten werden. Allerdings ist es bei länger andauernden psychischen Problemen wahrscheinlich, dass sich diese irgendwann auch bei der Arbeit bemerkbar machen. Daher sollte die Beratung allen Mitarbeitern angeboten werden, unabhängig von den (vermuteten) ursächlichen Faktoren.

Die Folgen psychischer Erkrankung sind erhöhte Fehltage, Leistungsverlust, häufigere Konflikte, stärkere Kundenfluktuation, Frühverrentung, Isolation und Ausgrenzung bis hin zum Mobbing. Konflikte entstehen mit Kollegen und Vorgesetzten, die sich über die verminderte Leistungsfähigkeit ärgern und wütend werden. Im Umfeld sind oft Scham, Unsicherheit und Hilflosigkeit dafür verantwortlich, dass psychisch erkrankte Mitarbeiter nicht angesprochen werden und keine Hilfe bekommen.

Ein Problem ist, dass die negative Selbstwahrnehmung psychisch Erkrankter gut mit der Wahrnehmung des Umfeldes korrespondiert, das sie häufig als Drückeberger, Simulanten oder unfähige Kollegen betrachtet. Da die Betroffenen ihre eigentlichen Probleme häufig verschweigen oder sogar leugnen, wird dieses Bild über lange Zeit nicht korrigiert und belastet die Betroffenen zusätzlich. Symptome werden vom Umfeld als Charaktereigenschaften fehlinterpretiert, was durch eine genaue Beobachtung der Verhaltensänderungen vermieden werden könnte.

Dabei ist nicht zu vergessen, dass die psychische Störung von den Betroffenen selbst nicht unbedingt als solche wahrgenommen wird. Manche haben den Eindruck, dass sie sich einfach „nur" hängen lassen. Der Weg zur Krankheitseinsicht ist oft lang, vor allem bei Ersterkrankten.

Betroffene und das Umfeld befinden sich in einer gemeinsamen Hilflosigkeit, mit dieser Situation umzugehen. Was darf man ansprechen, welche Ratschläge kann man den Betroffenen geben, und welche Hilfen kommen in Frage? Da die Folgen sehr unangenehm sein können und auch teilweise einen erheblichen betriebswirtschaftlichen Schaden bedeuten, liegt es im Interesse aller, dass frühzeitig kompetente Hilfe in Anspruch genommen wird. Hier kann sich der betriebliche Sozialarbeiter als Ansprechpartner für Kollegen und Vorgesetzte und – wenn gewünscht – als Vermittler anbieten. Berät er zugleich die Betroffenen, ist es wichtig, die Schweigepflicht und die Loyalität nicht zu verletzen.

3.1 Besonderheiten der Gesprächsführung

Im ersten Gespräch ist es wichtig, das der betriebliche Sozialarbeiter seine Klienten von der Erwartung entlastet, sie müssten ihm sofort alle Beschwerden und (teilweise intime) Hintergrundinformationen mitteilen. Er sollte offen ansprechen, dass sich eine Vertrauensbasis erst aufbauen muss. Damit erleichtert er nicht nur die ersten Gespräche, sondern ermöglicht auch den Klienten, nach und nach relevante Informationen mitzuteilen. Ebenso wichtig ist der Hinweis auf die eigene Schweigepflicht.

In den ersten Gesprächen sollte sich der betriebliche Sozialarbeiter Zeit nehmen und vor allem geduldig zuhören. Auch wenn die Berichte Längen aufweisen, sollte er nur selten unterbrechen, da die Klienten ohnehin die Informationen mitteilen, die sie selbst für notwendig erachten, um verstanden zu werden (womit sie oft genug auch recht haben). Dabei geht es auch darum, zu verstehen, wie sich die Betroffenen ihre Probleme selbst erklären (hypothetisches Erklärungsmodell). Nicht zuletzt spiegelt aufmerksames Zuhören eine besondere Form der Wertschätzung wider und bildet die Basis für ein Vertrauensverhältnis. In späteren Gesprächen, insbesondere wenn es zu Wiederholungen von bereits mitgeteilten Informationen kommt, lassen sich Grenzen besser und effektiver setzen, ohne die Beziehung zu gefährden.

Menschen mit psychischen Problemen sind sich (meist) der Vorurteile bewusst, die ihnen entgegengebracht werden, und teilen diese teilweise sogar. Sie haben Angst vor entsprechenden Bewertungen und einer stigmatisierenden Diagnose, selbst wenn sie diese aktiv erfragen. Man hat es also nicht nur mit mangelnder Akzeptanz durch Dritte, sondern auch durch die betroffene Person selbst zu tun.

Betroffene wie Außenstehende haben oft ausgeprägte Ängste und Vorurteile gegenüber psychiatrischen Institutionen und – insbesondere psychopharmakologischen – Behandlungsmethoden. Diese resultieren häufig aus Berichten über frühere Zeiten oder entstehen aufgrund einer tendenziösen Berichterstattung. Diese Befürchtungen sollte der Sozialarbeiter ernst nehmen und keinesfalls lapidar abtun. Wenn er sich auf eine Beratung psychisch Erkrankter einlässt, sollte er sachliche Informationen und Fakten präsentieren und auf persönliche Stellungnahmen verzichten, da diese Lösungswege erschweren oder versperren. Gerne hören Betroffene, dass sie keine Medikamente benötigen oder keiner stationären Hilfe bedürfen. Zu solchen Aussagen sollte sich der Sozialarbeiter nicht verführen lassen, da einerseits derartige Hilfen für die Zukunft nicht sicher auszuschließen sind und andererseits diese Versicherung implizit als eine Bestätigung der Vorurteile verstanden werden könnte (wonach o. g. Hilfen schrecklich seien).

Der betriebliche Sozialarbeiter kann darauf hinweisen, dass Psychiatrie und Psychologie vor allem in den letzten 100 Jahren erhebliche Fortschritte bei der Behandlung psychisch Kranker gemacht haben. Für spezifische psychische Probleme bzw. Störungen gibt es mittlerweile psychotherapeutische Verfahren und medikamentöse Behandlungen. Das Wissen über Erkrankungen und deren Behandlung ist ebenso gestiegen wie die Kompetenz der Behandler. Die psychiatrischen Einrichtungen weisen heutzutage lange nicht mehr die unwürdigen Bedingungen auf, die bis in die 70er Jahre in Deutschland anzutreffen waren. Nicht zuletzt hat sich die rechtliche Situation der Patienten verbessert, sodass die Befürchtung, gegen den eigenen Willen weggesperrt zu werden, entkräftet werden kann. Die Entmündigung wurde ersetzt durch eine nach Bereichen (z.B. medizinische Fürsorge, Vermögenssorge) differenzierte Betreuung (§§ 1896 ff. BGB). Die zwangsweise Unterbringung bei akuter Eigen- oder Fremdgefährdung erfolgt meist auf der Basis von Landesgesetzen für psychisch Kranke (oft UBG oder PsychKG), bei bestehender Betreuung und ausschließlich bei Selbstgefährdung nach § 1906 BGB. Leider nimmt allerdings die Anzahl der Unterbringungsverfahren in Deutschland zu, wobei diese in den jeweiligen Ländern sehr unterschiedlich ist.

Betriebliche Sozialberater sollten (auch zur Reflexion der eigenen Vorurteile und Annahmen) ein solides Wissen über psychiatrische

Behandlungsmaßnahmen und klinische Einrichtungen sowie Unterbringungsverfahren haben und möglichst erste Erfahrungen im Umgang mit psychisch Kranken gesammelt haben.

3.2 Beratung der Betroffenen

Den psychisch Erkrankten sollte der betriebliche Sozialarbeiter mit einer positiven, wertschätzenden Grundhaltung möglichst vorurteilsfrei begegnen. Ein tiefgehendes Verstehen der individuellen Situation sollte dazu führen, dass gemeinsam Lösungsmöglichkeiten entwickelt und später ausgewählt werden. Selbst wenn die psychischen Probleme als Folge von negativen betrieblichen Einflüssen zu verstehen sind, setzt die Beratung zuerst bei den direkten Möglichkeiten des Betroffenen zu Veränderungen an. In der Beratung geht es also zunächst darum, was der Betroffene selbst tun kann, um psychische Belastung abzubauen, und welche Hilfsmöglichkeiten zur Bewältigung der psychischen Probleme in Anspruch genommen werden sollten.

Ziele einer Beratung können sein: die Betroffenen lernen, sich in betrieblichen Situationen angemessen zu verhalten und ggf. ihre Erwartungen anzupassen (wenn diese nicht realistisch sind); sie entwickeln Kompetenzen zur Bewältigung betrieblicher Anforderungen; sie bemühen sich um eine Veränderung ihrer Arbeitsaufgaben und -bedingungen (Stundenreduktion, Telearbeit usw.). Dabei gilt, dass die Betroffenen alles selbst leisten sollten, wozu sie in der Lage sind. Ein anstehendes Gespräch mit dem Vorgesetzten sollte gemeinsam vorbereitet werden. Eine Begleitung oder gar Übernahme des Gesprächs durch den betrieblichen Sozialarbeiter sollte nur dann erfolgen, wenn die Klienten es allein nicht schaffen würden.

Wichtig ist es, externe Hilfsmöglichkeiten wie Psychotherapie, Kur und Rehabilitation, Fortbildung und Trainings zu erörtern. Dabei ist es manchmal sehr hilfreich, auch Partner oder andere Familienangehörige mit einzubeziehen. Unter Umständen kann es sinnvoll sein, über eine Bewerbung bei einem anderen Unternehmen nachzudenken.

Betriebliche Sozialarbeiter stehen bei der Beratung psychisch Erkrankter vor besonderen Herausforderungen. Einerseits suchen die Betroffenen einen Verbündeten und Vertrauten. Andererseits muss der Sozialarbeiter den Betroffenen deutlich vermitteln können, dass ihr Verhalten eine wesentliche Ursache z. B. für das Auftreten von Konflikten ist. Auch muss er die Perspektiven der anderen Mitarbeiter und des Betriebes mit einbeziehen, besonders wenn er eine Mediatorenrolle einnimmt.

Im betrieblichen Alltag spielt als ursächlicher Faktor für psychische Erkrankungen Stress – der sowohl durch Über- als auch Unterforderung ausgelöst wird – eine große Rolle. Burnout als Langzeitfolge von Stress tritt beispielsweise vor allem bei Beschäftigten auf, die sehr engagiert ihre Aufgaben wahrnehmen und oft Leistungsträger sind.

3.3 Umgang mit Vorgesetzten und Kollegen

Vorgesetzte und Kollegen suchen bei betrieblichen Sozialarbeitern Rat, wenn sie mit einem vermutlich psychisch Erkrankten zu tun haben. Dabei geht es ihnen einerseits um eine professionelle Einschätzung ihrer Beobachtungen und Interpretationen und andererseits um Hilfestellung im Umgang mit den Betroffenen. Es besteht häufig großer Informationsbedarf zu den verschiedenen psychischen Erkrankungen, den man stillen sollte, um Vorurteile aufzudecken und diese zu reflektieren.

Typischerweise wird in der Beratung auch besprochen und geübt, wie Vorgesetzte und Kollegen auf Betroffene zugehen können, wie sie Gespräche führen sollten und welche Hilfsmöglichkeiten sie anbieten können. Es ist fast immer besser, wenn die Ratsuchenden das erste Gespräch mit dem Betroffenen selbst führen und nicht der betriebliche Sozialarbeiter. Dabei sollten die Betroffenen motiviert werden, sich ihrerseits beim betrieblichen Sozialarbeiter vorzustellen.

Was Menschen belastet und womit sie gut zurechtkommen, ist individuell sehr unterschiedlich und wird subjektiv von jedem Einzelnen auch sehr unterschiedlich wahrgenommen. Auch wenn diesen Sachverhalt vermutlich jeder nach genauerem Überlegen bestätigen wird, hat der Sozialarbeiter jedoch innerbetrieblich damit zu kämpfen, dass Menschen nicht gut in der Lage sind, diese Subjektivität in ihren Überlegungen zu berücksichtigen. Menschen schließen – trotz offenkundiger Unterschiede – von sich auf andere und verstehen nicht, dass andere unter Dingen (z.B. ihrem Führungsstil) leiden, die für sie selber kein Problem darstellen.

Eine wiederkehrende Aufgabe des Sozialarbeiters ist es, allen Beteiligten die Perspektiven der jeweils anderen und insbesondere der psychisch Erkrankten zu vermitteln.

3.4 Hinweise zu einzelnen psychischen Erkrankungen

Kollegen, die sich näher mit psychischen Erkrankungen auseinandersetzten möchten, sei das ausgezeichnet lesbare Buch „Klinische Psychologie" von Ronald Comer (2008) empfohlen.

Depressionen und Manie

Depressionen sind gekennzeichnet durch einen meist schleichenden Verlauf, der das Erkennen eines Krankheitsbildes erschwert. Im Zentrum steht die verminderte Fähigkeit, Gefühle zu empfinden (Gefühl der Gefühllosigkeit). Betroffene beschreiben sich als niedergedrückt, kraft- und antriebslos, nur bedingt leistungsfähig, unkonzentriert und sorgenvoll. Körperliche Symptome sind häufig, insbesondere Ein- und Durchschlafstörungen, Schmerzen und Schweißausbrüche sowie Appetitverlust verbunden mit Gewichtsabnahme. Oft haben Betroffene wegen ihrer verminderten Leistungsfähigkeit Schuldgefühle und empfinden sich als Belastung und Zumutung für andere. Das Risiko suizidaler Handlungen ist sehr groß und muss besonders beachtet werden.

Manische Zustände sind dagegen durch eine gesteigerte euphorische oder gereizte Stimmung mit gesteigerter Aktivität, mangelndem Schlafbedürfnis und Sprunghaftigkeit sowie teilweise Größenphantasien gekennzeichnet. Diese Phasen sind kürzer als depressive Phasen. Aufgrund des gesteigerten Selbstbewusstseins und der verminderten Fähigkeit, strukturiert zu denken und ausgewogen zu urteilen, stellen manische Menschen eine Gefahr für sich und andere dar.

Die Behandlungsmöglichkeiten für Depressionen und Manien mit Medikamenten und teilweise mit Psychotherapie sind sehr gut. Oft hilft es den Depressiven, ihr gewohntes Umfeld zu verlassen und eine Klinik aufzusuchen.

Schizophrenien

Die Betroffenen erkranken meist im frühen Erwachsenenalter; Männer früher als Frauen. Schizophrenien treten weltweit bei etwa 1 % der Bevölkerung auf. Die Negativsymptomatik ist durch eine Einschränkung der normalen Funktionen gekennzeichnet. Zu ihr gehören z. B. Ziellosigkeit, Antriebsarmut, Konzentrationsstörungen und Störungen des geordneten Denkablaufes und des Verstehens. Die Positivsymptomatik beschreibt die Übersteigerung des normalen Erlebens und das Auftreten von Phänomenen wie Wahnvorstellungen und akustischen Halluzinationen (Stimmenhören). Oft haben die Betroffenen große Ängste, leiden unter Schlafstörungen und kommen mit ihrem Umfeld schlecht zurecht, auf das sie teilweise gereizt oder aggressiv reagieren. Verwandte, Bekannte und Kollegen begegnen diesen Verhaltensänderungen häufig mit Befremden, Angst und Hilflosigkeit.

Die Behandlungsmöglichkeiten sind gut, wobei der Einsatz von Neuroleptika (auch Antipsychotika) unvermeidlich ist, teilweise sogar als Dauermedikation. Ein Schizophrener benötigt ärztliche und in den akuten Phasen oft stationäre Hilfe. Die Erkrankung kann ausheilen, in wiederkehrenden Phasen verlaufen aber auch zu so genannten Residualzuständen führen, bei denen Negativsymptome wie Konzentrationsprobleme und Antriebsschwäche dauerhaft zurückbleiben. Die Suizidrate unter jungen Schizophrenen ist hoch. In der Langzeitbetreuung ist es daher eine wichtige Aufgabe, anhand von Frühwarnzeichen rechtzeitig eine Verschlechterung zu erkennen. Die Frühwarnzeichen sind individuell unterschiedlich ausgeprägt und sollten dem Patienten und relevanten Bezugspersonen (wie z. B. dem betrieblichen Sozialarbeiter) bekannt sein.

Angststörungen

Vermeidungsverhalten ist nicht nur ein typisches Symptom bei Menschen mit Angststörungen; es führt auch langfristig zu schweren Folgen. Betroffene führen oft ein eingeschränktes Leben und bleiben unter ihren Möglichkeiten (auch bei der Arbeit), nur um der Angst zu entgehen. Man unterscheidet übersteigerte, irreale Angst vor bestimmten Dingen (Phobien), das Auftreten heftiger Angstanfälle mit und ohne erkennbaren Grund (Panikstörung) sowie allgemein ängstliche Personen (generalisierte Angststörungen). Hinzu kommen die posttraumatischen Belastungsstörungen und die Zwangsstörungen. Die soziale Phobie – die Angst vor Situationen, in denen man bewertet werden könnte – spielt im betrieblichen Kontext eine große Rolle, da sie die Betroffenen daran hindert, ihr Potential auszuschöpfen. Angststörungen werden in erster Linie mit einer Verhaltenstherapie behandelt. Manchmal sind zusätzlich Medikamente sinnvoll, z. B. bei Zwangsstörungen. Betroffene leben mit dem Risiko, von angstreduzierenden Medikamenten wie Benzodiazepinen oder auch von Suchtmitteln wie Alkohol abhängig zu werden.

3.5 Umgang mit Suizidandrohungen

Der betriebliche Sozialarbeiter sollte sich nicht scheuen, das Thema Suizid anzusprechen, sich aber dabei vorsichtig herantasten. Hier kann man – auch wenn man dies als professioneller Berater sonst vermeidet – durchaus suggestive Fragen verwenden. Gerade weil suggestive Fragen eine bestimmte Antworttendenz vorgeben, helfen sie, über dieses heikle Thema ins Gespräch zu kommen. Fragen zu suizidalen Gedanken und Handlungen wird aus Scham oder befürchteten Konsequenzen oft ausgewichen. Personen, die keinerlei Suizidgedanken haben, werden jedoch trotz einer Suggestivfrage nicht solche Gedanken bejahen, so dass man kaum ein Risiko eingeht, falsche Informationen zu erhalten. Eine typische Suggestivfrage könnte sein: „Hatten Sie nicht aufgrund der Belastungen – wie viele in einer ähnlichen Situation – den Gedanken, dass es besser wäre, wenn Sie nicht mehr leben würden?" Oft kann man an den Bericht der Betroffenen anknüpfen, die Belastungen zusammenfassen und fragen, ob sie nicht schon den Gedanken gehabt hätten, dass alles keinen Sinn mehr mache, oder ob sie die Hoffnung auf Besserung verloren hätten. Wird das bejaht, kann man direkter fragen, ob die Betroffenen bereits Suizidgedanken hatten, wie z. B. die Vorstellung, alles nicht mehr ertragen zu müssen, was sie beschwert. Wollen sich die Betroffenen auf diese Fragen nicht einlassen, sollte man dennoch darauf beharren.

Werden dann suizidale Gedanken geäußert, muss hierauf deren Charakter näher geklärt werden. Handelt es sich hierbei um Fantasien oder um konkrete Überlegungen? Wie häufig sind sie? Auf welche Art und Weise wird in diesen Gedanken dem Leben ein Ende gesetzt? Was hat bis jetzt die Betroffenen davon abgehalten, diese Fantasien umzusetzen? Sind bereits konkrete Vorbereitungen getroffen worden, z.b. Sammeln von Medikamente oder Kauf eines Stricks, ist größte Vorsicht angebracht. Ein Arzt, am besten ein Psychiater, muss hinzugezogen werden.

Wichtig ist es, auch bei psychiatrischen Notfällen ruhig zu bleiben und die notwendigen Schritte zu erklären. Dabei sollte man sich zunächst selbst entscheiden, welche Schritte zwingend notwendig sind und diese dem Klienten erklären, jedoch nicht mehr zur Diskussion stellen. Bei einer Gefährdung kann gemeinsam ein Arzt aufgesucht werden, ein Hausarzt oder ein Psychiater, der entscheidet, welche Hilfen notwendig sind. Ebenso kann die Ambulanz einer psychiatrischen Klinik aufgesucht werden. Ist der Betroffene nicht kooperativ oder z. B. aufgrund der Tageszeit keine der oben genannten Möglichkeiten nutzbar, kann auf den amtlichen sozialpsychiatrischen Dienst oder den ärztlichen Notdienst zurückgegriffen werden. Sollte das alles erfolglos bleiben oder Gefahr im Verzug sein, weil der Sozialarbeiter sich der Situation allein nicht gewachsen oder sich selbst bedroht fühlt, sollte er sich nicht scheuen, die Polizei anzurufen, die nötigenfalls einen Arzt hinzuziehen kann.

Es ist regional unterschiedlich geregelt, wie der vom Amt eingesetzte Arzt hinzugezogen wird. Daher ist es sinnvoll, sich über die örtlichen Gepflogenheiten beim Gesundheitsamt im Vorfeld zu erkundigen. Die zwangsweise Unterbringung bei akuter Eigen- oder Fremdgefährdung wird in Landesgesetzten unterschiedlich geregelt.

4 Prävention

Die betriebliche Sozialarbeit sollte sich um die Prävention psychischer Erkrankungen bemühen. Dazu zählt in erster Linie die Aufklärung über psychische Erkrankungen, ihre Ursachen und Behandlungsmöglichkeiten. Neben Verständnis für Betroffene fördert dies auch die Inanspruchnahme der Beratung. Spezielle Themen im Grenzbereich zu psychischen

Erkrankungen können Mobbing, kollegialer Umgang miteinander, Stress und Burnout sein.

Psychische Erkrankung im Betrieb können zum Thema in der Mitarbeiterzeitschrift, in Führungskräfteschulungen, Personal-/Betriebsräteschulungen und in Mitarbeiterteams gemacht werden. Ein Informationsangebot per Intranet oder durch ausliegende Broschüren ist sinnvoll. Fortbildungsangebote mit Präventionscharakter (Stressbewältigung, Konfliktlösung u. Ä.) in gefährdeten Arbeitseinheiten können angeregt werden. Der Förderung der Gesprächs- und Konfliktkultur innerhalb des Betriebes, z. B. durch Benennung kollegialer Ansprechpartner und Entwicklung von Regeln zum Umgang miteinander und zur Vermeidung von Mobbing, kommt dabei eine besondere Rolle zu, benötigt aber oft Jahre. Ein interessantes Beispiel ist das frei abrufbare H.I.L.F.E.-Konzept „Psychisch krank im Job. Was tun?" vom BKK Bundesverband und der Familien-Selbsthilfe Psychiatrie (2006), das Erstinformationen zu psychischen Erkrankungen bietet.

Literatur

Benkert, O. (2009). Psychopharmaka: Medikamente, Wirkung, Risiken. 5. Aufl. München: C.H. Beck.

Benkert, O.; Hippius, H. (2008). Kompendium der Psychiatrischen Pharmakotherapie. Berlin: Springer,7., vollst. überarb. u. erw. Aufl.

Comer, R. J. (2008). Klinische Psychologie. Spektrum Akademischer Verlag.

Internationale statistische Klassifikation der Krankheiten und verwandter Gesundheitsprobleme, 10. Revision German Modification (ICD-10) Version 2010; Abruf unter www.dimdi.de am 01.03.2010.

Jente, C. (2001). Psychische Erkrankungen. In: Jente, C., Judis, F., Meier, R., Steinmetz, S. Wagner, S.F. (Hrsg.). Betriebliche Sozialarbeit. S.137–139.

Meyer, C.; Rumpf, H.-J.; Hapke, U.; Dilling, H.; John, U. (2000). Lebenszeitprävalenz psychischer Störungen in der erwachsenen Allgemeinbevölkerung: Ergebnisse der TACOS-Studie. Nervenarzt, Vol. 71, 535–542.

Robert-Koch-Institut (Herausgeber, 2009). Krankheitskosten. Gesundheitsberichterstattung des Bundes. Robert-Koch-Institut: Berlin.

Christof Korn

Betriebliches Eingliederungsmanagement – eine Aufgabe für Sozialberatungen

1 Die Arbeitsformel der Zukunft

Kennen Sie die Formel 0,5 × 2 × 3? Sie stammt von Horst Opaschowski, dem Zukunftsforscher und Leiter der Stiftung für Zukunftsfragen. Die griffige Formel beschreibt die im Umbruch befindliche Arbeitwelt. Sie besagt, dass die Hälfte der Beschäftigten doppelt so viel verdient und dafür dreimal so viel leisten muss wie früher. Das bedeutet im Kern, dass für viele Arbeiten deutlich weniger Beschäftigte benötigt werden. Und für die verbleibenden vollzeitbeschäftigten Mitarbeiter wird die Arbeit immer intensiver, konzentrierter und psychisch belastender, aus Sicht der Unternehmen allerdings immer produktiver und effektiver (Opaschowski 2001, S. 66 f.).

Arbeitsformel der Zukunft

0,5 × 2 × 3

Abb. 1: Arbeitsformel der Zukunft

Dieser Zukunftstrend ist in vielen Bereichen unserer Arbeitswelt bereits Wirklichkeit geworden. Waren beispielsweise 1994 bei der Deutschen Bahn über 500.000 Frauen und Männer beschäftigt, so waren es 2004 nur noch 240.000 – also knapp die Hälfte, die mehr zu leisten und eine erhöhte Produktivität zu erbringen hatten (Opaschowski 2004, S. 89 f.). Die Folgen der veränderten Arbeitswelt sind für den Einzelnen erheblich, z.B. für Åke Rutgersson. Er war Werksmanager bei Volvo in Göteborg und für 300 Mitarbeiter verantwortlich. Allerdings wuchs ihm diese Verantwortung mit der Zeit über den Kopf, und er geriet in eine depressive Krise. Erst ein Wiedereingliederungsprogramm half ihm, nach der Krankheit in seinem Konzern neu einzusteigen (Unger & Kleinschmidt 2007, S. 29).

Åke Rutgersson ist kein Einzelfall. In vielen Betrieben oder Behörden arbeitet ein Åke Rutgersson als Karl Müller oder Markus Schmidt – nur dass diese oft weniger Personalverantwortung haben oder als Sachbearbeiter tätig sind. Genauso sind natürlich auch Frauen wie Susanne Meier oder Corinna Schmitz betroffen – nur dass es nicht überall Wiedereingliederungsprogramme gibt. Die Begleitumstände der heutigen Arbeitswelt sind immer ähnlich: neue Technologien, verstärkte Arbeitsteiligkeit, wachsende Komplexität, Rationalisierung und Flexibilisierung betrieblicher oder behördlicher Prozesse, zunehmender Arbeitsdruck und oft genug mangelnde Unterstützung durch Kollegen oder Vorgesetzte am Arbeitsplatz.

Kommunikation und Information über erforderliche Veränderungen finden häufig nur ungenügend statt. Beschäftigte werden selten frühzeitig einbezogen und beteiligt. Viele Vorgesetzte wundern sich, warum die Gerüchteküche unablässig brodelt oder es zu Konflikten kommt, die gelegentlich lautstark ausgetragen werden. Häufiger sind allerdings persönliche Rückzüge in die innere Emigration. Innerbetriebliche oder innerbehördliche Kommunikationskonzepte könnten hier Abhilfe schaffen, sind aber oft Mangelware. Hinzu kommt die demographische Entwicklung: 2005 gab es in den Betrieben und Dienststellen Deutschlands mehr Mitarbeiter, die über 50 Jahre alt waren, als solche unter 30. Prognosen zufolge wird schon 2015 jeder dritte Beschäftigte über 50 sein (Seel 2006, S. 30; Stegmann et al. 2005, S 6 f.).

All das bleibt nicht ohne Folgen für das Krankheitsgeschehen. Während die klassischen Arbeitsunfälle rückläufig sind und sich im Zeitraum von 1992 bis 2003 fast halbiert haben, nehmen psychische Erkrankungen seit Jahren kontinuierlich zu. Sie gehören mittlerweile zu den fünf häufigsten Krankheitsarten, die eine Arbeitsunfähigkeit auslösen. Bei den drei großen gesetzlichen Krankenkassen DAK, AOK und TK wurde von 2000 bis 2004 jeweils ein relativer Anstieg der psychischen Erkrankungen von rund 20 % ermittelt. Als Ursachen werden zunehmende Arbeitsplatzbelastungen wie die zeitliche und fachliche Über- oder Unterforderung und fehlender Handlungsspielraum genannt, außerdem psychosoziale Faktoren wie mangelnde Anerkennung und Wertschätzung, soziale Konflikte und ungenügendes Führungsverhalten (Rixens 2009, S. 3 f.).

2 Gesundheitsmanagement als Antwort

Vor diesem Hintergrund widmen Betriebe und Behörden den Themen Arbeitsfähigkeit, Demographie und Prävention deutlich mehr Aufmerksamkeit und haben ein systematisches Gesundheitsmanagement – und in diesem Rahmen auch ein betriebliches Eingliederungsmanagement (BEM) – eingeführt. Die Förderung, Erhaltung oder Wiederherstellung von Gesundheit und Arbeitsfähigkeit sind dabei entscheidende Zielgrößen. Maßnahmen auf Organisationsebene wie z. B. eine regelmäßige Informationspolitik und Maßnahmen auf individueller Ebene wie z. B. ein zielgerichtetes sensibles Vorgehen im Einzelfall dienen der Erreichung der Ziele. Gesundheitsmanagement als Strategie hat die Organisation und die Belegschaft eines Betriebes oder einer Behörde ebenso im Blick wie das Führungsverhalten der Vorgesetzten.

Die Mitarbeiter werden unterstützt, indem ihnen individuelle Möglichkeiten der Gesunderhaltung z. B. in Bezug auf die Themen Stress, Ernährung oder Bewegung aufgezeigt werden. Vorgesetzte werden unterstützt, indem sie erfahren, wie wichtig es ist, Führung auch als gesundheitsrelevanten Faktor zu begreifen. Denn Führung besteht im Wesentlichen aus zwei Aufgaben: aus der Sachaufgabe, die fachliche Kompetenz erfordert, und aus der Personen- oder Beziehungsaufgabe, die soziale Kompetenz erfordert. Erstere haben Vorgesetzte in der Regel gut gelernt. Demgegenüber wird ihnen nur selten vermittelt, wie sie die Personenaufgabe erfüllen können, sodass sie sich häufig auf die Erfüllung der Sachaufgabe konzentrieren, denn auf diesem Gebiet fühlen sie sich sicher. Das ist jedoch kurzsichtig. Während die Erfüllung der Sachaufgabe die Produktivität sicherstellt, gewährleistet die Erfüllung der Personenaufgabe Arbeitszufriedenheit und damit Anwesenheit und niedrige Fehlzeiten (Matyssek 2003, S. 22 f.).

Aufgaben der Sozialberatung

Sozialberatungen in Betrieben und Behörden können aufmerksam machen auf die Veränderungen der Arbeitswelt und aufzeigen, wie diese Veränderungen mit dem Krankheitsgeschehen korrelieren. Außerdem

können sie an der Entwicklung, Implementierung und Weiterentwicklung des Gesundheitsmanagements und des BEM mitwirken, denn grundsätzlich haben Sozialberater eine doppelte Aufgabe:
- Sie haben individuelle Beratung für die Mitarbeiter des Betriebes oder der Behörde zu leisten, in der sie arbeiten und die sich in einer besonderen Lebenssituation an sie wenden. Sie haben Entlastungs-, Klärungs- und Vermittlungsgespräche mit dem Ziel zu führen, in einer speziellen persönlichen oder beruflichen Situation soziale Unterstützung, Gesundheit und Arbeitsfähigkeit zu ermöglichen.
- Außerdem sollen sie ihr spezifisches Know-how einbringen und Prozesse und Strukturen mit gestalten, die dabei helfen, die psychosoziale Gesundheit in einer sich verändernden Arbeitswelt zu entwickeln und zu stärken.

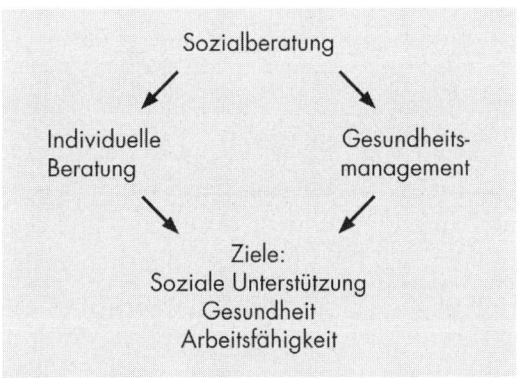

Abb. 2: Aufgaben der Sozialberatung.

3 Betriebliches Eingliederungsmanagement

Innerhalb des Gesundheitsmanagements ist das BEM ein wichtiger Baustein, bei dem auf Arbeitsunfähigkeitszeiten reagiert wird. Denn die Arbeitsunfähigkeit stellt immer eine dreifache Belastung dar: für die Mitarbeiter, für den Betrieb und für die Sozialversicherungssysteme.
- Für die Beschäftigten, die sich für die Zeit der Arbeitsunfähigkeit in der Welt der Medizin und Rehabilitation bewegen und nicht am Arbeitsprozess teilnehmen können.

- Für den Betrieb oder die Behörde, weil Arbeitsunfähigkeit Kosten verursacht, ohne eine Gegenleistung zu produzieren. Regelmäßig entstehen Mehrbelastungen für die übrigen Beschäftigten, oder es müssen Vertretungskräfte finanziert werden.
- Für die Sozialversicherungssysteme, weil nach sechs Wochen krankheitsbedingten Ausfalls die Lohnfortzahlung durch die Krankenkasse erfolgt.

Ein durchdachtes und differenziertes BEM nützt den Betroffenen, dem Betrieb und auch den Sozialversicherungssystemen:
- Den betroffenen Beschäftigten, weil sie möglichst schnell wieder in die betriebliche Praxis zurückkehren und die Rückkehr mit entsprechenden Maßnahmen unterstützt und begleitet wird.
- Den Betrieben und Behörden, weil eine Verringerung der Arbeitsunfähigkeitszeiten Kosten spart und weil ein transparenter und sensibler Umgang mit dem Thema ein Imagegewinn ist.
- Den Sozialversicherungssystemen, weil sie von Kosten entlastet werden (Seel 2006, S. 30 f.).

3.1 Gesetzliche Grundlage und Ziele

Am 1. Mai 2004 trat das Gesetz über das BEM in Kraft. Der Gesetzestext lautet: „Sind Beschäftigte innerhalb eines Jahres länger als sechs Wochen ununterbrochen oder wiederholt arbeitsunfähig, klärt der Arbeitgeber mit der zuständigen Interessenvertretung [...], mit Zustimmung und Beteiligung der betroffenen Person die Möglichkeit, wie die Arbeitsunfähigkeit möglichst überwunden wird und mit welchen Leistungen oder Hilfen erneuter Arbeitsunfähigkeit vorgebeugt und der Arbeitsplatz erhalten werden kann (betriebliches Eingliederungsmanagement)" (§ 84 Abs. 2 SGB IX). Das bedeutet:
- Der Arbeitgeber trägt die Verantwortung für die Durchführung des Verfahrens.
- Das BEM gilt für alle Arbeitnehmer und alle Beamte.
- Das BEM soll angeboten werden, sobald die Summe der Krankheitstage bei kurz- oder langfristigen Erkrankungen einen Zeitraum von 6

Wochen, also im Regelfall 30 Tage innerhalb eines Jahres (nicht Kalenderjahr) überschreitet.
- Der Betriebsrat oder Personalrat ist zu beteiligen.
- Bei schwerbehinderten Menschen soll die Schwerbehindertenvertretung einbezogen werden.
- Die betroffene Person ist über die Ziele des BEM-Verfahrens sowie über Art und Umfang der dafür erhobenen Daten zu informieren.
- Das BEM kann nur mit Zustimmung und Beteiligung der betroffenen Person erfolgen.
- Werks- oder Betriebsärzte sollen im Bedarfsfall beteiligt werden.
- Je nach Fallgestaltung sind die gemeinsamen Servicestellen und bei schwerbehinderten Beschäftigten die Integrationsämter hinzuzuziehen, die die erforderlichen Leistungen zur Teilhabe oder begleitende Hilfen im Arbeitsleben bereitstellen (Niehaus et al. 2008, S. 7 f.).

Ziele des BEM-Verfahrens sind die Überwindung der akuten Arbeitsunfähigkeit, die Vorbeugung erneuter Arbeitsunfähigkeit sowie die Erhaltung und Förderung der Arbeitsfähigkeit und der Gesundheit; darüber hinaus die Vermeidung von Behinderungen einschließlich chronischer Krankheiten (Stegmann et al. 2005, S. 14; Adlhoch et al. 2005, S. 8). Hierzu ist das BEM mit dem Gesundheitsmanagement eines Betriebes oder einer Behörde zu verzahnen.

3.2 Einführung und Reflexion des BEM

Der Autor dieses Buchbeitrages arbeitet als Sozialberater im Landesamt für Vermessung und Geobasisinformation Rheinland-Pfalz in Koblenz. Dabei handelt es sich um eine technische Landesverwaltung, bei der zusammen mit dem nachgeordneten Bereich der Vermessungs- und Katasterämter rund 1800 Mitarbeiter beschäftigt sind: überwiegend Techniker, Kartographen, Vermessungsingenieure und Geodäten. Die Berufsgruppen erheben Geobasisdaten, weisen sie landesweit aktuell nach und stellen diese Dritten zur Nutzung zur Verfügung. Sie erfüllen klassische staatliche Aufgaben, von denen viele profitieren: Haus- und Grundstückseigentümer, weil ihr Grund und Boden sorgfältig im Kataster nachgewiesen wird; Autobesitzer, die sich mit Hilfe des Navigationsgeräts genau an einen bestimmten Ort leiten lassen; staatliche oder private Stellen, die vielfältigste Planungen betreiben und dafür aktuelle Daten über die Infrastruktur benötigen. Die Verwaltung ist eine Behörde des Innenministeriums von Rheinland-Pfalz. Dieses bildet mit dem Landesamt für Vermessung und Geobasisinformation und den aktuell 20 Vermessungs- und Katasterämtern die Vermessungs- und Katasterverwaltung.

In der Vermessungs- und Katasterverwaltung wurde das BEM-Verfahren im Sommer 2007 eingeführt. Diesem vorausgegangen war der Auftrag an den Sozialberater, einen Vorschlag für die konkrete Ausgestaltung und Umsetzung des Verfahrens zu erarbeiten. Dabei sollte insbesondere die Struktur der Verwaltung berücksichtigt werden. Dazu wurde Fachliteratur und die praktische Umsetzung des BEM bei den Ford-Werken in Köln studiert. Schließlich konnte ein konzeptioneller Entwurf erarbeitet und intern mit der Behördenleitung und den Personalräten abgestimmt werden. Die wesentlichen Details sind:

- Es wurde eine auf die Behörde abgestimmte Systematik der Vorgehensweise entwickelt, die transparent ist und alle Beteiligten bei der Umsetzung des BEM im Allgemeinen und im Einzelfall unterstützt.
- Damit das BEM umgesetzt werden kann, wurden im Landesamt und in den 20 Vermessungs- und Katasterämtern jeweils eine Ansprechperson und ein Integrationsteam benannt. Im Integrationsteam ist immer ein Mitglied, das vom Personalrat bestimmt wird.
- Wegen seiner grundlegenden Bedeutung wurde das BEM-Verfahren in einer Dienstvereinbarung geregelt. Eine Organisationsverfügung, die der Arbeitgeber für die Umsetzung des Verfahrens nutzen könnte, wurde aufgrund des besseren kooperativen Ansatzes des BEM als nicht zielführend verworfen.
- Alle Mitarbeiter wurden schriftlich und mündlich über das Verfahren, die Hintergründe und Möglichkeiten informiert. Die Informationen wurden außerdem im Intranet veröffentlicht. Im Landesamt und in allen Vermessungs- und Katasterämtern wurden spezielle Informationsveranstaltungen durchgeführt.
- Es besteht Einigkeit, dass ein vertrauensvoller Umgang der Beteiligten

in den jeweiligen Integrationsteams zentrale Voraussetzung für ein erfolgreiches BEM ist.
- Die Integrationsteams sind zum Datenschutz verpflichtet. Unterlagen des BEM kommen nicht in der Personalakte. Dort wird lediglich vermerkt, dass ein BEM angeboten und durchgeführt wurde.
- Was den konkreten Ablauf des BEM angeht, so wurden die nachfolgende Schritte vereinbart:
  1. Feststellung der Arbeitsunfähigkeit von 6 Wochen.
  2. Erstkontakt mit dem betroffenen Mitarbeiter.
  3. Klärungsgespräch mit dem Betroffenen und anschließende Fallbesprechung im Integrationsteam.
  4. Umsetzung und Reflexion der Maßnahmen.

Die nachfolgende Abbildung zeigt das BEM-Verfahren im Überblick:

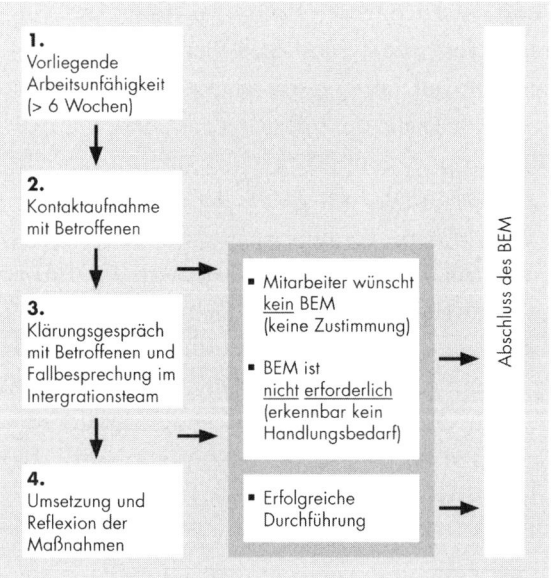

Abb. 3: Ablauf des BEM-Verfahrens

- Für betroffene Beschäftigte und die Organisation wurden folgende Ansatzpunkte herausgearbeitet: Möglichkeiten der Umgestaltung der

Arbeitszeit, des Arbeitsumfeldes und der Arbeitsorganisation; Möglichkeiten der Gesundheitsförderung und der medizinischen Rehabilitation einschließlich der stufenweisen Wiedereingliederung und der beruflichen Rehabilitation.
- Die Ansprechpartner und die Integrationsteams werden in speziellen Schulungen auf die neue Aufgabe vorbereitet. Die Schulungen sollen drei Schwerpunkte haben: Ablauf und Hintergründe des BEM-Verfahrens, motivierende Gesprächsführung sowie medizinische Hintergründe und Möglichkeiten bei großen Krankheitsgruppen, die eine Arbeitsunfähigkeit auslösen (Muskel-Skelett-Erkrankungen, Herz-Kreislauf-Erkrankungen und psychische Auffälligkeiten). Die Punkte motivierende Gesprächsführung (Miller und Rollnick 2004) sowie Ablauf und Hintergründe des BEM-Verfahrens sollen durch den Sozialberater vermittelt werden; die medizinischen Hintergründe und Möglichkeiten mit Hilfe eines Arbeitsmediziners.
- Nach spätestens 2 Jahren soll das BEM-Verfahren in Bezug auf die Strukturen, den Verlauf und die erzielten Ergebnisse evaluiert und auf erforderliche Veränderungen hin überprüft werden.

Als gemeinsames Anliegen wurde festgehalten:
- BEM ist ein neues Werkzeug, das ein sensibles und sorgfältiges Arbeiten aller Beteiligten erfordert.
- BEM ist ein intelligentes Werkzeug, das darauf setzt, dass alle Beteiligten ein Interesse an ihrer persönlichen Gesundheit haben. Gesundheit ist nie nur eine private Angelegenheit eines Mitarbeiters.
- BEM ist ein proaktives Werkzeug, da krankheitsbedingte Abwesenheiten nicht wie bisher lediglich passiv verwaltet, sondern im Interesse des Arbeitgebers und der Beschäftigten innovative Lösungen aktiv gesucht werden (Mehrhoff 2004, S. 9 f.).
- BEM ist ein Werkzeug einer lernenden Verwaltung, in der kontinuierlich Verbesserungen möglich sind.
- Kooperation der Beteiligten und in die Zukunft gerichtete Problemlösungen stehen im Mittelpunkt.

3.3 Evaluation und Weiterentwicklung des BEM

Nach rund zweijähriger Erfahrung mit der Anwendung des BEM wurde das Verfahren in 2009 evaluiert und weiterentwickelt. Die Evaluierung wurde durch den Sozialberater mit Unterstützung eines Arbeitspsychologen der Unfallkasse Rheinland-Pfalz vorbereitet und durchgeführt. Für zwei spezielle Reflexionstagungen mit den Integrationsteams wurde ein Fragebogen erarbeitet, der insgesamt 13 Fragen zu den folgenden Themen enthielt und den Kernbereich der Reflexion bildete:
- Allgemeines und Strukturen
- Verlauf
- Ergebnisse

Hier beispielhaft ein paar Fragen:
- Wie viele Personen haben in Ihrem Amt die Kriterien zur Durchführung des BEM erfüllt? Wie kündigten Sie die Erstgespräche an?
- Mit wie vielen Kollegen wurde in Ihrem Amt ein Erstgespräch geführt? Mit wie vielen Kollegen haben Sie im nächsten Schritt, also im Integrationsteam gesprochen?
- Haben Sie im Rahmen des BEM tätigkeitsbezogene Maßnahmen (z.B. Anpassung des Arbeitsplatzes, Wechsel auf einen anderen Arbeitsplatz, Konfliktbearbeitung) umgesetzt?
- Haben Sie im Rahmen des BEM personenbezogene Maßnahmen umgesetzt oder empfohlen, z. B. stufenweise Wiedereingliederung oder Maßnahmen zur gesundheitlichen Stabilisierung?
- Bemerken Sie darüber hinaus Effekte innerhalb der Mitarbeiterschaft, die auf das BEM zurückzuführen sind (z. B. positive Rückmeldungen über BEM-Gespräche, Teilnahme an präventiven Kursen der Krankenkasse oder auch die Gründung von Gymnastikgruppen am Arbeitsplatz)?

Im Rahmen der Tagungen wurde deutlich, dass sich die Strukturen grundsätzlich bewähren, wobei in einigen Integrationsteams durchaus unterschiedliche Meinungen und Vorgehensweisen erkennbar wurden. Damit die individuellen Möglichkeiten des BEM noch stärker berücksichtigt werden, soll in den jeweiligen Ämtern eine weitere Ansprechperson für die Erstgespräche benannt werden.

Was die Akzeptanz des Verfahrens angeht, so haben sich die meisten betroffenen Personen auf das BEM und die Erstgespräche eingelassen. Mit etwas über 10 % der betroffenen Personen wurde im Integrationsteam gesprochen, und es wurden Maßnahmen vereinbart. Auffällig war, dass in einigen Behörden keine Gespräche in den Integrationsteams zustande kamen und Vorbehalte gegenüber den Möglichkeiten des Verfahrens und den Kompetenzen der Integrationsteams geäußert wurden. Hier soll durch eine Informationsbroschüre zusätzlich gezielt Vertrauen aufgebaut werden.

Auch am Thema Begleitung und Weiterbildung der BEM-Teams soll gearbeitet werden. Außerdem soll über ein spezielles Clearingverfahren für komplexe Fälle nachgedacht werden. Die Integrationsteams sollen spezielle Fallbesprechungen anberaumen können. In dem dafür zu gründenden Clearingteam könnten die Bereiche Arbeitsmedizin, Arbeitspsychologie und Sozialberatung mitwirken und Empfehlungen für das weitere Vorgehen entwickeln und abstimmen.

Bei den Ergebnissen wurden sowohl tätigkeitsbezogene als auch personenbezogene Maßnahmen benannt:
- Insbesondere konnten Arbeitsplätze angepasst oder andere Tätigkeiten vergeben werden, beispielsweise die Versetzung vom Außendienst in den Innendienst, aber auch die Versetzung innerhalb von Fachbereichen.
- Es wurden höhenverstellbare Tische angeschafft und Drehstühle mit hoher Lehne gekauft. Ein Kollege erhielt eine spezielle Computermaus und eine Kollegin eine spezielle Fußstütze.
- Die stufenweise Wiedereingliederung war die häufigste umgesetzte Maßnahme.
- Darüber hinaus gab es Vermittlungen zu Fachstellen: zu Fachärzten, Selbsthilfegruppen und Beratungsstellen.
- Schließlich konnten auch eine Reihe von Effekten innerhalb der Mitarbeiterschaft, die auf das BEM-Verfahren zurückzuführen sind, benannt werden: beispielsweise in der Hälfte der Vermessungs- und Katasterämter die Initiierung gesundheitsfördernder Maßnahmen wie die Einrichtung von Gymnastikgruppen, Lauftreffs und einer Nordic-

Walking-Gruppe oder die Durchführung präventiver Kurse durch externe Fachkräfte (Qi Gong, Wirbelsäulengymnastik).

4 BEM - eine wichtige Aufgabe für Sozialberatungen

Die Ausführungen zeigen, dass durch das BEM für die Sozialberatungsstellen in Betrieben und Behörden wichtige Aufgaben erwachsen, denen sie sich initiativ stellen sollten. Denn neben der Orientierung an der individuellen Beratung und Unterstützung von Beschäftigten in speziellen Lebenssituationen können Sozialberater im Rahmen des Gesundheitsmanagements und des BEM aufgrund ihrer fachlichen Qualifikation wesentliche Beiträge zur psychosozialen Gesundheit im Arbeitsleben leisten und damit auch ihren Beruf zukunftsgerecht profilieren.

Was die konkrete Ausgestaltung der Tätigkeiten im Rahmen des BEM angeht, so sind verschiedene Varianten denkbar, die je nach betrieblicher oder behördlicher Situation umgesetzt werden sollten: in der Implementierung, Begleitung und Unterstützung des BEM-Verfahres und genauso in der praktischen Tätigkeit, beispielsweise als spezieller Fallmanager im BEM-Verfahren. Es scheint hier sogar ein neues Arbeitsfeld absehbar, das die Sozialberater für sich erschließen können, zumal sich auch schon die bisherigen Aufgaben durch einen engen betrieblichen oder behördlichen Bezug und durch die Koordination mit verschiedenen internen und externen Stellen auszeichnen (Mehrhoff 2004, S. 15).

5 Fazit

Das betriebliche Eingliederungsmanagement ist ein anspruchsvoller, differenzierter und wirksamer Baustein im Gesundheitsmanagement, den Sozialberater im Interesse der Betriebe bzw. Verwaltungen und deren Beschäftigten voran bringen können. Weil die Gesundheit der Mitarbeiter sich nachhaltig auf die Leistungsfähigkeit auswirkt, sollte das Gesundheitsmanagement und das Eingliederungsmanagement als Markenkern von Betrieben und Verwaltungen begriffen werden. Nur durch gesunde Mitarbeiter können die Ziele von Betrieben und Verwaltungen erreicht werden, und nur so ist langfristiger Erfolg möglich.

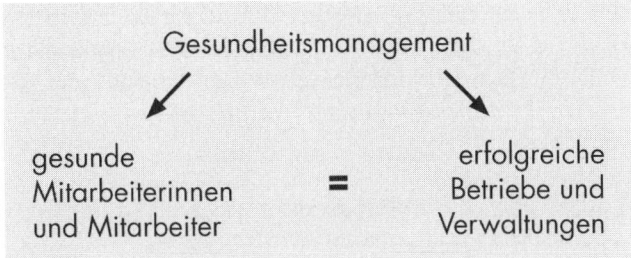

Abb. 4: Gesundheitsmanagement

Literatur

Adlhoch, U. et al. (2005). Handlungsempfehlungen zum betrieblichen Eingliederungsmanagement. Köln/Münster: Hrsg. von den Landschaftsverbänden, Integrationsämtern Rheinland u. Westfalen-Lippe.

Matyssek, A. K. (2003). Chefsache: Gesundes Team – gesunde Bilanz. Ein Leitfaden zur gesundheitsgerechten Mitarbeiterführung. Wiesbaden: Universum.

Mehrhoff, F. (2004) Das Konzept zur beruflichen Reintegration von behinderten Menschen. In: Mehrhoff, F. (Hrsg.) Disability Management. Strategien zur Integration behinderter Menschen in das Arbeitsleben. Stuttgart: Genter. S. 9–19.

Miller, W. R. und Rollnick, S. (2004). Motivierende Gesprächsführung. Ein Konzept zur Beratung von Menschen mit Suchtproblemen. Freiburg im Breisgau: Lambertus. 2. Aufl.

Niehaus, M. et al. (2008). Betriebliches Eingliederungsmanagement. Studie zur Umsetzung des betrieblichen Eingliederungsmanagements nach § 84 Abs. 2 SGB IX. Universität Köln.

Opaschowski, H. W. (2001). Deutschland 2010. Wie wir morgen leben. Voraussagen der Wissenschaft zur Zukunft unserer Gesellschaft. Hamburg: Germa-Press. 2. Aufl.

Opaschowski, H. W. (2004). Deutschland 2020. Wie wir morgen leben. Prognosen der Wissenschaft. Wiesbaden: VS Verlag für Sozialwissenschaften.

Rixgens, P. (2009). Psychische Erkrankungen auf dem Vormarsch. Neue Herausforderungen für das betriebliche Gesundheitsmanagement. Gütersloh: Bertelsmann Stiftung. http://www.bertelsmann-stiftung.de/bst/de/media/xcms_bst_dms_23734__2.pdf (Zugriff: 19.01.2010).

Seel, H. (2006): Betriebliches Eingliederungsmanagement – Gesundheitsförderung als Unternehmensstrategie. In: Behindertenrecht (br). Fachzeitschrift für Fragen der Rehabilitation. Heft 2/2006: S. 30–36. München: Boorberg.

Stegmann, R. et al. (2005). Prävention und Eingliederungsmanagement. Arbeitshilfe für Schwerbehindertenvertretung, Betriebs- und Personalräte. Hrsg. ver.di Bundesverwaltung Berlin u. IG Metall Vorstand, Frankfurt/Main.

Unger, H. P. und Kleinschmidt C. (2007). Bevor der Job krank macht. Wie uns die heutige Arbeitswelt in die seelische Erschöpfung treibt und was man dagegen tun kann. München: Kösel, 4. Aufl.

Annette Löning

Mediation – eine konstruktive Konfliktlösung im betrieblichen Kontext

1 Einführung

Die folgenden Ausführungen basieren auf meiner sechsjährigen Erfahrung als Sozialberaterin und interne Mediatorin in einer großen europäischen Institution sowie als externe Mediatorin für unterschiedliche Unternehmen. Als interne Mediatorin habe ich sehr viele Beratungen und eine hohe Anzahl von Mediationen auf verschiedenen hierarchischen Ebenen durchgeführt, bei Konflikten auf kollegialer Ebene wie auch bei Auseinandersetzungen über mehrere Hierarchiestufen hinweg. Die Beschreibung, was Mediation ist und wie sie angewendet werden kann, veranschauliche ich an zwei Praxisfällen.

2 Was ist Mediation?

Mediation ist ein außergerichtliches Konfliktlösungsverfahren, in dem unter Anleitung einer neutralen Vermittlungsperson eine für alle Beteiligten faire verbindliche Lösung erarbeitet wird. Der Einsatz von Mediation als einer spezifischen Konfliktlösungsmethode setzt einen konkreten Konflikt voraus, sei es zwischen zwei Personen oder innerhalb eines Teams. Mediation – „in der Mitte stehen" – bedeutet immer die Vermittlung durch eine dritte Person, die nicht selbst involviert ist, sondern als neutrale Mittlerin agiert.

Mediation ist zukunftsorientiert und zielt auf eine verbindliche Vereinbarung zwischen den Beteiligten ab. Mediation ist ein informelles, freiwilliges Verfahren, das stets eine grundsätzliche Einigungsbereitschaft bei allen Beteiligten voraussetzt und jederzeit beendet werden kann. Die Eigenverantwortlichkeit und Autonomie der Beteiligten wird in der Mediation gestärkt, wenn sie aus dem „Konflikttunnel" heraus begleitet werden können.

Mediation findet im vertraulichen Rahmen statt, damit ein offenes Gespräch möglich wird.

Folgende Grundregeln bestimmen die Mediation?
- Neutrale, allparteiliche Vermittlungsperson,
- Freiwillige Teilnahme an der Mediation,
- Vertraulichkeit der Inhalte,
- Eigenständigkeit der Beteiligten,
- Ergebnisoffenheit für alle Beteiligten.

3   Wie läuft Mediation ab?

Der Mediation liegt ein bewährtes Fünf-Phasen-Modell (Schäffer 2004, S. 56 ff.) zugrunde, das zu nachhaltigen und für alle Beteiligten befriedigenden Lösungen führt. Die Phasen stellen sich wie folgt dar:

1. *Einführung*: Kontaktaufbau und Klärung der Motivation der Beteiligten. Der Ablauf und die Grundregeln der Mediation werden beschrieben und die Indikation für die Mediation wird geklärt. Indikation bedeutet, dass bei diesem Konflikt, zu dieser Zeit und mit diesen Beteiligten Mediation die richtige Methode ist. Wenn die Bereitschaft aller Beteiligten zur Zusammenarbeit im Rahmen des beschriebenen Verfahrens besteht, wird eine Mediationsvereinbarung als Arbeitsgrundlage unterschrieben.
2. *Konfliktdarstellung*: Inhaltlicher Einstieg, in dem die Beteiligten ihre Sichtweise des Konflikts darstellen und die Themen benennen, die in der Mediation besprochen werden sollen.
3. *Konflikterhellung*: Kernphase der Mediation, in der die Interessen, Bedürfnisse und Wünsche der Beteiligten, die dem Konflikt zugrunde liegen, herausgearbeitet werden. Hier wird in die Tiefen des Konflikts vorgedrungen mit Fragen wie: „Wozu brauchen Sie das? Warum ist Ihnen gerade das wichtig?" Wenn die Interessen jedes Einzelnen deutlich geworden sind und diese wechselseitig verstanden wurden, kann eine nachhaltige Lösung erzielt werden.
4. *Konfliktlösung*: In einem Brainstorming werden möglichst viele Lösungsmöglichkeiten gemeinsam gesammelt, um den einzelnen Interessen

und Bedürfnissen gerecht werden zu können. Anschließend werden die Optionen bewertet und verhandelt.
5. *Abschluss*: Die getroffenen Vereinbarungen werden schriftlich festgehalten, zu einem Gesamtpaket verschnürt und von allen Beteiligten unterschrieben.

In der Regel ist es sinnvoll, einen Nachfolgetermin zu vereinbaren, um zu prüfen, ob die Vereinbarung eingehalten wurde oder Änderungen erforderlich sind. Am Beispiel von *zwei Praxisfällen* möchte ich zeigen, wie eine Mediation ablaufen kann.

Im *ersten Fall* handelt es sich um einen Konflikt auf kollegialer Ebene. Zwei Sekretärinnen (P. und A.) kommen zusammen zum internen Mediator, um sich über Mediation informieren zu lassen. Sie berichten, dass ihre beiden Vorgesetzten ihnen Mediation empfohlen hätten. Sie können sich jedoch nicht wirklich etwas darunter vorstellen. Nach dem Eingangsgespräch (Phase 1) entschließen sich beide Frauen, die Mediation durchzuführen, und schildern folgende Situation (Phase 2):

Beide arbeiten in einem Raum eng zusammen, da die Abteilungen ihrer Vorgesetzten miteinander verwoben sind. Das anfängliche gute kollegiale Verhältnis hat sich in letzter Zeit derart verschlechtert, dass die beiden kaum noch miteinander kommunizieren. Die Arbeitsatmosphäre ist äußerst angespannt.

P. sagt, sie sei enttäuscht, dass A. sich stark zurückgezogen habe und nichts Persönliches mehr mit ihr austausche. Das frühere Engagement habe erheblich nachgelassen, und A. wirke auf sie eher apathisch. Sie mache Dienst nach Vorschrift, aber nichts darüber hinaus. Wenn P. selbst nicht da sei, fühle sie sich von A. im Gegensatz zu früher nicht mehr gut vertreten. Sie habe Angst, dass wichtige Informationen verloren gingen.

A. schildert, dass sie vor einigen Monaten ein privates dramatisches Erlebnis gehabt hätte, das sie sehr mitgenommen habe. Darüber wolle sie nicht reden. Sie fühle sich seitdem nicht mehr in der Lage, sich über ihre Gefühle auszutauschen, und irgendwelche banalen Gespräche mit P. seien ihr unerträglich geworden. Ihre Bitte, sie in Ruhe zu lassen, habe P. ignoriert. A. fühlt sich von P. bedrängt. Wohl als Reaktion auf ihre Zurückgezogenheit sei P. immer misstrauischer geworden und lasse sie nicht mehr in ihre Mails schauen und gebe Telefonate oft nicht weiter. P. sei immer aggressiver geworden.

P. erklärt, die Situation sei eskaliert, als A. mit Zustimmung ihres Chefs eine einwöchige Fortbildungsmaßnahme gebucht habe, ohne dies mit ihr abgestimmt zu haben. Sie halte die Fortbildung für A. zwar für erforderlich, aber nicht zu diesem Zeitpunkt. Sie habe bereits vor einem halben Jahr ihren Familienurlaub fest gebucht und dies auch im Kalender eingetragen. Es gäbe eine klare Regelung seitens der Vorgesetzten, dass auf keinen Fall beide gleichzeitig abwesend sein dürfen. Sie habe sich bei ihrem Chef beschwert, sei aber von ihm mit der Maßgabe zurückgewiesen worden, dass sie sich mit A. einigen solle.

Als es zu lautstarken Auseinandersetzungen zwischen A. und P. gekommen sei, hätten die Vorgesetzten dringend angeraten, die Probleme in einer Mediation zu klären.

Nach der Darstellung ihrer Sichtweisen auf den Konflikt schildern P. und A. jeweils ihre Befindlichkeiten und Bedürfnisse. Beide beschreiben, was sie bräuchten, um zukünftig konstruktiv miteinander arbeiten zu können, z. B. wechselseitige Akzeptanz, Wertschätzung und klare Absprachen untereinander. Beide können nach anfänglichen Schwierigkeiten ihre Gefühle und Interessen wechselseitig verstehen (Phase 3).

Im Anschluss daran (Phase 4) entwickeln die beiden Sekretärinnen konkrete Lösungsvorschläge, wie sie nunmehr miteinander umgehen könnten, u. a. Respekt der unterschiedlichen Bedürfnisse, gemeinsame Pausen, Einsicht in die Mails und rechtzeitige Absprache bezüglich Abwesenheitszeiten. Konkret vereinbaren sie, dass beide zusammen mit ihren Vorgesetzten sprechen werden, ob für die eine Woche nicht eine andere Vertretung gefunden werden kann. Sollte dies nicht möglich sein, wird A. die Fortbildung verschieben.

Die Lösungen, denen beide zustimmen, werden schriftlich fixiert und unterzeichnet (Phase 5).

Die Mediation umfasste zwei einstündige Sitzungen und eine Abschlusssitzung von zwanzig Minuten. Nach vier Monaten kamen die beiden Sekretärinnen zu einem kurzen Nachfolgegespräch und bestätigten, dass ihnen die Mediation sehr gut getan habe und sich die Vereinbarungen bewährt hätten. Die Zusammenarbeit würde ihnen wieder Spaß machen.

Im *zweiten Fall* handelt es sich um einen Konflikt auf verschiedenen hierarchischen Ebenen, zwischen einem Abteilungsleiter und einem Mitarbeiter seiner Abteilung.

Mediation – eine konstruktive Konfliktlösung

Der Mitarbeiter M. kommt mit folgendem Anliegen zur internen Mediatorin: Er arbeite seit 15 Jahren in derselben Abteilung unter demselben Chef V. Zwischen ihnen habe sich eine vertrauensvolle Zusammenarbeit entwickelt. Auch nach Dienstschluss seien sie öfter zusammen essen gewesen oder ins Konzert gegangen. Er sei stets bereit gewesen, Extraaufgaben zu übernehmen und Überstunden zu machen. Dafür habe er Vergünstigungen und Bonuszahlungen erhalten.

Dieses vertraute gute Arbeitsverhältnis habe sich verändert, als sein Chef geheiratet habe. Nachdem der private Kontakt wesentlich schwächer geworden sei, habe sich auch der Umgangston verändert. V. lasse nun auch seine unberechenbaren, zum Teil cholerischen Ausbrüche an ihm aus. Er sei daraufhin zu Sonderleistungen nicht mehr bereit gewesen, was wiederum V. zu weiteren heftigen Reaktionen veranlasst habe. Hinzu kämen der permanente Arbeitsstress und der Zeitdruck in der Abteilung.

Diese ständige Anspannung sei für ihn immer unerträglicher geworden, und sein Körper habe mit dauerhaftem Bluthochdruck und massiven Schlafstörungen regiert. Es sei ihm unmöglich, dort weiter zu arbeiten. Er habe bereits bei dem nächsthöheren Vorgesetzten sowie in der Personalabteilung um eine Versetzung gebeten. Dort sei er aber nur vertröstet worden. Im Moment gäbe es keine Möglichkeit.

Ein direktes Gespräch mit V. komme für ihn nicht in Frage. Sollte V. von seinem Versetzungswunsch hören, würde er vermutlich äußerst aggressiv reagieren, da er auf seine langjährige Erfahrung und hohe Kompetenz angewiesen sei.

Die Mediatorin fragt M., ob er sich ein Gespräch zu dritt vorstellen könne, um zumindest die Situation zu entschärfen. Für M. steht fest, dass er eher früher als später die Abteilung wechseln müsse, um nicht schwer krank zu werden. Andererseits könnte durch ein gemeinsames Gespräch unter dem Schutz der Medaitorin ein gemäßigter Umgang miteinander erreicht werden. M. wünscht sich allerdings von der Mediatorin, dass diese auch mit der Personalabteilung und dem nächsthöheren Vorgesetzten spricht, um möglichst bald eine Lösung herbeizuführen.

Die Mediatorin erachtet es als notwendig, zunächst auch mit V. allein zu sprechen, um allparteilich vermitteln zu können. M. ist damit einverstanden, sofern die Mediatorin gleichzeitig den nächsthöheren Vorgesetzten informiert, um gegebenenfalls von diesem geschützt zu werden.

Das Gespräch der Mediatorin mit V. ist angespannt, und V. reagiert zunächst völlig verständnislos und empört. Die Mediatorin macht jedoch deutlich, dass sie sich ernsthaft Sorgen um M. mache und auch mit T., dem Vorgesetzten des V., reden wolle, um weitere Lösungsmöglichkeiten zu erörtern. V. vertritt zunächst die Ansicht, dass er sich auf keinen Fall von M. trennen wird, da er auf diesen angewiesen sei.

Im Gespräch mit dem Vorgesetzten T. stellt sich heraus, dass diesem die Schwierigkeiten in der Abteilung durchaus bekannt sind und er unter den gegebenen Umständen den Versetzungswunsch von M. nachvollziehen kann. Einfach sei dies allerdings nicht und müsse im Einvernehmen mit V. erfolgen. Er würde V. diesbezüglich ansprechen.

In einem weiteren Gespräch zwischen der Mediatorin und V. sieht V. ein, dass es auf Dauer wenig Sinn macht, M. gegen seinen Widerstand halten zu wollen. Die weitere Zusammenarbeit würde viel Zeit und Kraft kosten und vor allem auch für viel Unruhe und möglicherweise weitere Widerstände in der Abteilung sorgen.

Es wird daraufhin vereinbart, dass V. und M. sich mit der Mediatorin treffen, um den weiteren Umgang miteinander bis zu einer möglichen Versetzung von M. zu besprechen. In drei eineinhalbstündigen Sitzungen gelingt es, nach Darstellung der verschiedenen Sichtweisen, die jeweiligen Interessen und Bedürfnisse der beiden Beteiligten herauszuarbeiten und wechselseitiges Verständnis herzustellen. Dazu bedarf es einer sehr einfühlsamen Gesprächsführung.

In der Lösungsphase sagt M. zu, seine Arbeit bestmöglich und zuverlässig (ohne zusätzlichen Mehraufwand) zu erledigen und üble Nachreden zu unterlassen. V. sagt seinerseits zu, den Kontakt mit M. auf die sachliche Ebene zu beschränken und eine mögliche Versetzung nicht zu behindern. M. wird auch wieder eine faire Dienstbeurteilung erhalten. Die im Protokoll festgehaltenen Lösungen werden von beiden unterzeichnet.

In den folgenden zwei Monaten gelang es M. und V., die Vereinbarungen weitgehend einzuhalten. V. sah sich nach einer Ersatzperson um, die noch von M. eingearbeitet wurde. M. konnte in eine andere Abteilung versetzt werden, und sein Gesundheitszustand verbesserte sich.

4 In welchen Fällen macht Mediation Sinn?

Mediation lässt sich grundsätzlich in allen Konfliktfällen – auch in Teams und Gruppen (Oboth & Seils 2005) – anwenden, soweit Folgendes berücksichtigt wird: Der Konflikt muss auf der richtigen Ebene – dort, wo die wirkliche Ursache liegt – bearbeitet werden. Dies setzt zunächst eine gründliche Konfliktanalyse voraus. Weiterhin müssen die richtigen Beteiligten am Tisch sitzen – weder zu viele noch zu wenige. Die Beteiligten müssen für sich selbst einstehen können (Autonomie der Beteiligten). Es muss sich um einen zwischenmenschlichen Konflikt handeln, der eine gewisse emotionale Beteiligung beinhaltet und nicht nur auf der Sachebene zu lösen ist. Zu beachten ist allerdings, wie weit der Konflikt bereits eskaliert ist. Je früher Mediation eingesetzt wird, desto höher die Erfolgschancen. Ausgehend von den von Friedrich Glasl beschriebenen neun Konfliktstufen bietet sich Mediation im Wesentlichen zwischen den Stufen 3 bis 7 an (Glasl 2002, S. 114–115).

In Mobbingfällen ist Mediation unter bestimmten Umständen anwendbar. Voraussetzung ist jedoch eine sorgfältige Vorbereitung und dass der Schutz der Beteiligten gewährleistet werden kann.

5 Welche Rolle spielen die Mediatoren als vermittelnde Dritte?

Mediatoren sind verantwortlich für die Struktur und den Ablauf der Mediation, während die Beteiligten die Inhalte bestimmen. Entscheidend ist, dass die Mediatoren eine neutrale und unabhängige Position einnehmen. Sie dürfen an dem Konflikt weder direkt noch indirekt beteiligt sein und sollten auch dem Betrieb gegenüber eine möglichst unabhängige Stellung haben. Dies bedeutet für interne Mediatoren, dass sie eine eigene Stabsstelle innehaben sollten. Sie dürfen insbesondere weder der Personalabteilung noch dem Betriebs- oder Personalrat angehören. Auch dürfen sie gegenüber der Leitungsebene keine Rapportpflicht haben, die über einen rein statistischen Bericht hinausgeht.

Mediatoren müssen allparteilich sein. Darunter versteht man, dass sie für alle Beteiligten in gleicher Weise, auch unabhängig vom Status, da sind. Zwar müssen Hierarchien gesehen und beachtet werden, doch sind im Mediationsprozess alle Beteiligten gleichberechtigt. Vorgesetzte und Mitarbeiter müssen gegebenenfalls in ihren spezifischen Rollen geschützt werden.

Die Rolle des Mediators als Vermittler ist nicht zu unterschätzen. Allein schon die Präsenz einer dritten unbeteiligten Person führt zu einer ruhigeren, sachlicheren Atmosphäre. Die Anwesenheit der nicht involvierten Person gibt den Beteiligten mehr Sicherheit und hilft, Emotionen besser zu beherrschen. Gesprächstermine werden ernst genommen. Auch wird durch die Präsenz des Dritten eine gewisse „Öffentlichkeit" hergestellt, die Angriffe, Schuldzuweisungen und unfaire Verhaltensweisen verhindert bzw. minimiert.

Strikte Vertraulichkeit ist oberstes Gebot. Die Vertraulichkeit der Gespräche sowie die unabhängige Stellung des Mediators im Unternehmen ist meiner Erfahrung nach die wichtigste Ressource. Diese Rückmeldung habe ich immer wieder erhalten, und der Zulauf war entsprechend hoch. Nach einiger Zeit wurde das Angebot der Mediation auch in höheren Hierarchieebenen in Anspruch genommen. Bei Bedarf kann das Ergebnis der Mediation in Absprache mit den Beteiligten an die Vorgesetzten oder den Auftraggeber weitergegeben werden.

Wenn ein interner Berater als Mediator fungiert, liegt ein Rollenproblem vor. Hat bereits eine einseitige Beratung eines Beteiligten stattgefunden, dann ist es schwer, zu einer allparteilichen Haltung zu kommen. Zumindest müssten mit den anderen Beteiligten vorab ebenfalls Einzelgespräche geführt werden. Ideal ist es, wenn in einem Betrieb wenigstens zwei Berater tätig sind, von denen einer berät und der andere die Mediation übernimmt.

Wenn Mediation als eine erfolgreiche Konfliktlösungsmethode in einem Unternehmen etabliert werden soll, setzt dies auf jeden Fall „den Segen von oben" voraus. Die Unternehmensleitung und die einzelnen Vorgesetzten müssen Mediation kennen und ausdrücklich befürworten.

Die Unternehmensleitung hat auch die Möglichkeit, externe Mediatoren einzuschalten. Die Einbeziehung eines externen Mediators bedeutet für das Unternehmen zusätzlichen Aufwand und zusätzliche Kosten und stellt ein öffentliches Bekenntnis dar – „wir haben da ein Problem, mit dem wir allein nicht fertig werden". Die Einschaltung eines Mediators setzt daher Offenheit und die Erkenntnis voraus, wie bedeutsam eine gute Konfliktlösung ist. Man kann davon ausgehen, dass externe Mediatoren nur beauftragt werden, wenn es sich um einen schwerwiegenden Konflikt handelt – einen Konflikt, der leider oft schon zu weit eskaliert ist. Die Barriere, jemanden zu beauftragen, und die Erwartungshaltung sind recht hoch. Andererseits kann der externe Mediator leichter seine Bedingungen setzen und hat in jedem Fall eine größere Distanz zu dem betrieblichen Rahmen und zu den Beteiligten selbst.

Interne Mediatoren haben gegenüber externen den Vorteil, dass sie die betrieblichen Strukturen gut kennen. Dieser Vorteil kann aber auch zum Schaden gereichen, wenn der Mediator zu viele Hintergrundinformationen hat, die Beteiligten zu gut kennt und die nötige Distanz nicht wahren kann.

6 In welchem Rahmen findet Mediation statt?

Ob interne oder externe Mediation – Mediation muss immer im betrieblichen Kontext gesehen werden. Dazu stellen sich folgende Fragen:
- Gibt es im Unternehmen ein Gesamtkonzept, ein „Konfliktlösungsdesign"?
- Gibt es hierzu betriebliche Vereinbarungen?
- Welche Zuständigkeiten, vorgeschriebenen Wege gibt es?
- Welche rechtlichen Bestimmungen und Fristen sind zu beachten?
- Müssen der Betriebsrat, der Personalrat, die Frauenbeauftragte oder andere mit einbezogen werden?
- Was wurde bisher schon zur Konfliktlösung unternommen?
- Wer müsste für eine nachhaltige Lösung hinzugezogen werden?

Auf jeden Fall ist sicher zu stellen, dass während des ausschließlich informellen Verfahrens der Mediation keine im Fall des Scheiterns wichtigen juristischen Schritte (z. B. Einhaltung von Fristen) verpasst werden bzw. alle rechtlichen Sanktionen (z.B. Abmahnungen) während des Mediationsprozesses unterbleiben.

Es muss auch gewährleistet sein, dass die Beteiligten der Mediation selbst entscheidungsbefugt sind bzw. nicht teilnehmende Entscheidungsträger, in welcher Weise auch immer, eingebunden werden.

Wichtig ist auch, dass die Mediation auf der richtigen Konfliktebene erfolgt. So können z. B. Spannungen zwischen zwei einzelnen Kontrahenten oder Teams bestehen, die eigentliche Konfliktursache jedoch kann auf einer hierarchisch höheren Ebene oder auf struktureller Ebene liegen. Die Mediation würde somit nur partiell oder gar nicht greifen.

Möglich ist auch, dass begleitend zur Mediation Coaching oder Teamentwicklung erforderlich sind oder die Mediation im Rahmen von Organisationsentwicklungsprozessen stattfinden sollte (Kerntke 2004).

7   Welche Chance bietet Mediation?

- Schnelle nachhaltige Lösung durch professionelle Unterstützung,
- Vertraulicher, geschützter Rahmen,
- Stärkung der eigenen Kompetenz,
- Nachhaltige, da selbst erarbeitete Lösungen,
- Respektvolle, wertschätzende Gesprächsführung,
- Chance, die eigene Haltung zu reflektieren und andere besser zu verstehen,
- Chance, für kreative und flexible Lösungen,
- Lerneffekt für weitere Konfliktsituationen,
- Vermeidung eines Imageschadens,
- Minimierung von direkten oder indirekten Konfliktkosten.

8   Welche Risiken birgt Mediation?

- Zusätzlicher Zeitaufwand,
- Zusätzliche Kosten,
- Macht- bzw. Autoritätsverlust der Vorgesetzten,
- Offenlegung intimer Informationen,
- Mangelnde Fähigkeit zur Eigenverantwortung,
- Nur vorgetäuschte Einigungsbereitschaft.

9 Fazit

Wägt man Chancen und Risiken der Mediation gegeneinander auf, dann überwiegen in der Regel die Vorteile. Mediation bietet eine gute, faire und nachhaltige Lösung in einem geschützten Rahmen, zeitnah und in der Regel kostengünstig. Auch wenn Mediation sowohl Mediatoren als auch Beteiligten einiges abverlangt, birgt sie viel Raum für Kreativität und führt erfahrungsgemäß in 70 - 80 % der Fälle zu guten, tragfähigen Lösungen. Daher kann ich zum Einsatz dieser Methode nur ermutigen.

Literatur

Altemeyer, Susanne: Mediation im Unternehmen, Renningen, 2007

Besemer, Christoph: Mediation, Die Kunst der Vermittlung in Konflikten, 2009

Glasl, Friedrich: Selbsthilfe in Konflikten, Stuttgart, 2002

Kerntke, Wilfried: Mediation als Organisationsentwicklung, Haupt Berne, 2004

Oboth, Monika; Seils, Gabriele: Mediation in Gruppen und Teams, Paderborn, 2005

Schäffer, Hartmut: Mediation, Die Grundlagen, Retzbach, 2007

Regina Neumann-Busies

Care Support – Pflegebegleitung im Unternehmen

1. Einleitung

Das Unternehmen Henkel hat sich in seiner über 130-jährigen Unternehmensgeschichte vom Wasch- und Reinigungsmittelhersteller zu einem globalen Konsumgüterhersteller mit den Kerngeschäften Wasch- und Reinigungsmittel, Kosmetik und Körperpflege sowie Klebstoff-Technologien entwickelt. Am Hauptsitz in Düsseldorf sind über 6.000 Mitarbeiter und deutschlandweit insgesamt um die 10.000 Mitarbeiter an unterschiedlichen Standorten beschäftigt. Weltweit arbeiten über 52.000 Männer und Frauen für das Unternehmen.

Henkel verfügt über eine gewachsene personal- und sozialpolitische Unternehmenskultur, die den jeweiligen Erfordernissen der Zeit entsprechend angepasst und weiterentwickelt wird. Dabei stehen Unternehmenswerte im Fokus wie z. B. Erfolg durch Mitarbeiter, nachhaltiges Wirtschaften, gesellschaftliche Verantwortung, transparente Informationspolitik und Wahrung der Tradition einer offenen Familienpolitik. Zudem werden Mitarbeiter dabei unterstützt, Familie und Beruf zu einer zufrieden stellenden Balance zu führen.[1]

Die Abteilung „Soziale Dienste", mit ihrer Mitarbeiterberatung am Standort Düsseldorf ist integrativer Bestandteil einer verantwortlichen und nachhaltigen Personal- und Sozialpolitik von Henkel und kann auf eine 95-jährige Tradition zurückblicken. Derzeit arbeiten zwei Sozialpädagoginnen in diesem Bereich. Sie pflegen ein enges Netzwerk zu Vertretern an den Unternehmensstandorten in Deutschland. Diese wiederum knüpfen und halten Kontakte zu regionalen Beratungsdiensten. Darin werden sie von der Abteilung „Soziale Dienste" aus Düsseldorf geschult. Mit ihren Beratungsangeboten fördert und erhält diese Abteilung die

---

[1] Der Konsumgüterhersteller Henkel AG & Co KGaA wurde 2005 als familienfreundlichstes Unternehmen in der Kategorie große Unternehmen beim Unternehmenswettbewerb Erfolgsfaktor Familie des Bundesministeriums für Familie, Senioren, Frauen und Jugend ausgezeichnet..

Leistungsfähigkeit und die Gesundheit der Mitarbeiter. Die sozialarbeiterischen Interventionen umfassen die private und berufliche Lebenssituation der Beschäftigten und ihrer Angehörigen. Das Beratungsangebot unterstützt die Mitarbeiter bei familiären Schwierigkeiten, seelischen Belastungen, Spannungen am Arbeitsplatz sowie bei finanziellen Sorgen und Suchtproblemen.

Die Mitarbeiter der Abteilung „Soziale Dienste" bewegen sich im Spannungsfeld zwischen ertragsorientierten Notwendigkeiten des Arbeitsalltags einerseits und den individuellen menschlichen Bedürfnissen der Beschäftigten andererseits.

Die Arbeitsschwerpunkte werden durch drei Leistungsfelder charakterisiert:
- Mitarbeiterberatung,
- Prävention,
- Organisation.

Im Rahmen der persönlichen Beratung erhalten die Henkel-Mitarbeiter bei Bedarf Informationen zu ambulanten und stationären Pflegemöglichkeiten für hilfebedürftige Angehörige. Die engen und guten Kontakte zu sozialen Einrichtungen und Ansprechpartnern in der ambulanten und stationären Pflege ermöglichen es den Mitarbeitern der Abteilung „Soziale Dienste", auf die persönliche Lebenssituation des Klienten zugeschnittene Problemlösungsstrategien zu erarbeiten. In diesem Zusammenhang hervorzuheben ist auch das umfangreiche Serviceangebot für Henkel-Pensionäre:

- *Seniorenwohnprojekt „Begleitetes Wohnen, Dr.-Konrad-Henkel-Wohnanlage"*: Hierbei handelt es sich um ein seniorengerechtes Wohnprojekt mit flankierenden Serviceangeboten für Henkel-Pensionäre ab dem 55. Lebensjahr, das über insgesamt 66 seniorengerechte Wohneinheiten verfügt.
- *Gemeinschaft der Henkel-Pensionäre e.V.*[2]: Derzeit sind 7500 Henkel-Pensionäre in diesem Verein organisiert. Sie werden in einem drei

---

[2] Umfassende Informationen zu den Serviceleistungen der Gemeinschaft der Henkel-Pensionäre bietet das Internetportal www.henkel-pensionaere.de. Abgebildet sind dort Informationen zur Struktur und den Aktivitäten des Vereines, z. B. Kultur, Reisen und Hobbygruppen.

stufigen Betreuungssystem begleitet: durch frühere Arbeitskollegen in Gruppen, durch eine Diplom-Sozialarbeiterin im Rahmen individueller Beratung sowie durch ehrenamtlich tätige Pensionäre im Rahmen eines so genannten Helferkreises.

Die im Folgenden beschriebene Ausgestaltung der Serviceangebote für pflegebedürftige Angehörige und Henkel-Pensionäre veranschaulicht, wie familienfreundliche Maßnahmen es der Belegschaft erleichtern können, die Balance zwischen Familie und Beruf zu realisieren. Beschäftige, deren Angehörige gestärkt werden und denen die Pflege erleichtert wird, sind gegen Überbelastung und Burnout gewappnet und können sich engagierter ihren beruflichen und familiären Aufgaben zuwenden.

2 Projektbeschreibung Care Support – Pflegebegleitung im Unternehmen

2.1 Gesellschaftliche Situation

In Deutschland sind über zwei Millionen Menschen pflegebedürftig; weitere drei Millionen brauchen Hilfe und Unterstützung. Dies stellt nicht nur die Angehörigen, sondern auch Unternehmen vor große Herausforderungen. Pflege in der Familie dauert heute im Durchschnitt acht Jahre und zwei Monate (Bubolz-Lutz 2006, S. 19). Unternehmen beginnen erst langsam, sich neben dem Thema Kinderbetreuung auch dem Thema Pflege zuzuwenden.

Das Spannungsfeld der familiären Pflege ist vielfältig. Die ambulanten Hilfsmöglichkeiten sind vielseitig: Essen auf Rädern, Beratungsstellen, ambulante und teilstationäre Betreuungsmöglichkeiten. Es fehlt jedoch häufig an einer sinnvollen Vernetzung der Unterstützungsangebote sowie an psychosozialer Begleitung und zugehender Beratung für pflegende Angehörige (Bubolz-Lutz 2006, S. 17). Viele pflegende Angehörige bezahlen für ihr großes Engagement einen hohen Preis, der sich nicht selten in eigenen psychischen und physischen Problemen niederschlägt.

Die Anzahl der Personen, die langfristig betreut werden müssen, wird weiter steigen, weil u. a. immer mehr Menschen an Alzheimer erkranken. Die Betreuung von Demenzerkrankten stellt besonders hohe Anforderungen an die betroffenen Familien. Einerseits heißt es, Abschied von dem Menschen zu nehmen, den man bisher kannte, da mit der Erkrankung nicht selten eine erhebliche Persönlichkeitsveränderung verbunden ist. Andererseits ist die in der Regel erforderliche Betreuung so umfassend und zeitintensiv, dass den pflegenden Angehörigen keine Zeit mehr bleibt, eigene Interessen zu pflegen.

Das Projekt „Care Support – Pflegebegleitung im Unternehmen" bietet neben dem firmeninternen Beratungsangebot der Abteilung „Soziale Dienste" ein Unterstützungssystem für pflegende Angehörige in Form von kontinuierlich stattfindenden Bildungsangeboten. Das Projekt hilft Pflegenden, den Pflegealltag effektiver zu organisieren und die psychischen und physischen Herausforderungen zu meistern.

2.2 Projektrahmen

Das Projekt Care Support bietet einmal pro Monat für zwei Stunden einen von zwei Expertinnen angeleiteten, fachlich begleiteten Austausch. Dazu eingeladen sind Mitarbeiter von Henkel, die einen Verwandten im Heim betreuen oder zuhause pflegen und sich informieren möchten und das Gespräch suchen.

Die Projektinhalte werden von den Teilnehmenden selbst ausgewählt und mit Unterstützung der pädagogischen Fachkräfte in den monatlichen Treffen gemeinsam mit unterschiedlichen Methoden bearbeitet. Themenschwerpunkte können sein:
- Angehörige im Spannungsfeld Pflege: Kommunikation in der Familie, Umgang mit Schuldgefühlen, Verwirklichung eigener Lebensziele,
- Praktische Hilfen im Pflegealltag,
- Netzwerke für die Pflege,
- Umgang mit Kranksein, Behinderung und Altern,
- Krankheitsbilder wie Demenz und Depression,
- Ethik-, Wert- und Sinnfragen, Erfahrungen und Leid pflegender Angehöriger,
- Gesetzliche Rahmenbedingungen: Sozialhilfe, Pflegeversicherung, Betreuungs- und Patientenverfügung, Vorsorgevollmacht.

Das Projekt findet in einem vertraulichen Rahmen statt. Treffpunkt ist eine Begegnungsstätte des Unternehmens Henkel, die außerhalb des Werksgeländes liegt. Das gesamte Vorhaben wird wissenschaftlich begleitet durch das Forschungsinstitut Geragogik e.V. in Witten. Die persönlichen und gemeinsamen Lernprozesse und deren Wirkungen werden evaluiert. Die Ergebnisse werden öffentlich zugänglich gemacht.

2.3 Projektziele

Das Projekt Care Support unterstützt Mitarbeiter und Pensionäre bei der Pflege ihrer hilfebedürftigen Angehörigen. Ziel des Projektes ist es, die Kompetenzen der Pflegenden zu erweitern, damit sie den (Pflege-) Alltag effektiver organisieren können. Weiterhin soll es dazu beizutragen, dass Belastungssituationen und Veränderungsprozesse für alle Beteiligten befriedigend gestaltet werden können. Der Austausch, den Care Support bietet, ist ein Bildungsangebot, das Anonymität gewährleistet. Gleichzeitig bietet es auch einen Rahmen, in dem häusliche Pflegeaufgaben im Unternehmen zur Sprache kommen können. Das Projektangebot wurde entwickelt und implementiert, um einer älter werdenden Belegschaft Hilfen zur Vereinbarkeit von Beruf und Pflege anzubieten. Care Support ist ein Projekt, bei dem alle Beteiligten gewinnen (s. Abbildung)

3 Bericht aus der Praxis

Die Teilnehmer der einmal pro Monat stattfindenden Gruppentreffen im Rahmen des Projektes werden zumeist von der Abteilung „Soziale Dienste" bei Henkel beraten und zielgerichtet auf das Projekt hingewiesen. Die Altersspanne der Gruppenmitglieder bewegt sich zwischen 44 und 76 Jahren (4 Teilnehmer sind bereits pensioniert und haben hoch betagte pflegebedürftige Eltern). An den Treffen nehmen etwa 15 Personen teil.

Die beiden Moderatorinnen sind ausgebildete Diplom-Sozialarbeiter bzw. Diplom-Pädagogen und bei Henkel in der Abteilung „Soziale Dienste" sowie bei der Arbeiterwohlfahrt Düsseldorf in Delegation für die Gemeinschaft der Henkel-Pensionäre beschäftigt.

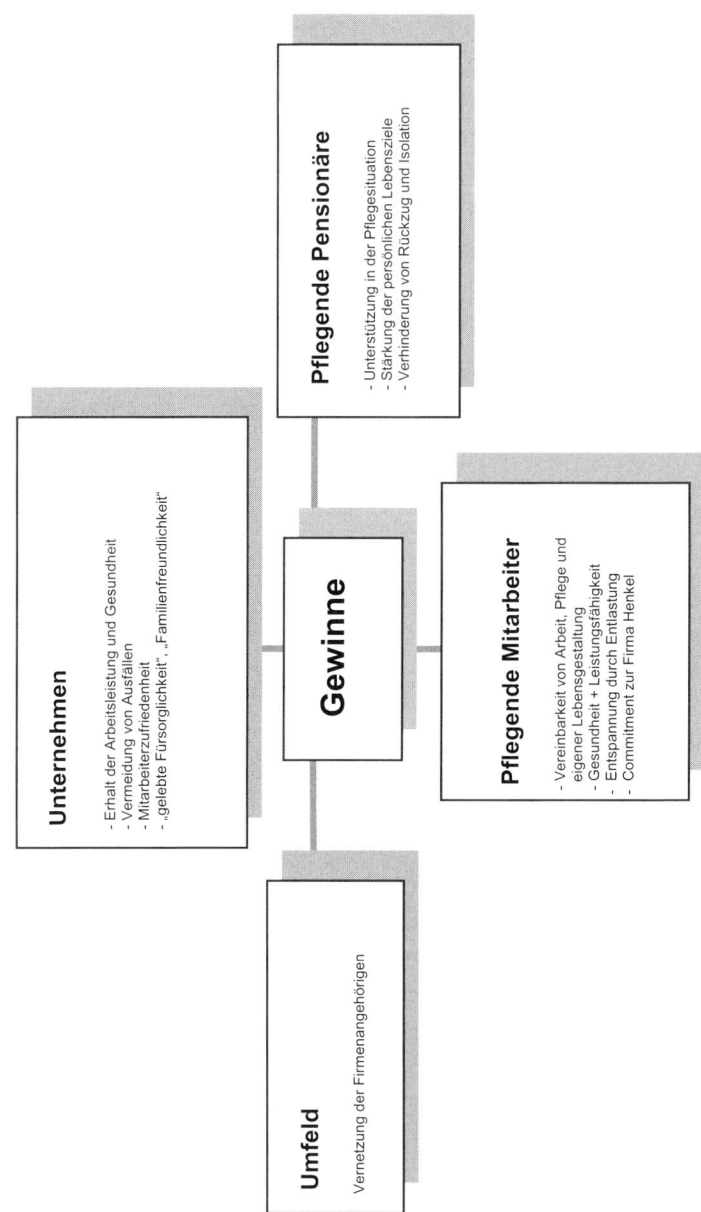

Abb.: Care Support ist ein Projekt, bei dem alle Beteiligten gewinnen

Die wissenschaftliche Begleitung des Projektes ist für ein Jahr geplant. Sie erfolgt sowohl während der Vorbereitungstreffen für die Gruppensitzungen als auch bei den monatlich stattfindenden Treffen als teilnehmende Beobachtung. Kontinuierlich werden die Themenschwerpunkte und das methodische Vorgehen reflektiert. Ziel der wissenschaftlichen Begleitung ist die kontinuierliche Qualifizierung der Moderatorinnen und Gruppenmitglieder unter Berücksichtigung der individuellen Kompetenzen und Bedarfslagen.

Die partizipative Grundhaltung bei der Curriculumentwicklung ist ein entscheidender Faktor, um eine lernfreudige Atmosphäre zu erzeugen und nah an den Themen der Teilnehmer zu bleiben. Deshalb beantworten im Anschluss an jede Gruppensitzung die Teilnehmer anonym einen Fragebogen, der zur Evaluation der Veranstaltungen dient. Zentrale Fragestellungen sind dabei:

- Angaben zur eigenen Person sowie zur Person des pflegebedürftigen Angehörigen,
- Beschreibung der derzeitigen (Pflege-) Situation,
- Fragen nach aktuellen Problemstellungen,
- Schilderung positiver Ereignisse im Pflegekontext,
- Die wichtigsten Einsichten aus den Gesprächen,
- Themenwünsche für das nächste Treffen,
- Störfaktoren bei den jeweiligen Gruppensitzungen, um diese gezielt beheben zu können,
- Anregungen für die persönliche Situation.

Bei der Auftaktveranstaltung im September 2009 stellten die Moderatorinnen den Teilnehmern zunächst die Projektidee vor. Danach hatten die Teilnehmer Gelegenheit, sich kennenzulernen und ihre Beweggründe auszutauschen. Nach der gemeinsamen Erarbeitung der Regeln der Zusammenarbeit wurden Themen gesammelt, um die weiteren Treffen inhaltlich vorbereiten und strukturieren zu können.

Bei der Prioritätensetzung wurde das Thema Schuldgefühle in der Pflege als das Thema identifiziert, das beim folgenden Treffen bearbeitet werden sollte. Viele Teilnehmer berichteten in der Auftaktveranstaltung, wie problematisch es sei, Beruf und Pflege zu vereinbaren. Betroffene erzählten von ihrer inneren Zerrissenheit, nie genug Zeit für den pflegedürftigen Angehörigen, die Kernfamilie und die eigenen Bedürfnisse zu haben.

Das erste Gruppentreffen nach der Auftaktveranstaltung zum Thema Schuldgefühle in der Pflege wurde von den Moderatorinnen folgendermaßen strukturiert:

A) Einführung in das Thema/Definition: Betrachtungsebenenmodell als wissenschaftlicher Input.
B) Arbeit am Flipchart in der Großgruppe: Was löst bei mir Schuldgefühle aus?
C) Kleingruppenarbeit zum Thema Bewältigungsstrategien.
D) Abschlussreflexion in der Großgruppe.

Überraschend für die Moderatorinnen und die wissenschaftliche Begleitung war die Lebendigkeit der Gruppe. Trotz erheblich unterschiedlicher Lebenskontexte aufgrund der großen Altersspanne der Teilnehmer sowie der Zugehörigkeit zu diversen sozialen Schichten (vom Facharbeiter bis zur leitenden Angestellten) fand ein reger – auch durch Humor gekennzeichneter – Austausch ohne wahrnehmbare Berührungsängste statt. Die Offenheit der Teilnehmer war erstaunlich, da es sich hier durchweg um Menschen handelte, die sich weder aus dem beruflichen Kontext noch aus dem privaten Umfeld kannten.

Die Definition eines gemeinsamen Lebens- und Leidensthemas wirkte – wie die Teilnehmenden berichteten – als Bindeglied und förderte die Interaktion und das gemeinsame Lernen in der Gruppe.

Dass es anderen auch so geht – manchen sogar noch schlechter –, ist eine Einsicht, die dazu beiträgt, die eigene Situation mit etwas mehr Gelassenheit und Abstand zu betrachten und gemeinsam Ansatzpunkte zu einer Gestaltung der individuellen Pflegesituation zu suchen, die auch Spielräume für Eigenes lässt.

4 Fazit:

Menschen, die heute im mittleren Erwachsenenalter sind, entwickeln eine neue „Kultur des Älterwerdens" (Bubolz-Lutz 2006, S. 165). Im Vordergrund steht nicht mehr die Verpflichtung zur Pflege der Angehörigen, sondern Pflegearrangements, die sich verschiedene Generationen in der Familie teilen und die auf Zuneigung und Vertrauen basieren. Aufgrund der Erfahrungen, die die heutige 50er und 60er Generation mit ihren pflegebedürftigen Angehörigen macht, wächst die Bereitschaft, sich frühzeitig mit dem Thema auseinanderzusetzen. Pflegebedürftigkeit wird nicht mehr tabuisiert, sondern als ein zu erwartendes Lebensereignis akzeptiert.

Diese veränderte Sichtweise bietet die Chance, Hilfestellungen durch bildende und helfende Professionen in Anspruch zu nehmen. An dieser Schnittstelle ist das Projekt „Care Support – Pflegebegleitung im Unternehmen" angesiedelt. Es bietet Orientierung, Reflexion und Kompetenzentwicklung in einem partizipativen Kontext. Pflegebedürftigkeit und deren positive Bewältigung kann zur Entwicklungsaufgabe für Individuen und Familien werden, wenn die Balance zwischen dem Kümmern um Andere und der Fürsorge für sich selbst gelingt. Dazu wird ein Netzwerk aus Unterstützungsmöglichkeiten gebraucht, das auf mehreren Schultern ruht und letztendlich mehr Lebensqualität für die pflegende Familie bietet.

Mögliche Nebeneffekte dieser konstruktiven Vorgehensweise können zum Beispiel ein intensiveres Sinnerleben und eine Stärkung des eigenen Selbstvertrauens sein, wenn der Pflegende seine Selbstwirksamkeit im Kontext eines gelingenden Pflegearrangements spürt.

Das Projekt Care Support ist ein Angebot des Unternehmens Henkel zur Unterstützung und Entwicklung der Kompetenz von Mitarbeitern, die Beruf und Pflege in eine positive Balance bringen möchten. Neben der Vernetzungskompetenz – dem Aufbau eines individuellen Hilfe-Netzwerkes (Bubolz-Lutz 2006, S. 192) – erwerben die pflegenden Angehörigen Organisations-, Reflexions- und Selbstsorgekompetenz.

Das Einlassen auf Perspektivenwechsel und Reflektion der individuellen Situation bietet nicht selten die Grundlage für die Erweiterung des eigenen Verhaltensrepertoires und bereitet damit den Boden für menschliche Weiterentwicklung. Auf diese Weise hält die Pflegebegleitung im Unternehmen pflegende Angehörige in Balance, ist eine familienfreundliche Investition und trägt zur Arbeitsfähigkeit und Arbeitszufriedenheit der Beschäftigten bei. Die gelebte Fürsorge in Form dieses Unterstützungsangebotes erhöht die Bindung zwischen Arbeitnehmern und Arbeitgebern. Außerdem hat sie das Ziel, Belastungssituationen und Veränderungsprozesse für alle Beteiligten befriedigend zu gestalten, Kompetenzen zu erweitern und den Alltag effektiver zu organisieren.

Literatur

Bubolz-Lutz, Elisabeth (2006) Pflege in der Familie
Bubolz-Lutz, Elisabeth (2006) Freiwilliges Engagement im Pflegemix
Goldbrunner, Hans (1999) Altwerden als Herausforderung für die Familie

Oliver Richter

Integratives Gesundheitsmanagement bei OTTO

1 Einleitung

Durch modernes Gesundheitsmanagement lassen sich vorhandene Synergieeffekte optimal nutzen. Nachhaltige Erfolge lassen sich nur erzielen, wenn ein Gesundheitsmanagementsystem so in bestehende Strukturen eines Unternehmens integriert wird, dass alle Beteiligten – von der obersten Ebene bis zum einzelnen Mitarbeiter – die Sinnhaftigkeit erkennen und Praktikabilität gegeben ist. Dass Gesundheit nicht nur die Abwesenheit von Krankheit bedeutet, ist bei den meisten Experten inzwischen angekommen. Moderne Ansätze bieten Unternehmen die Chance, ihre Möglichkeiten zur Gesundheitsförderung auszuschöpfen und sich neuen Herausforderungen zu stellen. Leistungsfähige und leistungsbereite Mitarbeiter sind ein wichtiger Baustein für den Erfolg eines Unternehmens.

2 Das Gesundheitsmanagementsystem bei OTTO

Das Gesundheitsmanagement bei OTTO geht nicht nur der Frage nach, welche Faktoren krank machen, sondern betrachtet das Thema auch aus der Perspektive der Erhaltung und Förderung der Gesundheit der Mitarbeiter. Damit findet das Prinzip der Salutogenese Anwendung. Hierbei wird das vorhandene Gesundheitspotenzial der Mitarbeiter gefördert und einbezogen.

Das Gesundheitsmanagement basiert auf dem ganzheitlichen Ansatz, der sowohl körperliches als auch psychisches und soziales Wohlbefinden berücksichtigt und sich an die Definition des Begriffes Gesundheit durch die Weltgesundheitsorganisation WHO anlehnt. Diese Definition stellt bei genauer Betrachtung eine Idealnorm dar, die selten erreicht wird, aber das Ziel aller Anstrengungen sein sollte.

Durch Verantwortungsdelegation gegenüber den Führungskräften der ersten Ebene wird sichergestellt, dass die entsprechende Umsetzung stattfindet. In der Verpflichtungserklärung heißt es: „Wir sind für die Sicherheit unserer Mitarbeiter bei der Arbeit verantwortlich. Wir födern ihr eigenverantwortliches Gesundheitsverhalten." Führung bedeutet, nicht nur Verantwortung dafür zu übernehmen, gesetzte bzw. gesetzliche Vorgaben zu erfüllen, sondern auch Verantwortung für die Mitarbeiter und deren Gesundheit zu übernehmen und alle notwendigen Schritte einzuleiten, um diese auch nachhaltig sicherzustellen.

Aus betriebswirtschaftlicher Sicht zahlt sich Gesundheitsförderung durch eine Reduzierung von Fehlzeiten, Unfällen und Fluktuation aus. Neben diesen klar analysierbaren Kennzahlen wird durch ein gesteigertes Wohlbefinden und eine verbesserte Arbeitszufriedenheit eine erhöhte Produktivität bei den Mitarbeitern ermöglicht. Gleichzeitig hat das auch Auswirkungen auf das Unternehmensimage. Ein Unternehmen, das sich für den Schutz und die Förderung der Gesundheit seiner Mitarbeiter einsetzt, genießt intern und extern hohes Ansehen.

3   Grundsätze und Ziele des Gesundheitsmanagements

Das Gesundheitsmanagement bei OTTO basiert auf den folgenden Grundsätzen: Ganzheitlichkeit, Gesundheitsschutz und -förderung als Führungsaufgabe, Partizipation und Eigenverantwortlichkeit aller Mitarbeiter.

Ein gesunder Mitarbeiter fühlt sich psychisch, körperlich und sozial wohl. Aufgabe des Gesundheitsmanagements ist es, diesem ganzheitlichen Ansatz Rechnung zu tragen. Ganzheitlichkeit bedeutet auch, das Wohlbefinden des Mitarbeiters außerhalb der Arbeitszeit zu berücksichtigen. Die Arbeit ist ein Teil der Lebenswelt der Mitarbeiter. Lebenswelt und Arbeitswelt sind eng miteinander verknüpft. Probleme in der Familie und Freizeit werden häufig mit an den Arbeitsplatz gebracht. Gleichzeitig beeinflussen Probleme am Arbeitsplatz das Wohlbefinden des Mitarbeiters in seiner Freizeit. Was der Mitarbeiter an gesundheitsfördernden Maßnahmen im Betrieb erfährt, wird auch Einfluss auf sein Freizeitverhalten haben. Die Synergien aus beiden Lebensbereichen lassen den Mitarbeiter zufriedener und motivierter am Arbeitsplatz sein.

Aus diesem Grund ist eine umfassende Beratung, die auch Aspekte des privaten sozialen Umfelds des einzelnen Mitarbeiters berücksichtigt, sinnvoll. Gesundheitsförderung ist insbesondere Aufgabe der Führungskraft –

das ist zum einen gesetzlich vorgeschrieben und zum anderen bei OTTO im Verantwortungsschreiben für Führungskräfte verankert. Damit ein nachhaltiges Gesundheitsmanagement im Unternehmen erfolgreich implementiert werden kann, müssen die Unternehmensleitung und die oberen Führungskräfte von der Notwendigkeit eines solchen Systems überzeugt sein.

Gesundheitsförderung setzt die aktive Einbindung aller Mitarbeiter voraus. Nur wenn alle Betroffenen in den Prozess mit einbezogen werden, können die vorhandenen Erkenntnisse über Gesundheitsbelastungen genutzt und nachhaltig konkrete Verbesserungsvorschläge entwickelt werden. Die Mitarbeiter wissen oft selbst am besten, welche Faktoren ihre Gesundheit fördern. Sie selbst sind die Experten, wenn es um ihre persönliche Gesundheit geht. Dieses Wissens zu nutzen und Mitarbeiter aktiv einzubinden und mit gestalten zu lassen, fördert eine höhere Mitarbeiterzufriedenheit und -motivation sowie eigenverantwortliches Handeln.

Gesundheitsmanagement bei OTTO verfolgt insbesondere folgende Ziele:
- Erhalt und Steigerung des Gesundheitsverhaltens
- Schutz und Förderung der Gesundheit
- Erfüllung gesetzlicher Vorschriften
- Verminderung der Fehlzeitenquote
- Information und Kommunikation

Die Grundlage für ein effektives Gesundheitsmanagement bilden die kontinuierliche Information und die Werbung für gesundheitsgerechtes Verhalten, die darauf abzielen, Mitarbeiter dazu zu bewegen, etwas für ihre Gesundheit zu tun. Wenn über Gesundheitsbelastungen informiert wird und Möglichkeiten für die Verbesserung des Gesundheitsverhaltens geschaffen werden, kann jeder Einzelne mehr für seine Gesundheit tun.

Ein zukunftsorientiertes Gesundheitsmanagement ist nicht nur darauf ausgerichtet, Unfälle zu vermeiden, sondern auch die gesundheitsfördernden Potenziale jedes einzelnen Mitarbeiters zu nutzen und zu fördern. Dieses Potential zu erschließen und den Mitarbeiter bei der Umsetzung des gesundheitsfördernden Verhaltens zu unterstützen und zu begleiten, ist ein wesentliches Ziel. Voraussetzung dafür ist jedoch der Schutz der Gesundheit durch die Vermeidung von Unfällen und den Kontakt mit Gefahrstoffen u. Ä. – d. h. die Verhältnisprävention.

Ein wesentliches Ziel des Gesundheitsmanagements ist es ebenfalls, das bereits existierende Gesundheitsverhalten zu erhalten und weiterzuentwickeln – und zwar nach dem Prinzip Hilfe zur Selbsthilfe. Denn jeder Mitarbeit ist für seine Gesundheit in erster Linie selbst verantwortlich.

4   Entstehung und Organisation des aktiv.net

Bei OTTO arbeiten die für den Gesundheitsschutz und die Gesundheitsförderung verantwortlichen Personen seit mehreren Jahren in einem Netzwerk zusammen. Damit ist ein neuer Ansatz in der Organisation des Gesundheitsmanagements entstanden: der Zusammenschluss von Arbeitssicherheit, Arbeitsmedizin, Gesundheitsförderung und Sozialberatung unter dem Namen „aktiv.net – Ihr Partner für Gesundheit, Arbeitsschutz und Sozialberatung". Somit können alle Aspekte der Gesundheit entsprechend der WHO-Definition abgedeckt werden. Die daraus resultierenden Synergieeffekte schaffen eine verstärkte Transparenz für alle Beteiligten, ermöglichen einen zielgruppengerechteren Einsatz und die Planung von Maßnahmen sowie eine systematische Vorgehensweise (s. Abbildung 1).

Beispielhaft ist hier die Zusammenarbeit bei der Neuplanung von Arbeitsplätzen und Anlagen zu nennen. Von der sicherheitstechnischen Beratung über die Berücksichtigung ergonomischer Grundsätze bis hin zur Betrachtung der Einsatzmöglichkeiten einzelner Mitarbeiter in neuen Arbeitsbereichen erfolgt eine umfassende Beratung der Fachbereiche. Gemeinsam werden gezielt Maßnahmen für Mitarbeiter geplant. Schritt für Schritt erfolgt der Aufbau eines an die Problemschwerpunkte angepassten, systematischen Maßnahmenkataloges.

Die Organisation des aktiv.net wird grundlegend durch gesetzliche Vorschriften und Regelwerke vorgegeben. Die Arbeitgeberverantwortung ergibt sich u. a. aus dem Arbeitsschutzgesetz. Dieses umreißt auch die

Aufgaben der Führungskräfte mit Arbeitgeberfunktion bzw. Quasi-Arbeitgeberfunktion: „Sicherheit und Gesundheit der Beschäftigten bei der Arbeit durch Maßnahmen des Arbeitsschutzes zu sichern und zu verbessern."

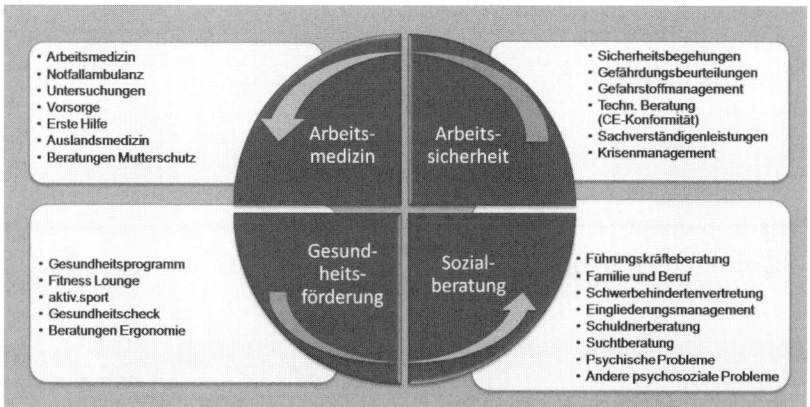

Abb. 1: Organisation des Gesundheitsmanagements bei OTTO

Beratung, fachliche Unterstützung von Führungskräften und anderen Fachbereichen und auch die Kontrolle des Gesundheitsschutzes obliegt den Fachleuten des aktiv.net: Betriebsärzte, Arbeitsschutz- und Sozialreferenten und Sport- und Gesundheitswissenschaftler. Die Verantwortung liegt grundsätzlich bei der Führungskraft des betroffenen Bereiches.

Die Einbindung des Betriebsrates in das Thema Gesundheit ist durch das Betriebsverfassungsgesetz geregelt. Bei OTTO findet diese in Form einer engen und vertrauensvollen Zusammenarbeit statt. In verschiedenen Arbeitskreisen, Ausschüssen und Gremien werden Probleme des Gesundheitsschutzes und der Gesundheitsförderung bearbeitet. Auf diesem Weg ist es gelungen, einerseits alle gesetzlichen Auflagen zu erfüllen und andererseits das Gesundheitsmanagement in die Unternehmensorganisation zu integrieren – nachvollziehbar und praktikabel für alle Beteiligten.

5 Angebote des aktiv.net

2008 haben über 3.000 Mitarbeiter an Angeboten des aktiv.net teilgenommen. Dem aktiv.net ist es damit gelungen, rund ein Viertel aller Beschäftigten zu aktivieren und etwas für ihre Gesundheit zu tun (S. Abbildung 2). Die Mitarbeiter des aktiv.net beraten Abteilungen und Führungskräfte bei der Planung, Gestaltung und Beschaffung ergonomisch gestalteter Arbeitsmittel wie z. B. gesundheitsgerechter Bürostühle. Beratungen erfolgen auch bereichsbezogen in Form von turnusmäßig durchgeführten Begehungen. Diese systematische Vorgehensweise garantiert eine lückenlose Kontrolle und wird in den Verwaltungsbereichen einmal bzw. in bestimmten Bereichen zweimal pro Jahr durchgeführt. Die Begehungen dienen der Erkennung von Gefahrenquellen und der Beratung der Führungskräfte vor Ort.

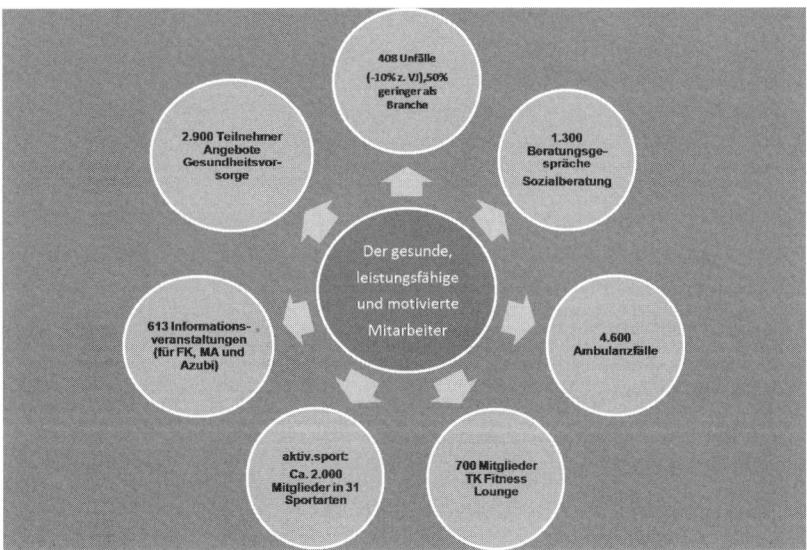

Abb. 2: Nutzung der Angebote

5.1 Sozialberatung

Im Bereich der betrieblichen Sozialberatung führen die Sozialreferenten jährlich rund 1.300 Gespräche. Im Laufe der letzten zehn Jahre ist dabei eine Zunahme der Gespräche um 10 % festzustellen. Zu den Beratungsinhalten gehören insbesondere Probleme am Arbeitsplatz, finanzielle, familiäre und psychische Probleme sowie Suchtgefährdung und -erkrankung. Durch die enge Zusammenarbeit mit verschiedenen Institutionen und Netzwerken im gesamten Bundesgebiet kann hier schnell Hilfe und Unterstützung gegeben werden.

Besonders auffällig ist die Entwicklung bei der Beratung von Führungskräften zu Problemen mit Mitarbeitern. Das Interesse der Führungskräfte an unterstützender Beratung hat in den vergangenen Jahren um 20 % zugenommen.

Ein weiteres Arbeitsfeld der Sozialberatung stellt die Einrichtung und Organisation des betrieblichen Eingliederungsmanagements dar. Hier werden, wie im SBG IX gefordert, Mitarbeiter mit verschiedenen Angeboten rund um die individuelle gesundheitliche Situation unterstützt. Dazu zählen u. a. die stufenweise Wiedereingliederung, die Unterstützung bei Rehabilitations-Maßnahmen sowie technische Veränderungen am Arbeitsplatz.

Einen weiteren Schwerpunkt bildet das Programm „Eltern in Bestleistung". Hier werden verschiedene Angebote zur Unterstützung von Eltern und Familien mit dem Ziel bereitgestellt, Familie und Beruf noch besser vereinbaren zu können.

Seminare zu Themen wie Sucht, psychische Auffälligkeiten und ältere Mitarbeiter runden das Angebot ab.

5.2 Arbeitsmedizin und Ambulanz

Die Ambulanz hilft bei Arbeitsunfällen, unterstützt die Mitarbeiter bei allen gesundheitlichen, körperlichen und seelischen Problemen sowie bei Fragen der Gesundheitsvorsorge und führt Grundsatzuntersuchungen durch. Verschiedene Angebote wie z. B. Melanom-Screening, Darmkrebsvorsorge, Schilddrüsen-Screening und Schutzimpfungen stehen regelmäßig allen Mitarbeitern offen. Durch die weltweiten Aktivitäten des OTTO-Konzerns ist ein funktionierender Gesundheitsschutz bei Arbeitsaufenthalten im Ausland selbstverständlich. Gerade bei Reisen in die

Tropen und Subtropen können viele Erkrankungen oder Befindlichkeitsstörungen durch Vorbeugung vermieden werden. Darum werden allen Mitarbeitern bei Arbeitsaufenthalten in diesen Ländern spezielle arbeitsmedizinische Beratungen, Untersuchungen und vorsorgliche Impfungen angeboten.

5.3 Gesundheitsförderung

Aufgrund neuer Erkenntnisse und einer entsprechenden Schwerpunktsetzung des Gesundheitsmanagements stehen Mitarbeitern und Führungskräften für den Schutz und die Förderung ihrer Gesundheit verschiedene Angebote zur Verfügung, die von den Mitarbeitern des aktiv.net angeboten werden. Hierzu gehört das unternehmenseigene und vom aktiv.net betriebene gesundheitsorientierte Fitnessstudio mit mittlerweile 700 Mitgliedern, das auf über 600 m2 Gerätetrainig und über 20 verschiedene Kurse (Yoga, Pilates, Zirkeltraining usw.) pro Woche anbietet. Zusätzlich eröffnet der Betriebssport in 31 Sparten den rund 2000 Mitgliedern die Gelegenheit, etwas für die Gesundheit zu tun. Spezielle Bonusprogramme werden für die Mitarbeiter passgenau entwickelt und angeboten.

5.4 Arbeitssicherheit

Die gesamte Palette der sicherheitstechnischen Betreuung und Beratung kann jederzeit im aktiv.net abgerufen werden. Zu den Standardangeboten der Arbeitssicherheit gehören u. a.: Sicherheitsbegehungen, Gefährdungsbeurteilungen, Gefahrstoffmanagement, technische Beratung (CE-Konformität), Sachverständigenleistungen und Krisenmanagement.

5.5 Mitarbeiterinformation und Schulungen

Mitarbeiterinformation und Schulungen sind wichtige Bestandteile des Gesundheitsmanagements. Sie dienen der kontinuierlichen Wissensvermittlung und führen damit zu einer gesundheitsfördernden Handlungskompetenz bei den Mitarbeitern.

Die Schulung von Führungskräften und Sicherheitsbeauftragten gehört zu den Aufgaben des aktiv.net. Sicherheitsbeauftragte unterstützen die Führungskräfte bei allen Fragen des Arbeits- und Gesundheitsschutzes vor Ort. Die allgemeine Schulung für Auszubildende ist Pflicht. Sie soll über ein gesundheitsgerechtes Verhalten am Arbeitsplatz und über die Angebote zum Gesundheitsschutz informieren. Informationen zum Gesundheitsschutz und zur Gesundheitsförderung sind ein wichtiger Baustein in den Einweisungsseminaren (EWS) für neu eingestellte Mitarbeiter. Die Mitarbeiter sollen bereits vom ersten Tag an Möglichkeiten und Maßnahmen kennen lernen, wie sie ihre eigene Gesundheit schützen und fördern können. Als besondere Zielgruppe wird für die Auszubildenden ein spezielles Präventionsseminar in Zusammenarbeit mit einer Drogenberatungsstelle angeboten.

5.6 Kommunikation und Information

Ein wichtiges Instrument ist die breite Information und Aufklärung von Führungskräften und Mitarbeitern, um gesundheitsförderndes Verhalten, mögliche Gefährdungen und deren Vermeidung aufzuzeigen.
Bei OTTO werden alle zur Verfügung stehenden Wege der Kommunikation genutzt. Eine hohe Bedeutung kommt hierbei dem Intranet bei OTTO – dem Otto.net – zu. Weitere Medien sind: Infostände, Vorträge und Aushänge. In der vier Mal pro Jahr erscheinenden hausinternen Mitarbeiterzeitschrift O-Ton wird eine Serie zu Schwerpunktthemen der Gesundheitsförderung geschaltet (s. Abbildung 3).

6 Netzwerke und Positionierung

OTTO engagiert sich nicht nur innerhalb des Konzerns für den Gesundheitsschutz und die Gesundheitsförderung seiner Mitarbeiter, sondern beteiligt sich darüber hinaus an der generellen Weiterentwicklung des Gesundheitsschutzes in der Arbeitswelt und hat sich der Erklärung der Luxemburger Deklaration zur betrieblichen Gesundheitsförderung angeschlossen. Mit dieser Erklärung werden die Grundsätze der betrieblichen Gesundheitsförderung wie z. B. die Verbesserung der Arbeits-

Abb. 3:   Intranetauftritt

organisation und der Arbeitsbedingungen, die Partizipation der Mitarbeiter und die Stärkung persönlicher Kompetenzen und Gesundheitspotenziale anerkannt und unterstützt. Der Anschluss an die Deklaration unterstreicht die Philosophie des Gesundheitsmanagements.

OTTO ist Mitglied des Unternehmensnetzwerks zur betrieblichen Gesundheitsförderung in der Europäischen Union. In diesem Netzwerk engagieren sich in der Gesundheitsförderung besonders aktive Unternehmen wie z. B. Deutsche Telekom AG, Unilever, Siemens AG, Spar und Volkswagen. Durch den Zusammenschluss wollen die Mitglieder des Netzwerkes die Verbreitung der betrieblichen Gesundheitsförderung vorantreiben und andere Unternehmen dazu anregen, sich für die Gesundheit der Beschäftigten zu engagieren. Regelmäßig finden Treffen statt, auf denen Erfahrungen ausgetauscht, Fallstudien erfolgreicher Aktionen vorgestellt und Erkenntnisse bei der Planung, Durchführung und Evaluation betrieblicher Gesundheitsförderungsmaßnahmen diskutiert werden.

7   Zusammenfassung

Mit der Unterzeichnung der Luxemburger Deklaration und der Aufnahme in das Unternehmensnetzwerk zur betrieblichen Gesundheitsförderung in der EU hat sich OTTO ausdrücklich für ein modernes und effektives Gesundheitsmanagement entschieden.

Soziale Verantwortung in Zusammenarbeit mit ökonomischer Vernunft bildet die Grundlage des Gesundheitsmanagements bei OTTO. Es basiert in Anlehnung an die WHO-Definition zur Gesundheit auf dem Prinzip der Ganzheitlichkeit, setzt auf Gesundheitsschutz und -förderung als Führungsaufgabe und schließt die Partizipation und Eigenverantwortlichkeit aller Mitarbeiter ein. Zu den Zielen gehören in erster Linie:
- Schutz und Förderung der Gesundheit,
- Erhalt und Steigerung des Gesundheitsverhaltens,
- Information und Kommunikation,
- Verminderung der Fehlzeitenquote,
- Erfüllung gesetzlicher Vorschriften.

Zur Umsetzung dieser Ziele arbeiten die für Gesundheitsschutz und -förderung verantwortlichen Personen in einem integrativen Verbund. Die Experten für Arbeitssicherheit, betriebliche Sozialarbeit, Gesundheitsförderung und Arbeitsmedizin haben sich unter dem Namen „aktiv.net – Ihr Partner für Gesundheit, Arbeitsschutz und Sozialberatung" zusammengeschlossen.

Durch fachliche Unterstützung und möglichst umfassende Informationen werden alle verantwortlichen Führungskräfte in die Lage versetzt, sich aktiv für die Gesundheit und Sicherheit ihrer Mitarbeiter einzusetzen. Gesundheitsressourcen der Mitarbeiter können durch eine enge Kooperation zwischen Führungskräften, Mitarbeitern und Fachleuten entwickelt und gefördert werden. Diese Zusammenarbeit und eine systematische Vorgehensweise bilden die Grundlage für ein langfristig erfolgreiches Gesundheitsmanagement. Jährlich nutzen über 3000 Mitarbeiter die Angebote des aktiv.net, das damit rund 25 % aller Mitarbeiter im Unternehmen erreicht.

Darüber hinaus werden systematisch und kontinuierlich alle Unternehmensbereiche von aktiv.net betreut und u. a. folgende Leistungen angeboten:
- Beratung (Arbeitsmittelgestaltung, Begehungen, Sozialberatung)
- Mitarbeiterinformation und Schulungen (Gefahrstoffschulungen, Bereichsveranstaltungen),
- Medizinische Versorgung (Ambulanz, Grundsatzuntersuchungen, Impfungen).

8 Zukünftige Aufgaben des Gesundheitsmanagements

Psychische Belastungen zu erkennen und der Entstehung von Erkrankungen vorzubeugen – das werden die entscheidenden Aufgaben der Zukunft sein. Vor dem Hintergrund der allgemeinen demographischen Entwicklung und der damit einhergehenden Entwicklung der Mitarbeiterstruktur wird die Bedeutung des Gesundheitsmanagements in Unternehmen weiter zunehmen.

Älter werdende Mitarbeiter benötigen eine ganz andere Gesundheitsförderung. Neben den ansteigenden körperlichen Einschränkungen einerseits entstehen durch den zunehmenden Erfahrungsschatz und die mentale und soziale Stabilität andererseits Vorteile. Diese positiven Effekte hervorzuheben und gleichzeitig der physischen Konstitution im Alter mit Ausgleichsmaßnahmen Rechnung zu tragen, werden Aufgaben des Gesundheitsmanagements sein. Gemeinsam mit dem HR-Management müssen Instrumente entwickelt werden, die dieser Entwicklung Rechnung tragen und bei Führungskräften und Mitarbeitern gleichermaßen zu einem Kulturwandel weg von „jünger = flexibel = besser" hin zu einer gesunden Diversity-Kultur des Alters führen.

Es müssen Wege gefunden werden, Mitarbeiter für ihr aktives persönliches Gesundheitsmanagement zu gewinnen. Hierzu zählt insbesondere die Motivation, lebenslang auf Veränderungen zu reagieren und die eigene Gesundheit auch im Hinblick auf das psychische und soziale Wohlbefinden zu betrachten. Entsprechende Konzepte, die diesen Herausforderungen Rechnung tragen, werden vom aktiv.net in Zusammenarbeit mit anderen Fachabteilungen erarbeitet.

Jan Rickmann

Alkohol im Betrieb – betriebliche Suchtprävention bei der Continental AG

1 Einleitung

In diesem Artikel wird der Umgang mit Suchtmitteln und mit suchtmittelauffälligen, suchtgefährdeten und suchtkranken Mitarbeitern in einigen Bereichen des Continental-Konzerns beschrieben.[1] Die Continental AG hat sich mit der Suchtprävention zum Ziel gesetzt, die Gesundheit ihrer Beschäftigten zu erhalten und deren Leistungsfähigkeit zu verbessern. Darüber hinaus sollen Führungskräfte qualifiziert und ein Beitrag zur Arbeitssicherheit und zur Unternehmenskultur geleistet werden.

Im Konzern ist man der Meinung, diese Ziele dank einer kontinuierlichen Arbeit im Wesentlichen erreicht zu haben. Betriebliche Suchtprävention und Mitarbeiterberatung werden bei Continental selbstverständlich auch unter betriebswirtschaftlichen Aspekten betrachtet. Das Unternehmen ist überzeugt, dass Sozialberatung und Suchtprävention einen Beitrag zum Unternehmenserfolg leistet und ein gutes Kosten-Nutzen-Verhältnis aufweist.

Die Continental AG ist weltweit einer der größten Zulieferer der Automobilindustrie. Der Konzern beschäftigt derzeit rund 134 000 Mitarbeiter an 190 Standorten in 37 Ländern und ist in den letzten Jahren durch Zukäufe stark gewachsen.

Das hier dargestellte Konzept der Suchtprävention beschreibt die Aktivitäten und Maßnahmen an deutschen Standorten der Divisionen Nutzfahrzeug-Reifen, Pkw-Reifen und ContiTech. Ausgehend vom Sitz der Hauptverwaltung in Hannover und vier weiteren hannoverschen Standorten wurde dieses Konzept an allen deutschen Standorten der oben genannten Divisionen implementiert und erreicht damit etwa 17.000 Mitarbeiter an knapp 20 Standorten.

[1] Im folgenden Text beziehen sich alle personenbezogenen Formulierungen auf weibliche und männliche Personen, sofern diese im Text nicht explizit anders ausgeschrieben werden.

Darstellungsform

Die Suchtprävention bei Continental beinhaltet Maßnahmen auf *fünf unterschiedlichen Ebenen*. Zum besseren Verständnis orientiert sich die folgende Darstellung an den Ausführungen der „Qualitätsstandards in der betrieblichen Suchtprävention" der Deutschen Hauptstelle für Suchtfragen (DHS) [2]. Diese Qualitätsstandards sind seitens der DHS als Zielstandards zu verstehen.

Ebene 1   Organisatorischer Rahmen, strukturelle Einbindung.
Ebene 2   Primärprävention (Suchtvorbeugung).
Ebene 3   Qualifizierung der Führungskräfte, Interventionsleitfaden.
Ebene 4   Betriebliche Unterstützungsangebote.
Ebene 5   Qualitätssicherung und Marketing.

Ausgangssituation bei Continental

Die Ursprünge der Suchtprävention bei Continental liegen nunmehr 30 Jahre zurück. Die Langfristigkeit des Konzeptes und der Maßnahmen sei an dieser Stelle besonders herausgehoben, weil der Erfolg der Suchtprävention im Wesentlichen in der Weitsichtigkeit der Strategie begründet ist.

An vielen Standorten wurde, wie auch in anderen Industrieunternehmen in den 70er Jahren, von einem nicht unerheblichen Teil der Belegschaft auf allen betrieblichen Ebenen während der Arbeitszeit Alkohol konsumiert – von vielen Mitarbeitern täglich. Allen an der Suchtvorbeugung und Suchthilfe interessierten Parteien war schnell klar, dass sich die Unternehmenskultur in Bezug auf den Alkoholkonsum ändern musste und die Umsetzung der Ziele einer langfristigen strategischen Planung bedurften, verbunden mit einer großen Portion persönlicher Standhaftigkeit und Beharrlichkeit.

---

[2] Wienemann, Elisabeth und Günter Schumann: Qualitätsstandards in der betrieblichen Suchtprävention und Suchthilfe. Hamm: Deutsche Hauptstelle für Suchtfragen 2006.

2 Betriebliche Suchtprävention bei Continental 2009

2.1 Ebene 1: Organisatorischer Rahmen, strukturelle Einbindung

Die betrieblichen Maßnahmen im Rahmen der Suchtprävention werden in der intern organisierten professionellen Sozialberatung in Hannover zusammengeführt und im Wesentlichen von dort gesteuert. Die Sozialberatung selbst wird wiederum durch den Steuerkreis Sozialberatung geführt, der sich aus der Leiterin der Konzernfunktion Gesundheitsschutz, dem Personalleiter der Konzernfunktionen der Hauptverwaltung Hannover, einem hannoverschen Betriebsratsvorsitzenden und dem Sozialberater zusammensetzt. Der Steuerkreis ist verantwortlich für die strategische Ausrichtung der Arbeit, die Qualitätssicherung und die kontinuierliche Weiterentwicklung der Konzepte.

An allen deutschen Standorten der genannten Divisionen gibt es Betriebsvereinbarungen (BV) mit einem absoluten Alkohol- und Rauschmittelverbot. Die Betriebsvereinbarungen geben zusätzlich vor, wie bei Verdacht auf Alkoholisierung bzw. Rauschmitteleinfluss im akuten Fall vorzugehen ist, und enthalten außerdem einen Stufenplan (je nach Standort besteht dieser aus 4–6 Stufen). Der Stufenplan startet mit einem vertraulichen Gespräch zwischen dem betroffenen Mitarbeiter und dem direkten Vorgesetzten. Jede Stufe beinhaltet Unterstützungsangebote. Am Ende des Stufenplans steht die Kündigung, wenn keine positiven Veränderungen herbeigeführt werden konnten. Mit der Kündigung ist eine Wiedereinstellungszusage verbunden: Wenn innerhalb eines Jahres eine erfolgreiche Entwöhnungsbehandlung nachgewiesen werden kann, wird der Mitarbeiter wieder eingestellt.

Im Alltag der Sozialberatung hat sich gezeigt, dass Mitarbeiter mit einer Suchterkrankung, die sich für eine Entwöhnungsbehandlung entscheiden, dies nur selten nach der Kündigung tun. In den meisten Fällen wird die Entscheidung aufgrund des Schritt für Schritt abgearbeiteten Interventionsleitfadens früher gefällt, überwiegend bis einschließlich zur ersten Abmahnung.

Zusätzlich sind in den Betriebsvereinbarungen – je nach Standort – noch Präventionsaktivitäten, Qualifizierungsmaßnahmen für Führungskräfte und ggf. die Tätigkeiten der Ansprechpartner für Suchtfragen festgehalten.

Die betriebliche Suchtprävention ist eng in das betriebliche Gesundheitsmanagement eingebunden. Das betriebliche Gesundheitsmanagement wird bei Continental über die Funktion HISS (Health, Industrial Hygiene, Safety, Security) gesteuert und dort wiederum schwerpunktmäßig im Bereich Health (Gesundheitsschutz). Die Sozialberatung und damit auch die Suchtprävention sind fachlich diesem Bereich zugeordnet; der Sozialberater arbeitet anteilig für diesen Bereich. Es gibt ebenfalls eine enge Zusammenarbeit mit der Personalentwicklung des Konzerns.

2.2   Ebene 2: Primärprävention

Für die Auszubildenden des Konzerns gibt es Tages- und Halbtagesveranstaltungen, die von der Sozialberatung oder externen Präventionsfachkräften durchgeführt werden. Die Teilnahme ist verbindlich. Die Workshops sollen die Auszubildenden zur Reflexion einladen: über den eigenen Suchtmittelkonsum, über das Risikoverhalten im Allgemeinen, über den persönlichen Umgang mit Belastungen und über mentale Gesundheit. Die Gruppengrößen (bis 12 Teilnehmer, bei verschiedenen Übungen wiederum in Kleingruppen) sind so gehalten, dass ein offener Austausch möglich ist.

Diese Veranstaltungen werden seit nunmehr 10 Jahren abgehalten. Mehr als 1200 Auszubildende haben bereits daran teilgenommen. Das bedeutet, dass ein großer Teil der jüngeren Mitarbeiter an allen deutschen Standorten schon mindestens einmal eine Suchtpräventionsveranstaltung besucht hat sowie die betrieblichen Regeln und auch das betriebliche Unterstützungsangebot kennt.

Für die Mitarbeiter gibt es ähnliche Veranstaltungen. Themen sind hier risikoarmer Konsum und schädlicher Gebrauch von Suchtmitteln sowie stoffgebundene Abhängigkeit. Zusätzlich informieren die Sozialberater über die betrieblichen Regeln und über die mit der Einnahme von Suchtmitteln verbundenen Risiken in Bezug auf die Arbeitssicherheit und den Straßenverkehr. Außerdem erarbeiten und erfahren die Mitarbeiter, wie sie Kollegen helfen können, die Suchtprobleme haben.

Die Präventionsveranstaltungen für die Mitarbeiter werden an zwei unterschiedlichen Terminen mit einem Abstand von zwei Wochen durchgeführt. So kann man sich beim zweiten Treffen über zwischenzeitlich entstandene Fragen und Erfahrungen austauschen. Dieses Vorgehen hat sich in der Praxis bewährt.

Das Präventionsangebot für Mitarbeiter ist ein offenes Angebot und wird von den Standorten und Abteilungen unterschiedlich angenommen. Die Veranstaltungen finden meist in den Abteilungen statt und werden flexibel den dort herrschenden Arbeitsbedingungen (Schichtsystem usw.) angepasst. Das Angebot wird sowohl von einzelnen Arbeitsgruppen als auch von größeren Einheiten gebucht. In den Abteilungen startet die Sozialberatung mit einer Veranstaltung für die Führungskräfte und geht dann in die einzelnen Arbeitsgruppen oder Teams, wobei die Anzahl der Teilnehmer auf 8 bis 14 pro Veranstaltung begrenzt bleibt.

Vorrangige Ziele dieser Workshops sind, die Teilnehmer mit den betrieblichen Regeln vertraut zu machen, ihnen Sinn und Zweck dieser Regeln nahe zu bringen und sie anzuregen, über den eigenen Suchtmittelkonsum zu reflektieren. Zusätzlich lädt die Veranstaltung zum Nachdenken und zur Diskussion über die Frage ein, ab wann jemand von den Kollegen angesprochen werden sollte und in welcher Form das geschehen könnte. Jeder einzelne Teilnehmer wird so herausgefordert, sich zu äußern, ob, wann und wie er Verantwortung für Kollegen übernehmen möchte.

Des Weiteren werden einmal jährlich an den hannoverschen Standorten Präventionstage veranstaltet. Die Sozialberatung, die BKK DER PARTNER und die internen nebenamtlichen Ansprechpartner für Suchtfragen organisieren zu jährlich wechselnden Themen (Punktnüchternheit, Verantwortung setzt Grenzen, mentale Gesundheit) Aktionstage, an denen Informationen vermittelt werden, Beratung angeboten wird und man in „Schnupperkursen" praktische Erfahrungen sammeln kann.

Continental hat erlebt, dass das absolute Alkohol- und Rauschmittelverbot eine sehr wirksame präventive Maßnahme ist, die dazu führt, dass die Mitarbeiter in vielen Situationen ganz selbstverständlich auf Alkohol verzichten, z.B. bei internen Feiern, Jubiläen, Tagen der offenen Tür und bei Weihnachtsfeiern.

Durch das absolute Alkohol- und Rauschmittelverbot (kein Restalkohol!) sind die Mitarbeiter gezwungen, auch in großen Teilen ihrer Freizeit sehr maßvoll und bewusst mit Alkohol umzugehen, wenn sie ihren Arbeitsplatz nicht gefährden wollen.

In Abstimmung mit der BKK DER PARTNER und den Betreibern unserer Betriebsrestaurants bietet das Unternehmen Nichtraucherkurse und Workshops zur gesunden Ernährung an. Die Sozialberatung hat in ihrem Seminarangebot zudem ein Seminar mit dem Titel „Persönliche Gesundheitskompetenz und Resilienz", das offen für alle Mitarbeiter in Hannover ist. Die Konzernfunktion Gesundheitsschutz bietet in Zusammenarbeit mit der Sozialberatung deutschlandweit einen anderthalb Tage dauernden Workshop zum Thema „Andere und sich selbst gesund führen" für Führungskräfte aller Divisionen und Standorte an.

2.3 Ebene 3: Qualifizierung der Führungskräfte, Interventionsleitfaden

Für den Fall suchtmittelbedingter Auffälligkeiten im Betrieb ist in den Betriebsvereinbarungen festgeschrieben, wie Führungskräfte vorzugehen haben; dies gibt ihnen Handlungssicherheit. Der Stufenplan verbindet wirkungsvoll den steigenden Druck von Seiten des Arbeitgebers mit den unterstützenden Angeboten in einer Atmosphäre von Achtung und Respekt.

Herzstück unserer Suchtaktivitäten und eine echte Erfolgsgeschichte sind die Seminare „Sucht im Betrieb". Dabei handelt es sich um eine dreitägige Qualifizierungsmaßnahme für Führungskräfte, Personalreferenten und Betriebsräte, die zusammen mit Patienten einer Fachklinik für Abhängigkeitserkrankungen an folgenden Themen arbeiten: Abhängigkeitserkrankungen, Co-Abhängigkeit[3], Hilfe für Betroffene, Gesprächsführung, Unterstützungsmöglichkeiten nach einer Entwöhnungsbehandlung. Das Seminar ist so strukturiert, dass der Kontakt zwischen den Führungskräften und den Patienten der Fachklinik über die drei Tage

---

[3] Wir orientieren uns hierbei nicht so sehr am (fachlich zweifelhaften) Konzept der Co-Abhängigkeit. Wir nutzen den Begriff Co-Abhängigkeit, weil er in Bezug auf wenig hilfreiches Verhalten im Umfeld eines Suchtkranken sehr eingängig ist und im Anschluss an das Seminar dazu führt, dass sich die Führungskräfte konstruktiv verhalten.

sehr eng ist. Es gibt intensive Begegnungen in Kleingruppen, angeleitet durch therapeutische Mitarbeiter der Klinik. Es kommen in einer Seminareinheit mehrere Angehörige zu Wort, die ihr Leben an der Seite eines Suchtkranken schildern. Unsere Führungskräfte erhalten in diesem Seminar das notwendige Wissen über Suchterkrankungen, das notwendige Handwerkszeug für den betrieblichen Umgang mit Betroffenen, und sie können die später im Beruf notwendigen und schwierigen Gespräche mit durch Suchtmittel auffälligen Mitarbeitern trainieren. Die persönliche Begegnung mit den Patienten und Angehörigen hinterlässt jedoch die größte Wirkung. Starke Emotionen und einprägsame Bilder werden mit zurück in den Berufsalltag genommen. Diese Bilder sind mit dem fachlich „richtigen" bzw. chancenreichsten Vorgehen bei Suchterkrankungen im betrieblichen Umfeld verbunden.

Die Seminare haben sehr positiv zum Kulturwandel bei Continental beigetragen. 2009 gaben 97 % der Seminarteilnehmer im Feedbackbogen an, dass sie bei Suchtproblemen in Zukunft ihre Mitarbeiter deutlich früher ansprechen würden als vor der Maßnahme. Bei den Teilnehmern bleibt das Seminar noch lange in Erinnerung, verbunden mit den gesammelten Erfahrungen, wie sie als Vorgesetzte in schwierigen betrieblichen Situationen konstruktiv vorgehen können. Selbstverständlich würden die Fachklinik und Continental das Seminar nicht durchführen, wenn uns nicht die teilnehmenden Patienten in der anonymen Befragung immer wieder mitteilen würden, dass das Seminar auch für sie sehr fruchtbar war.

Das Seminar „Sucht im Betrieb" wird mit kleinen Änderungen seit mehr als 20 Jahren meist viermal jährlich mit 15 bis 18 Teilnehmern durchgeführt. Es ist in vielen Bereichen keine Pflichtveranstaltung; trotzdem ist das Seminar zu mehr als 95 % ausgebucht, oft auch überbucht. Somit haben in 20 Jahren mehr als tausend Führungskräfte der unterschiedlichsten Hierarchieebenen an diesem Seminar teilgenommen. Das prägt das Unternehmen, wobei die Teilnehmerquote der deutschen Standorte unterschiedlich ist.

Zusätzlich gibt es auf Anfrage kurze Veranstaltungen zum hilfreichen Umgang mit Mitarbeitern mit Suchtmittelproblemen für Führungskräfte oder andere Funktionsträger.

2.4 Ebene 4: Betriebliche Unterstützungsangebote

Es gibt am Standort Hannover eine interne Sozialberatung. Über die Sozialberatung werden die Maßnahmen zur betrieblichen Suchtprävention gesteuert. Die Sozialberatung in Hannover hat ihren Sitz in einem Einzelbüro außerhalb der Betriebsstandorte, um Anonymität zu gewährleisten und die Vertraulichkeit der Gespräche zu gewährleisten. Außer den Mitarbeitern der Sozialberatung hat kein Betriebsangehöriger Zugang zu den Räumlichkeiten.

Disziplinarisch ist die Sozialberatung der Personalabteilung der Konzernfunktionen der Hauptverwaltung zugeordnet, fachlich der Konzernfunktion Gesundheitsschutz. Durch die Zuordnung zu den Konzernfunktionen ist die Sozialberatung (und damit auch die Suchtprävention) bei sehr vielen strategischen Überlegungen im Bereich Gesundheitsschutz eingebunden. Die disziplinarische Zuordnung zur Personalabteilung hat sich in der Praxis als unproblematisch erwiesen. In den letzten 10 Jahren ergaben sich daraus keine Konflikte.

Die für einen Automobilzulieferer „exotische" Tätigkeit eines Sozialberaters, das ausgelagerte Büro und das Vertrauen in die Qualität der Arbeit der Sozialberatung sorgen für sehr große Handlungsfreiheit und Autonomie in der Sozialberatung. Das kommt der Arbeit zu Gute.

Es gibt zusätzlich zur Sozialberatung an einigen Continental-Standorten Angebote externer Dienstleistungsunternehmen, die das Unternehmen in unterschiedlichem Umfang zukauft.

Deutschlandweit gibt es bei Continental etwa 25 interne nebenamtliche Ansprechpartner für Suchtfragen, von denen eine hochwertige einschlägige Qualifizierung verlang wird, z. B. als Ansprechpartner für Suchtfragen der niedersächsischen Landesstelle für Suchtfragen. Für die Tätigkeit an den Standorten sind Standards (im Sinne von Empfehlungen) seitens der Sozialberatung festgelegt. Das Unternehmen war bei der Auswahl der Ansprechpartner sehr offen, sodass wir heute sehr unterschiedliche Personen in dieser Funktion haben: abstinent lebende Alkoholiker, engagierte Betriebsräte, Personalreferenten und Mitarbeiter – vom Fabrikarbeiter über den Handwerker bis zum Ingenieur. Das tut der gemeinsamen Arbeit sehr gut.

Die Ansprechpartner haben an den verschiedenen Standorten sehr unterschiedliche Bedingungen: Es gibt einen Kollegen mit einer halben Freistellung für diese Tätigkeit, und es gibt Kollegen, die in dieser Funktion nur etwa drei Stunden im Monat arbeiten.

Bedingt durch diese Vielfalt gibt es an einigen deutschen Standorten aus fachlicher Sicht noch Defizite in der betrieblichen Suchtprävention. Hier kann nur durch Überzeugungsarbeit Veränderungen bewirken, da gemäß der Struktur und Philosophie bei Continental die Standorte eine relativ hohe Autonomie haben.

Regelmäßig einmal im Quartal finden Treffen in der hannoverschen Sozialberatung statt, um sich auszutauschen, Fälle zu besprechen und die Qualität der Arbeit zu sichern. Zusätzlich gibt es jährlich eine gemeinsame intern durchgeführte eintägige Fortbildung, meist mit einem externen Referenten. Dabei steht der fachliche Input im Vordergrund. Ebenso wichtig sind jedoch auch der Austausch, das Netzwerken und die soziale Unterstützung, da die Ansprechpartner für Suchtfragen meist allein am Standort sind.

Die regelmäßigen Treffen und die Fortbildung beinhalten häufig Anteile, die der Weiterentwicklung der Beratungskompetenz dienen. Die Arbeit der Ansprechpartner wird evaluiert und im Jahresbericht der Sozialberatung dargestellt.

2.5 Ebene 5: Marketing und Qualitätssicherung

Das Marketingkonzept der Sozialberatung Hannover wurde 2009 verabschiedet und wird momentan umgesetzt. Es basiert auf sieben Säulen:
- *Flyer*: Faltblätter im Corporate Design zu den einzelnen Angeboten wie Sozialberatung, Coaching, den Kindergartenplätzen bei Continental und zum Seminar „Sucht im Betrieb".
- *Einseitige Informationsblätter über die Dienstleistungen der Sozialberatung*: Professionelle Druckvorlagen im Corporate Design zu den Präventionsangeboten Sucht und Gesundheitskompetenz für Mitarbeiter, zu Azubi-Veranstaltungen, zu den Ansprechpartnern für Suchtfragen usw.

- *Themenbezogene einseitige Informationsblätter*: Zusammen mit der BKK DER PARTNER bringt die Sozialberatung ab Januar 2010 jährlich vier Informationsblätter zu psychosozialen Fragestellungen heraus.
- *Persönliche Kommunikation*: Jährliche persönliche Gespräche mit den acht hannoverschen Personalleitern und den entsprechenden Betriebsratsvorsitzenden als wichtigsten Auftraggebern und Kunden der Sozialberatung. Präsentation des Angebotes in bestimmten Gremien, Abteilungsbesprechungen usw., ggf. Beiträge in den Betriebsversammlungen.
- *Intranetauftritt*
- Zweimal jährlich bekommen alle Führungskräfte in Deutschland eine *Information von der Sozialberatung*. Erstens verkünden wir darin die vier Termine des Folgejahres für das Seminar „Sucht im Betrieb". Auf diese Weise erhalten wir direkt im Anschluss immer einige Seminaranmeldungen (dieses Jahr innerhalb von einer Woche 14). Zweitens verschicken wir den Jahresbericht der Sozialberatung . Der Jahresbericht ist sehr kompakt; er umfasst 3 bis 4 Seiten und enthält die wesentlichen Zahlen und Trends und hat einen aktuellen Bezug zu wichtigen betrieblichen Themen.
- *Jährliche Aktionstage der Sozialberatung* in Verbindung mit den Ansprechpartnern für Suchtfragen, der BKK DER PARTNER und dem Gesundheitsmanagement.

Extern beteiligt sich die Sozialberatung an den vorhanden regionalen Arbeitskreisen Sucht und ähnlichen Netzwerken.

Ein Teil der Maßnahmen wird fortlaufend evaluiert und den Erfordernissen und Rückmeldungen entsprechend angepasst. Dazu gehört das Seminar „Sucht im Betrieb", die Präventionsveranstaltung für unsere Auszubildenden und der Workshop für Führungskräfte „Andere und sich selbst gesund führen". Bei anderen Maßnahmen verzichten wir bewusst auf eine umfangreiche Analyse und Evaluation, da alle Beteiligten und Verantwortlichen vom Nutzen und der Qualität der Maßnahmen überzeugt sind.

3 Fazit

Das dargestellte betriebliche Suchtpräventionsprogramm trägt Kultur und Struktur der Continental AG Rechnung, vor allem der so genannten Rubber Group, die aus den eingangs erwähnten Divisionen besteht. Die Continental AG ist ein kostenorientiertes Unternehmen und legt Wert auf hohe Effizienz. Da die Divisionen, die einzelnen Gesellschaften und die Standorte relativ viel Entscheidungsfreiheit haben, sind Suchtprävention und Sozialberatung unterschiedlich aufgestellt.

Continental ist überzeugt, für die betriebliche Suchtprävention und die Sozialberatung gute bis sehr gute Lösungen gefunden zu haben: nicht immer das Optimum, nicht immer alles zu hundert Prozent, nicht alles wissenschaftlich begründet und belastbar evaluiert – aber mit guten Ergebnissen, sehr praxisorientiert, sehr pragmatisch, mit deutlich spürbaren Nutzen auf allen betrieblichen Ebenen und einem sehr guten Kosten-Nutzen-Verhältnis.

Peter Traub-Martin

Organisationsinternes Coaching – eine Zukunftsaufgabe für die betriebliche Sozialarbeit

1 Einleitung – die Veränderung der Systeme

„Da Veränderungen und Veränderungsprozesse im Unternehmensalltag nicht mehr die Ausnahme, sondern die Regel darstellen, sind alle Beteiligten gefordert, durch optimale Ausnutzung der Mittel ein Höchstmaß an Leistung zu erreichen" (Steinmetz 2001, S. 213).

Jedes System strebt nach einem Optimum an Konformität und Berechenbarkeit. Jedes Individuum hingegen nach größtmöglicher Individualität und Einzigartigkeit. Sowohl die Konformität des Systems als auch die Einzigartigkeit der Individuen sind für Organisationen ökonomisch überlebenswichtige Ressourcen. Die Nichtbeachtung dieses scheinbaren Widerspruchs kann eine Menge Geld und Ressourcen verschlingen. „Jeder Betrieb muss davon ausgehen, dass Mitarbeiter ein hohes Maß an Kreativität mobilisieren, um ihre Integrität als einmalige Menschen zu wahren" (Fallner und Pohl 2005, S. 24). Die reduzierte Betrachtungsweise des arbeitenden Menschen als Funktionsträger erzeugt Widerstand. Die Herausforderung der Zukunft ist es, diesen Antagonismus durch kreative Intervention zu versöhnen. „Hier besteht in vielen Betrieben noch eine große Lücke zwischen Wunsch und Realität" (Fallner & Pohl 2005, S. 24).

Gerade die gegenwärtige Krise der gestaltenden Systeme in Wirtschaft und Gesellschaft stellt einige bisher für richtig gehaltene Entwicklungen in Frage. Wenn das eigene Fortbestehen gefährdet ist, müssen sich Organisationen auf Kernkompetenzen besinnen, mehr Arbeit und Verantwortung auf weniger Schultern verteilen und Ausgaben drastisch reduzieren, wenn sie überleben wollen. Gleichzeitig findet im günstigsten Fall eine (selbst)kritische Rückschau statt. Werte werden neu definiert, und Ziele werden zwischen den gestaltenden Kräften der Organisation neu verhandelt. Kritisch hinterfragt werden in diesem Zusammenhang häufig an erster Stelle externe Ausgaben, z. B. für Berater, Trainer und Coaches. Im Idealfall werden gleichzeitig Möglichkeiten gesucht, diesen Bedarf durch interne Kapazitäten zu kompensieren.

Über das betriebswirtschaftliche Handeln hinaus brauchen Menschen in Organisationen auch andere Formen von Verlässlichkeit und Stabilität, wenn Veränderungen zur Regel werden. In Zeiten von Existenzängsten und Einkommenseinbußen fällt der kritische Blick auf das Wertekapital eines Unternehmens. Humanität im Sinne von Achtsamkeit, Wertschätzung und fairem Umgang bildet einen sinnstiftenden Bezugsrahmen für den einzelnen Mitarbeiter. Faktoren wie eine sensible und offene Kommunikation, ein konstruktiver Umgang mit Konflikten, transparente Spielregeln, klare Ziele und belastbare Netzwerke bilden zusammen mit anderen Faktoren in der Summe das, was wir als Unternehmenskultur bezeichnen. Aus ihr schöpfen die Mitarbeiter Hoffnung und Vertrauen, und sie schafft ein Zugehörigkeitsgefühl, das motiviert – elementare Voraussetzungen zur Krisenbewältigung.

Organisationen sind keine Maschinen; sie sind als lebendige Systeme aus einer Vielzahl von Individuen geformt. „Hier liegt die Chance für eine innovative, zukunftsorientierte betriebliche Sozialarbeit, ihre Kompetenz einzubringen und als wichtiger Bestandteil der Unternehmens- und Personalpolitik sich einen Platz in der Organisation zu sichern" (Steinmetz 2003, S. 214).

Betriebliche Sozialarbeit hat bewiesen, dass sie krisenfest, innovativ und anpassungsfähig ist. Aus diesem historischen Selbstbewusstsein heraus hat sie das Potential, neue Aufgabenfelder wie organisationsinternes Coaching als Teil der Personalentwicklung (PE) zu übernehmen.

2 Was ist Coaching?

Coaching ist gegenwärtig ein viel gehandelter und populärer Begriff, angesiedelt im weiten Feld zwischen Beratung und Therapie, gekennzeichnet von fließenden Übergängen zu den jeweils angrenzenden Disziplinen und verortet in einem unübersichtlichen Beratermarkt. „Coaching wird inzwischen in irgendeiner Form in nahezu allen Arbeitszusammenhängen betrieben und angeboten" (Loos 2002, S. 9).

2.1 Historie des Begriffs Coaching

Das Wort Coach kommt aus der englischen Sprache und bedeutet Kutsche. Die bildliche Metapher der Kutsche als Transportmittel, um ein fernes Ziel zu erreichen, könnte möglicherweise Ausgangspunkt für die Begriffsverwendung im Sinne von persönlicher Beratung als einer Art Entwicklungsreise gewesen sein. „Im Jahre 1848 taucht das Wort Coach dann erstmals als Bezeichnung eines privaten Tutors für Universitätsstudenten auf [...]. Im sportlichen Bereich wird seit 1885 in England und den USA von Coaching gesprochen" (Fischer-Epe 2003, S. 18).

In Deutschland wird der Begriff Coaching nach Rauen (2003) in drei grundsätzlichen Zusammenhängen verwendet:
1. Als Bezeichnung für die individuelle Betreuung im Spitzensport (60er bis 70er Jahre).
2. Als Bezeichnung für einen Führungsstil (70er bis 80er Jahre).
3. Als Bezeichnung für die persönliche Beratung von Personen bzw. Führungskräften (ab 1985).

2.2 Coaching-Grundsätze

Die meisten Coaching-Konzepte stimmen in folgenden Punkten überein:
- Begleitung des Klienten zur eigenen Problemlösung (Hilfe zur Selbsthilfe).
- Der Einsatz manipulativer Techniken wird abgelehnt.
- Eine vertrauliche und freiwillige Beratungsbeziehung wird angestrebt.

Der Coach befindet sich im Spannungsfeld von „Arbeitsbeziehungen im Einflussfeld organisatorischer Strukturen (System), persönlicher Eigenarten (Biographie), der Auseinandersetzung mit Sinnfragen (Leitbilder) und im Blick auf größere soziale Zusammenhänge (gesellschaftliche Verantwortung)", so Fallner und Pohl in „Coaching mit System" (Fallner und Pohl, 2005, S. 13). Die Autoren kommen darin ferner zu der Erkenntnis, dass das „Produkt im Coaching [...] nicht statisch [ist] und der Coach [...], wenn überhaupt, nur eine begrenzte Kontrolle" hat (Fallner und Pohl 2005, S. 49).

2.3 Modelltheoretischer Hintergrund und Abgrenzung zu andern Beratungsformen

Nahezu alle in der Managementtheorie wirksamen Konzepte sind ein Sammelsurium fachlicher Anleihen aus anderen Disziplinen. Neben den klassischen Feldern Militär und Verwaltung finden wir Elemente aus der Psychologie, der Pädagogik, der Psychotherapie und der Biologie in stark angepasster Form wieder (Loos 2002). So sind auch im Begriff Coaching nützliche Elemente aus persönlichen Beratungsansätzen mit dem Fokus auf Persönlichkeit, Aufgabe und Rolle von Klienten im mehrheitlich beruflichen Kontext versammelt.

„Modelltheoretisch stehen dem Coaching die Prozessberatung und die Supervision als personenzentrierte Beratungsformen nahe" (Rauen 2003, S. 24). Die Verwandtschaft zwischen Coaching und Supervision ist offensichtlich. Während Supervision sich als Instrument professioneller Praxiskontrolle überwiegend an ein pädagogisch-therapeutisches Fachklientel wendet, so ist Coaching eher handlungs- und zielorientiert ausgelegt. Diese Abgrenzung kann man zwischenzeitlich getrost als formalhistorisch bezeichnen, denn wir finden heute sowohl Supervision im Arbeitskontext als auch Coaching im pädagogisch-therapeutischen Setting.

2.4 Funktion des Coachings

„Coaching ist eine Form professioneller Beratung und Begleitung von Menschen in leitenden oder beratenden Funktionen" (Fallner und Pohl 2005, S. 13). Als Instrument der Personalentwicklung unterstützt Coaching die individuelle Entwicklung von Führungskräften oder anderer Potentialträger. In der Summe der PE-Instrumente ist das individuelle Coaching die intensivste Lernform. Coaching ist konkret, praxisnah, spezifisch, personenzentriert, unmittelbar und am jeweiligen Bedarf des Klienten ausgerichtet. „Coaching stellt […] einen institutionalisierten (Schon-)Raum zur Verfügung, in dem die zu coachende Person offen ihre Arbeits- und Alltagsituationen in einer konkreten handlungsorientierten Form reflektieren kann" (Faust 1999, S. 16).

2.5 Inhalte und Ziele des Coachings

„Coaching hat für mein Verständnis zwei wesentliche Gegenstandsbereiche: Zum einen, Potentiale zu steuern und Defizite auszugleichen (Defizitorientierung), und zum anderen, Potentiale zu erschließen, um die individuellen Ressourcen einer Person zu stärken (Ressourcenorientierung)" (Faust 1999, S. 11). Als primäre Beratungsziele finden sich in den meisten Quellen und Konzepten übereinstimmend folgende Ziele:
- Förderung von Selbstwahrnehmung.
- Förderung von Selbstreflexion.
- Förderung von Bewusstsein und Verantwortung in der Rolle.
- Förderung von Selbstmanagement.

Die Bearbeitung arbeitsbezogener und privater Inhalte findet im Kontext der beruflichen Rolle statt, d. h. Anlass und Auftrag des Coachings orientieren sich an einer Störung in der Wahrnehmung der beruflichen Rolle. „Ziel der Intervention eines Coaches ist die Vergrößerung der Wahlmöglichkeiten des Gecoachten. Dies gilt für die Ebene des Denkens, der Wahrnehmung und des Handelns" (Rauen 2004, S. 70).

2.6 Coaching-Methoden

„Der Berater versucht, sich soweit wie möglich im für Manager nicht stigmatisierten Feld von diskretem Lernen und berufsorientierter Beratung aufzuhalten" (Loos 2002, S. 135). Jedes Coaching braucht ein für den Klienten transparentes Konzept, einen verbindlichen Kontrakt und einen souveränen Coach, der in der Lage ist, Konzept und Kontrakt den jeweiligen Situationen im gemeinsamen Prozess kreativ anzupassen. Jeder professionelle Coach gründet seine Arbeit in den von ihm erlernten methodischen Grundlagen. Coach, Konzept, Methode und Technik müssen sich zu einem stimmigen Ganzen zusammenfügen. „Coaching findet auf der Basis einer tragfähigen und durch gegenseitige Akzeptanz und Vertrauen gekennzeichneten freiwilligen Beratungsbeziehung statt" (Rauen 2003, S. 23).

3 Aspekte eines erweiterten Coachingbedarfs

Der Coaching-Bedarf moderner Organisationen ist weitreichender und vielschichtiger als bisher angenommen. Die gelegentliche Befruchtung und Hilfestellung durch externe Berater reicht hierfür offenbar nicht aus. Die rudimentären Bestrebungen der Systeme zur dauerhaften Integration von Coaching-Leistungen sind unverkennbar: Es werden Coaching-Pools gebildet; bei der Zusammenarbeit mit einzelnen Coaches wird auf eine langfristige Bindung wert gelegt; Stabs-Coaches werden eingesetzt; Coaching wird als Geschäftsfeld implementiert; und die Personalentwicklung bindet nicht selten externe Coaches in die eigene konzeptionelle Weiterentwicklung ein. „Im Gegensatz zum Sport haben sich wesentliche Rahmenbedingungen im Management drastisch geändert. Das ‚Schneller-Höher-Weiter' als Ausdruck der einfachen Strategie […] musste und muss im wirtschaftlichen Handeln zunehmend relativiert werden, wie sich angesichts der Wachstumsproblematik und der nachlassenden Steuerbarkeit von Unternehmen gezeigt hat" (Loos 2003, S. 34).

3.1 Coaching als kontinuierlicher Prozess im System

Schulz von Thun nennt diesen Aspekt des Coachings einen „dialogischen Prozess". Bernd Schmid bezeichnet ihn zum einen als „sinnorientierte und kulturschöpfende Kommunikation" und zum anderen als „Gestaltung einer am Menschen orientierten Kultur in Organisationen" (Schmid und Hipp 2002, S. 3ff). Für Senge ist ein guter Coach ein „helfender Begleiter, der den Dialog zusammenhält" (Senge 1996, S. 299).

3.2 Coaching als Kulturförderung

Schmid und Hipp beschreiben Coaching in diesem Sinne als „Medium für kulturorientierte Organisations- und Personalentwicklung" (Schmid & Hipp 2001, S. 3) Der organisationsinterne Coach verfügt wie kein anderer über die umfassenden Kenntnisse der systemseitigen Rahmen- und Kulturbedingungen. Er kann diese in das Coaching einbringen. Im Gegenzug sammelt er über seine Arbeit systemrelevante Eindrücke und Stimmungen, die er, unter strikter Wahrung seiner Verschwiegenheit, zusammenfassen und in anderen Zusammenhängen einbringen kann. Für den Coach sicherlich eine Gratwanderung, aber für die Organisation von großem Nutzen.

3.3 Coaching als Raum für offene Kommunikation und dialogischen Prozess

„Aus dieser Perspektive stellt sich die Frage, wie Coaching ein Medium sein kann, mit dem an Menschen orientierte Kultur in Organisationen gestaltet werden kann" (Schmid und Hipp 2001, S. 3?) Der organisationsinterne Coach unterstützt, ermutigt und begleitet seine Klienten, neue Erfahrungen mit einer offenen Kommunikations- und Konfliktkultur zu machen. „Vor allem aber liegt seine Fähigkeit darin, den dialogischen Prozess der Beratung, des Erarbeitens von Diagnosen, Interventionen und Lösungen nach den Regeln der Kunst zu gestalten. Und, vielleicht am allerwichtigsten: die Regeln der Kunst so zu variieren, dass sie für die Einmaligkeit des Augenblicks tauglich werden – für diesen Klienten, bei diesem Thema, in dieser Situation", formuliert Schulz von Thun (Fischer-Epe 2003, S. 11).

3.4 Coaching als Training für Konfliktkultur und gewaltfreie Kommunikation

„Als Coach frage ich dann nicht nur, wie ich die Selbststeuerung dieses Menschen verbessern kann, sondern versuche, komplementär dazu Impulse zu geben, wie die Kunden auf ihre Organisationskultur einwirken können" (Schmid und Hipp 2001, S. 3).

Aus der Arbeit ziehen viele Menschen Anerkennung, Sinn, Bestätigung und Selbstwert. Für andere ist Arbeit Fremdbestimmung, Sinnlosigkeit und Entwertung. Allein aus diesem emotionalen Spannungsfeld nährt sich eine Vielzahl von Konflikten. Gegensätze sind aber auch Pole, zwischen denen Energien fließen. Führungskräfte zu befähigen, in diesem Führungskontinuum möglichst gewaltfrei zu kommunizieren und integrativ zu handeln, ist eine Aufgabe für organisationsinternes Coaching.

3.5 Coaching mit Gruppen

Im Einzelcoaching steht das „Lernen unter vier Augen" – so Loos (2002) – im Vordergrund, und der Coach beschäftigt sich mit „Fragestellungen und Problemlagen von Führungskräften im Zusammenhang mit der Fähigkeit und Unfähigkeit, als Person die Anforderungen einer Rolle zu erfüllen" (Loos 2002, S. 155). Beim Coaching mit Gruppen oder Systemen liegt der elementare Fokus auf der nächsten Ebene. Der „Klient der Beratung ist die Gruppe" (Loos 2002, S. 158). Hier wird dem Coach als Persönlichkeit viel abverlangt. Neben allen Fähigkeiten, Kenntnissen, Erfahrungen und Techniken ist beim Gruppen-Coaching die Präsenz des Coaches im Prozess das entscheidende Moment. „Der Berater soll seine Einstellungen, Werte und Haltungen nicht nur vertreten, sondern sie anregend und auslösend einsetzen" (Fallner und Pohl 2005, S. 86).

4 Organisationsinternes Coaching – Versuch einer Produktbeschreibung

4.1 Organisationale Voraussetzungen

Wertorientiertes Management

„Interne Berater, die hauptberuflich coachen, finden sich vorwiegend in größeren und innovativ ausgerichteten Organisationen", so Rauen (2003, S. 27). Ob ein Management in der Lage ist, die Systemkultur seiner Organisation zu steuern, ist eine Frage von hoher Sensibilität. „So wird Kultur als ein durch selbstorganisierende Prozesse entstandenes Konstrukt aufgefasst, das auf der Werteebene kaum Gestaltungsmöglichkeiten bietet: normative Systemerwartungen können allenfalls sensibel, langfristig und hinsichtlich der Auswirkungen nie exakt determinierbar entwickelt werden" (Radenheimer 2002, S. 208).

Der Identifizierung von Werten und dem sensiblen Eingreifen des Managements in dieses Gefüge muss die Erkenntnis zugrunde liegen, dass die angestrebten Veränderungen das Ergebnis langfristiger Prozesse sind. „Die Wahrscheinlichkeit, dass ein einzelner Mitarbeiter die gesamte Unternehmenskultur zu beeinflussen vermag, ist eher gering einzuschätzen, selbst wenn die Person mit besten Interaktionsbeziehungen und höchstem Status ausgestattet wäre" (Jacobsen 1996, S. 135).

Die Coachingkultur fördern

„Es kann und sollte über das Coaching aufgeklärt und dafür geworben werden, es sollte aber eben nicht verordnet werden" (Rauen 2004, S. 3). Coaching hat in vielen Organisationen immer noch ein verbesserungswürdiges Image. Wer Coaching in Anspruch nimmt, wird häufig als schwach, defizitär, ungenügend und hilfebedürftig angesehen oder sieht sich selbst so. Bereits heute sehen sich etablierte betriebliche Sozialberatungen in der Situation, dass sie im Rahmen ihrer Schweigepflicht Coachingleistungen für Führungskräfte erbringen, die es aus den oben genannten Gründen nicht wagen, diesen Bedarf offen anzumelden.

Integraler Bestandteil eines Personalentwicklungskonzeptes

Ein organisationsinternes Coaching entwickelt sich niemals als Konkurrenzveranstaltung zu bestehenden Personalentwicklungskonzepten oder externen Coaches, sondern immer aus unternehmensinternen Bedürfnissen heraus als eine sinnvolle Ergänzung und Erweiterung zu den Aktivitäten der Personalentwicklung. Enge Kooperation, fachlicher Austausch und die gemeinsame Entwicklung von Konzepten sind dabei selbstverständlich.

Extern versus intern

Die Diskussion über Vor- und Nachteile externer und interner Coaches wurden in der Vergangenheit vehement und kontrovers geführt mit dem Ergebnis, dass die Schwächen des einen die Stärken des andern zu sein scheinen.

Die andere Perspektive und die spezielle Expertise gleicht der interne gegenüber dem externen Coach durch Fach- und Feldkompetenz und die Vorzüge der Einbettung in die Organisation aus. Der Gedanke einer konzeptionellen Verknüpfung beider Ansätze ist durchaus naheliegend.

Tab. 1: Auszug aus „Coaching aus drei Rollenperspektiven"
(Fischer-Epe 2003, S. 28).

	Externer Coach	Interner Coach
Chancen	Neutralität	Fach- und Feldkenntnis
	Diskretion	Einbettung in Maßnahmen der
	Andere Perspektiven	internen Organisationsentwicklung
	Ggf. spezielle Expertise	
Gefahren	Fehlende Fach- und	Fehlende Akzeptanz
	Feldkompetenz	Gegenseitige Abhängigkeit
	Imageverlust:	Betriebsblindheit
	Coach = Couch	

Zielgruppe und Aufgabenstellung

Auch im Bereich der Zielgruppe und des Zuschnitts der Aufgaben muss es zu keinen Konflikten kommen. Es gibt ein klar definiertes eigenes Aufgabengebiet und eine Schnittmenge, die je nach System unterschiedlich ausfallen kann. Schnittmengen und Abgrenzungen (Abbildung 1) müssen organisationsintern geklärt werden.

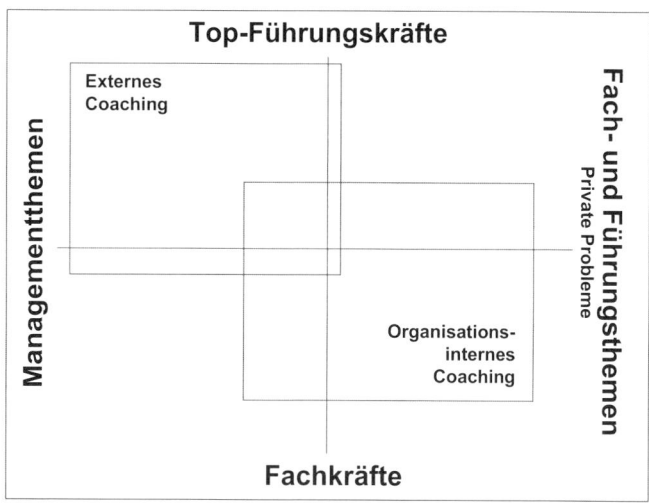

Abb. 1: Organisationsinternes Coaching – Zielgruppen und Aufgaben.

Positionierung

„Die formale Platzierung des Coaches innerhalb der Organisation ist für den Erfolg eines Coaching-Programms von entscheidender Bedeutung", so Rauen (2004, S. 3). Die Frage der Positionierung ist sehr sensibel. Rauen schlägt eine Stabsfunktion vor, die völlig losgelöst vom Stallgeruch verschiedener Organisationsteile agieren kann. Ein bestechender Gedanke – in Zeiten eines wachsenden Kostenbewusstseins aber eher unrealistisch. Klar ist, dass die Nähe zum operativen Personalgeschäft oder zur Arbeitnehmervertretung zu Irritationen führen kann. Auch Führungskräfte scheiden als Coaches aus: Sie sind „zeitlich, inhaltlich und durch ihre Rolle eingeschränkt" (Rauen 2004, S. 3). Für Führungskräfte sind Mentoring-Modelle, die durchaus Coaching-Elemente beinhalten können, eine sinnvoll und angemessen Ergänzung einer Politik vertrauensvoller und gegenseitiger Beratung und Unterstützung.

Positionen, denen man Attribute wie Neutralität, Schweigepflicht, Akzeptanz, persönliche Integrität, relative Ferne zum operativen Geschäft zuspricht, finden sich selten in Unternehmen. Eine der wenigen Institutionen, die sich hierfür anbietet, ist die betriebliche Sozialberatung.

5.2 Persönliche Voraussetzungen

Der Coach „muss etwas ‚Fremdes' repräsentieren. Auf der anderen Seite dürfen seine Werte, Methoden und Einstellungen nicht zu weit von denen des Klientensystems entfernt sein, da er sonst zu viel Widerstand hervorrufen würde" (Fallner und Pohl 2005, S. 81).

Qualifikation

Es gibt drei wesentliche Bereiche, in denen der organisationsinterne Coach über Kompetenzen verfügen sollte:
1. Betriebswirtschaftliche Kenntnisse und Feldkompetenz.
2. Fach- und Methodenkompetenz (psychologische, pädagogische, therapeutische).
3. Persönliche Eignung (Erfahrung, Anerkennung, Repertoire, Standing usw.).

Betriebswirtschaftliche Kenntnisse und Feldkompetenz

„Hierzu gehören die Kenntnisse der betriebswirtschaftlichen Abläufe und Gegebenheiten, insbesondere Fachverständnis für Managementprozesse, die Erfahrungen mit betriebwirtschaftlichen Instrumenten, die Kenntnis gängiger Führungskonzepte und die Kenntnis des betrieblichen Umfelds und seiner Funktionsträger" (Rauen 2004, S. 1).

Über die spezifischen Kenntnisse der eigenen Organisation hinaus muss der organisationsinterne Coach die Kultur seines Systems kennen und verkörpern.

Für die Akzeptanz des Coaches innerhalb einer Organisation ist Feldkompetenz hilfreich. Schon das bloße Interesse für die Branche, die Produkte, die Märkte, die Chancen und Risiken des Geschäfts, schlicht für das business der Klienten, hat meist Respekt und Wertschätzung zur Folge und bildet einen Baustein für die persönliche Akzeptanz im System.

Fach- und Methodenkompetenz

Fundamentale psychologische Kenntnisse sind die Grundlage für jede Coachingtätigkeit. „In erster Linie sind hier Kenntnisse der Organisationspsychologie und der klinischen Psychologie über Menschen und Gruppen […] zu nennen" (Rauen 2004, S. 1).

Zumindest eine Methodengrundausbildung in einer humanistischen Therapieform und eine anerkannte Coaching-Ausbildung werden als Grundqualifikationen vorausgesetzt. Verschiedene Weiterbildungen, Mitgliedschaft in einem Coaching-Verband, kontinuierliche Fortbildung zur Qualitätssicherung und regelmäßige Supervision bilden das ergänzende Rüstzeug für diese Tätigkeit.

Persönliche Eignung

„Für die Arbeit als (interner oder externer Coach) ist die persönliche Integrität und die soziale Kompetenz im Umgang mit den Gecoachten von entscheidender Bedeutung" (Rauen 2004, S. 3).

Sucht das System beim externen Coach die Distanz, die Außensicht, den kritischen Fokus, so steht der interne Coach für Nähe, Vertrautheit,

Systemüber- und durchblick und für greifbare Integrations- und Anschlussfähigkeit. Der Widerspruch zwischen Innensicht und Feldkompetenz (Nähe zum System) versus Systemferne und Neutralität (kritische Distanz) erscheint auf den ersten Blick antagonistisch, jedoch: Ein interner Coach kann niemals die Rolle eines externen Coaches spielen und umgekehrt. Die Akzeptanz der Person des Coaches in der Organisation ist von entscheidender Bedeutung. „Der Coach muss also vom System akzeptiert werden und es bedarf dazu gewisser Ähnlichkeiten zwischen ihm als Veränderungssystem und dem Zielsystem" (Fallner und Pohl 2005, S. 82) Überzeugende fachliche Qualifikationen mit ausgeprägter Berufs- und Lebenserfahrung bilden die Grundlage für Akzeptanz und Vertrauen.

Selbstverständnis und Motivation

Im Gegensatz zum externen Coach, der die Organisation verlässt, wenn sein Job erledigt ist, wird der interne Coach bleiben. Er soll für sein System zugleich etwas Eigenes wie auch etwas Fremdes sein, er soll Einfluss haben und dabei ohne Macht auskommen. Man möchte Vertrauen zu ihm haben, aber sich gleichzeitig auch etwas sagen lassen können. Neben der Rollenbalance ist der geschaffene und gewährte Handlungsspielraum ein bedeutender Faktor für die Wirksamkeit von organisationsinternem Coaching.

Ein wesentlicher Aspekt in der Unterschiedlichkeit der Herangehensweise an einen Auftrag ist die Frage der Motivation. Der externe Coach verliert im Falle des Scheiterns seinen Auftrag, im Extremfall den Kunden. Der interne Coach setzt neben seiner fachlichen Anerkennung und Wertschätzung sowie seiner Reputation im System unter Umständen seine berufliche Existenz aufs Spiel. Dieser Umstand zwingt den internen Coach dazu, das Verhältnis zu seinen Existenzängsten zu klären und seine Möglichkeiten im System richtig einzuschätzen. Er wird eher eine vorsichtige Herangehensweise wählen und im Vorfeld – sofern der Auftrag das zulässt – Chancen und Risiken einer Intervention abschätzen und sich Ausstiegsoptionen offen lassen. Er wird die Erwartungen an ihn und den Erfolg der Mission sorgfältig abklären, und er wird lernen müssen, Erfolg so zu definieren, dass viele mögliche Ergebnisse den Klienten und das System weiterbringen – ohne sich dabei in Beliebigkeit zu verlieren.

Risiken und Nebenwirkungen

„Konfliktpotentiale liegen für den Stabs-Coach in dem möglichen Widerspruch, sowohl der Organisation, als auch dem gecoachten Mitarbeiter verpflichtet zu sein" (Rauen 2004, S. 3). Dem kann man begegnen, indem man das interne Coaching auf Ereignisse und Zielgruppen begrenzt, bei denen dieser Widerspruch nicht wirksam wird. Dieser Widerspruch und die daraus resultierenden Grenzen sollten immer offen thematisiert werden.

6 Betriebliche Sozialberater als organisationsinterne Coaches

Betriebliche Sozialarbeit hat sich im Lauf ihrer mittlerweile über 100-jährigen Geschichte ständig weiterentwickelt. Dieser Prozess hat zwar nicht zu einem einheitlichen Erscheinungsbild geführt, jedoch zu einer begrenzten Anzahl möglicher Ausgestaltungsformen, wobei keine betriebliche Sozialberatung der andern gleicht. „Durch die veränderten wirtschaftlichen und gesellschaftlichen Rahmenbedingungen werden auch andere Ansprüche an die Sozialberatungen herangetragen" (Steinmetz 2001, S. 207). Betriebliche Sozialarbeit entwickelt sich als integraler Bestandteil einer Organisation immer nur so weit, wie das jeweilige System (Unternehmen, Verwaltung usw.) dies benötigt und gestattet und wie es die persönlich-fachlichen Ressourcen der Akteure zulassen. „Vor dem Aufbau eines internen Coaching-Programms stellt sich insbesondere unter Berücksichtigung des anspruchsvollen Qualifikationsprofils die Frage, wer zum internen Coach geeignet ist." (Rauen 2004, S. 2. In Deutschland verfügen betriebliche Sozialberatungen in einigen Organisationen bereits über die fachlichen Ressourcen und persönlichen Kompetenzen für organisationsinternes Coaching. Die bisherige Rollenausgestaltung betrieblicher Sozialberatung führt aber nicht zwangsläufig dazu, dass sich die Organisationen dessen bewusst werden. „Der interne Berater ist also in Thematik, Reichweite und Intensität seiner Arbeit durch seine organisatorische Einbindung begrenzt, und er tut gut daran, diese Grenzen zu respektieren, will er sich nicht seine hausinterne Wirksamkeit zur Beziehungsaufnahme verderben" (Loos 2002, S. 201).

Tab. 2: Auszug und Ergänzung zu „Coaching aus drei Rollenperspektiven" (Fischer-Epe 2003, S. 28).

	Externer Coach	Interner Coach	Betrieblicher Sozialberater als interner Coach
Aufgabe	Beratung von Führungskräften und Projektverantwortlichen	Beratung von Führungskräften und Projektverantwortlichen	Beratung von Fach- und Führungskräften
Chancen	Neutralität Diskretion Andere Perspektiven Ggf. spezielle Expertise	Fach- und Feldkenntnis Einbettung in Maßnahmen der internen Personalentwicklung	Fach- und Feldkenntnis Akzeptanz Schweigepflicht
Gefahren	Fehlende Fach- und Feldkompetenz Imageverlust: Coach = Couch	Fehlende Akzeptanz Gegenseitige Abhängigkeit Betriebsblindheit	Gegenseitige Abhängigkeit Betriebsblindheit

Balance der Wirksamkeit und verborgene Ressourcen

Für den betrieblichen Sozialberater als organisationsinternen Coach bietet das System noch einige zusätzliche Rollenaspekte. Er wird anfangs viel Energie darauf verwenden, in keine dieser teils verführerischen Rollen zu verfallen; er versucht, eine Balance der Wirksamkeit zu erhalten. Betriebliche Soziaberatungen wachsen (oder schrumpfen) mit ihren Organisationen; sie gestalten dauerhafte Beziehungen und entwickeln weitverzeigte Netzwerke. Häufig sind die verborgenen Ressourcen die Rollen und Aufgaben, die Sozialberatern im Laufe der Zeit informell zugefallen sind: Vermittlung zwischen Führenden und Geführten, Wächter der Sekundärtugenden und Umgangsformen, Seelsorger, Beichtvater, Kümmerer, Querdenker usw. Die Schweigepflicht des Vertrauensberufes macht vieles möglich.

Betriebliche Sozialberatung als Wert an sich

Betriebliche Sozialberatung sieht den Rat suchenden Menschen als Ganzes. In der Kultur einer Organisation ist dies ein eigenständiger Wert. Das Beratungsgeschäft der betrieblichen Sozialberatung ist praxisnah und dicht am tatsächlichen Geschehen. Systematische Vorbereitung, konsequente Durchführung und kritische Reflexion waren und sind in allen Handlungsfeldern (Beratung, Gesundheitsförderung, Sucht, Schuldnerberatung) der betrieblichen Sozialarbeit gang und gäbe.

Professionalisierung

Neben den oben erwähnten Qualifikationen muss der betriebliche Sozialberater als organisationsinterner Coach über die persönliche Reife und Eignung sowie die Akzeptanz seiner Organisation verfügen, denn „ein ‚Coaching Light' durch halb- oder unqualifizierte Berater kann mehr Schaden anrichten als nutzen. Coaching sollte entweder von qualifizierten Personen durchgeführt werden oder es sollte besser kein Coaching stattfinden" (Rauen 2004, S. 3). Professionalisierung meint aber auch – über das Lernen und Anwenden von Methoden hinaus – die Rolle eines Coaches anzunehmen. Das Bewusstsein und die Beachtung der eigenen Rollengrenzen und die offene Spiegelung der eigenen Möglichkeiten an den Erwartungen des Auftraggebers und des Klienten sind die Grundvoraussetzung für ein Gelingen des Coachings. „Professionelle Identität ist wichtig, weil dadurch Ausstrahlung und Kraftfelder entstehen, an die sich andere anschließen können" (Schmid und Hipp 2002, S. 4).

Und nicht zuletzt schaut man einem organisationsinternen Coach aufgrund seiner kontinuierlichen Präsenz sehr genau auf die Finger. Ein dauerhaft hohes Maß an Begeisterung für diese Arbeit aufzubringen, ist eine große Herausforderung. „Wenn ein Coach kraftvoll und begeistert arbeiten will, müssen im Coaching immer auch eigene Lebensthemen integrierbar sein" (Schmid und Hipp 2002, S. 3).

Erste Umsetzungsschritte

„Die für das Coaching notwendigen personellen, organisatorischen und kulturellen Voraussetzungen sind durch das Personalmanagement zu schaffen" (Fuchs 2001, S. 15).

1. *Schritt: Dialog aufnehmen*: Erste Ansprechinstanz ist das Personalmanagement und speziell der Bereich Personalentwicklung. Alle Aktivitäten im Rahmen eines organisationsinternen Coachings müssen in ein bestehendes (oder zu modifizierendes) Personalentwicklungskonzept integrierbar – oder zumindest daran anschlussfähig – sein.
2. *Schritt: Bedarf verifizieren, Nutzen beschreiben*: Der Bedarf für organisationsinternes Coaching muss sich größtenteils aus den Erfahrungen der betrieblichen Sozialberatung herleiten lassen. Der Nutzen für die Organisation muss belegt werden.
3. *Schritt: Kompetenzen darstellen*: Die betriebliche Sozialberatung ist im Unternehmen als neutrale Beratungsinstanz etabliert, anerkannt und hat eine hohe Vertrauensstellung. Auf dieser Basis müssen die Qualifikationen der betrieblichen Sozialberatung für diese Aufgabe dargestellt werden.

Die Entscheidung über die Implementierung von organisationsinternem Coaching trifft in der Regel das Personalmanagement.

7 Schlussbemerkung

Leistungsträger in Organisationen sehen sich tagtäglich vor unvorhersehbaren Herausforderungen im Umgang mit Menschen und Ressourcen. Die Befähigung zur Bewältigung dieser Aufgaben ist nur zu einem geringen Teil der genetischen Veranlagung geschuldet; zum großen Teil ist sie ein lebenslanger Lern- und Übungsprozess. Organisationsinternes Coaching kann diesen Prozess zusätzlich hilfreich unterstützen. Organisationen im Wandel brauchen einen übergeordneten Prozess der kulturellen Fortschreibung ihrer gültigen Werte und Regeln. Organisationsinternes Coaching kann hierzu einen Beitrag leisten. Die betriebliche Sozialberatung ist – wenn organisatorische und persönliche Voraussetzungen erfüllt sind – in der Lage, diese Rolle im Kontext von Personalentwicklung anzunehmen.

Literatur

Fallner, Heinrich und Pohl, Michael: Coaching mit System, Wiesbaden, 2005

Faust, Peter; Coaching von Führungskräften, Berlin, 1999

Fuchs, Mathias, Coaching als Instrument der Personalentwicklung, 2001, URL: http:/www.competencesite.de/personalmanagement.nsf/5D3D1665C62A28FBC1256A42005D5E23/$File/coachingalsinstrumenderpersonalentwicklung.pdf

Fischer-Epe, Maren: Coaching: Miteinander Ziele erreichen, Hamburg, 2003

Jacobsen, Niels; Unternehmenskultur, in: Europäische Hochschulschriften, Reihe 5, Band 1873, Frankfurt, 1996

Loos, Wolfgang: Unter vier Augen, München 2002

Radenheimer, Martin; Systemisches Lernen, Konstanz, 2002

Rauen, Christopher: Coaching-Praxis der Personalpsychologie, Göttingen, 2003

Rauen, Christopher: Internes Coaching, 2004 URL: http://www.coaching-report.de/artikel/einfuehrung_von_unternehmensinternem_coaching.htm

Senge, Peter M.: Die fünfte Disziplin, Stuttgart, 1996

Steinmetz, in: Jente, C., Judis, F., Steinmetz, S., Wagner, S., Betriebliche Sozialarbeit, Freiburg, 2001, S. 207–215

Katja Müggler

Klein und anders –
betriebliche Sozialberatung in der Schweiz

In Deutschland wird die Schweiz oft als „kleiner Nachbar" bezeichnet. Doch was klein und niedlich erscheint, weist mehr Unterschiede auf, als sich auf den ersten Blick erahnen lässt. Das wird auch beim Lesen dieses Beitrages augenfällig. Fachausdrücke, die in der Schweiz geläufig sind, z.b. der Begriff Krankenwesen, gehören nicht zum deutschen Sprachgebrauch. Grundsätzliche Unterschiede gibt es auch in der betrieblichen Sozialarbeit (BSA). Es bleibt den Lesern überlassen, zu den einzelnen hier beschriebenen Bereichen Vergleiche mit Deutschland zu ziehen.

1 Zahlen und Fakten

Die Schweiz ist mit 41 300 km^2 und 7,4 Mio. Einwohnern ein kleines, dicht besiedeltes Land. Zwei Drittel der Fläche ist nicht bewohnbar, da sie gebirgig ist. Die Schweiz ist aufgeteilt in vier Sprachregionen. In der Südschweiz wird Italienisch gesprochen, in der Westschweiz Französisch und im Hochland der Nordostschweiz Romanisch. Der größte Teil der bewohnbaren Schweiz ist deutschsprachig.

Die Schweiz ist bekannt für ihre Neutralität. Hier hat in Genf neben der UNO auch die Internationale Rotkreuz- und Rothalbmond-Bewegung ihren Hauptsitz.

Als Nicht-EU-Mitglied stellt die Schweiz eine Oase in der europäischen Landschaft dar. Bilaterale Verträge regeln die internationale Zusammenarbeit. Das Schengen-Abkommen regelt zum Beispiel den Reiseverkehr und hat dafür gesorgt, dass die systematischen Personenkontrollen an den gemeinsamen Grenzen zwischen den Schengen-Staaten aufgehoben wurden. Somit können seit 2004 Arbeitskräfte aus EU-Ländern ungehindert in die Schweiz einreisen. Zurzeit ziehen 2.000 Personen pro Monat aus Deutschland in die Schweiz, um hier zu arbeiten. Mit rund 240.000 Personen bilden die Deutschen seit letztem Jahr hinter den Italienern die zweitgrößte Gruppe von Ausländern. Darunter befinden sich viele qualifizierte Sozialarbeiter und Sozialpädagogen.

Auch in der betrieblichen Sozialberatung der Schweiz sind deutsche Staatsangehörige beschäftigt. Ihnen werden in der Regel die Eigenschaften schnell, klar, wortgewandt und zielstrebig zugeordnet.

2 Das politische System

Die Schweizer Regierung kennt weder einen Premierminister noch einen ständigen Staatspräsidenten. Seit 1848 existiert ein Bundesrat, bestehend aus sieben Mitgliedern, den Bundesräten. Jedes der sieben Bundesratsmitglieder steht einem Departement vor, vergleichbar mit Ministerien in anderen Ländern.

Die schweizerische Parteienlandschaft zeichnet sich durch große Stabilität aus. Vier Parteien dominieren die nationale Politik. Sie stellen proportional zu ihrem Wähleranteil die Bundesräte.

Die eidgenössische Legislative bildet die Bundesversammlung (Parlament), die aus zwei Kammern – dem Nationalrat und dem Ständerat – besteht. Das Schweizer Parlament ist ein sogenanntes Milizparlament, d.h. dass die Parlamentarier ihr Mandat nicht hauptberuflich ausüben und direkt vom Schweizer Volk gewählt werden. Im Nationalrat als Volksvertretung sind die Kantone proportional zu ihrer Bevölkerungsdichte vertreten, und im Ständerat sind die Kantone – mit Ausnahme von sechs Kantonen, die nur ein Mitglied stellen – mit je zwei Sitzen vertreten. Alle Gesetzgebungsvorhaben müssen von National- und Ständerat behandelt und von beiden angenommen werden.

Die Schweiz gliedert sich in 26 Kantone – aufgeteilt in Vollkantone und Halbkantone. Das föderalistische Prinzip gewährt diesen Kantonen eine Teilautonomie.

3 Die Schweiz im Vergleich

2006 stand die Schweiz im weltweiten Vergleich gemessen am Bruttoinlandsprodukt (BIP), an 6. und Deutschland an 17. Stelle. Hier zum Vergleich (s. Tabelle) ein paar weitere Kennzahlen aus 2006, die aus „Warum wir so reich sind" von R. H. Strahm (2008) stammen. Vergleichen wir beispielsweise das Wirtschaftswachstum mit der Arbeitslosenquote in der Schweiz, stellen wir paradoxerweise fest, dass die Schweiz zwar über viele Jahre ein geringes Wirtschaftswachstum aufweist, aber aufgrund der hohen Produktivität in der Industrie nur sehr wenig Arbeitslose hat. Rudolf H. Strahm (2008, S. 37), ein führender Schweizer Ökonom, macht dazu folgende Aussage: „Der entscheidende Unterschied liegt im System der Arbeitsmarktintegration, also konkret im Berufsbildungs- und Weiterbildungssystem."

Tab.: Schweiz und Deutschland im weltweiten Vergleich (Strahm 2008)

Vergleichsdaten	*1. Platz*	*Position Schweiz*	*Position Deutschland*
Kaufkraft	Luxemburg	7.	>20
Warenausfuhr pro Kopf	Belgien	4.	9.
Exportüberschuss	Singapur	2.	12.
Konkurrenzfähigkeit	USA	2.	5.
Lebenszufriedenheit	Schweiz	1.	7.
Wirtschaftswachstum (BIP) 1992–2005	Irland	20.	17.
Arbeitslosenquote	Schweiz	1. (3,6 %)	12. (8,3 %)
Durchschnittliche Erwerbsquote 1994–2005	Schweiz	1. (83 %)	10. (70 %)
Anteil Hochschulabsolventen	USA	10.	12.
Anteil innovativer Unternehmen	Schweiz	1.	4.

4 Das Schweizer Gesundheitssystem

Die Schweiz gehört zu den Ländern mit der höchsten durchschnittlichen Lebenserwartung. Das Gesundheitswesen ist nach den durch den Bundesrat vorgegebenen Richtlinien privat organisiert. Auf der Grundlage des Solidaritätsprinzips bezahlen die Versicherten einkommensunabhängige Krankenkassenprämien. Bei einkommensschwachen Personen wird ein Teil der Prämie vom Bund subventioniert.

Alternativ zur Krankenversicherung besteht seit zehn Jahren das Krankenversicherungsmodell Health Maintenance Organization (HMO), das neben den Gesundheitskassen und dem Hausarztmodell eine alternative Versicherungsform darstellt, bei dem die Verbraucher mit der Versicherungsform zugleich einen bestimmten Kreis medizinischer Anbieter wählen. Beim HMO-Modell ist der Versicherte an ein Netzwerk von Vertragsärzten gebunden (meistens Ärzte, die sich in Gruppenpraxen zusammenschließen) und muss bei Erkrankung immer zuerst seinen Arzt in der HMO-Praxis aufsuchen. Dadurch sinkt die Krankenkassenprämie. Eine Mehrheit der Schweizer steht dem HMO-Modell skeptisch gegenüber (Dienstleistungsqualität wird in Frage gestellt) und hält sich an die privaten und wesentlich teureren Versicherer, die große Wahlfreiheit bieten.

Auch die Schweiz steht vor dem Problem steigender Staatsschulden und wird gewahr, dass private Krankenversicherungen zukünftig nicht mehr bezahlbar sein werden.

5 Disability-Management

Globalisierung, technologischer Fortschritt, Arbeitsorganisation und Konkurrenz wirken sich zunehmend auf die Gesundheit aus. Steigende physische und mentale Belastungen führen zu Überbelastung, Stress und anhaltenden Gesundheitsproblemen. Mentale Belastungen bedingen psychosomatische Erkrankungen, Depressionen, Erschöpfungszustände, Schlaflosigkeit und Burnout. Erhöhter Alkoholkonsum, die Einnahme von Schlaftabletten und Beruhigungspillen sowie das Rauchen wirken sich negativ auf die Gesundheit aus. Dadurch steigen die krankheitsbedingten Ausfallzeiten und entsprechend die Folgekosten für das Unternehmen.

Diesen Ausfallzeiten wird in jüngster Zeit zunehmend Aufmerksamkeit geschenkt. Ein neuer Markt entsteht. Krankenversicherungen koppeln ihre Prämien an die Leistung des Case-Managements und drohen mit Erhöhung der Versicherungsprämien, falls ihr Case-Management nicht implementiert wird. Dadurch übernehmen die Versicherungen eine innerbetriebliche Kontrolle, die ihnen und auch dem Unternehmen hilft, Kosten zu sparen. Somit wird der betrieblichen Sozialarbeit eine Kernkompetenz entzogen, die Bestandteil der ganzheitlichen Arbeitsweise ist, nämlich die Mitarbeitenden vor, während und nach Krankheiten systematisch zu begleiten.

Konkurrenz belebt das Geschäft, heißt es immer wieder. Dagegen ist nichts einzuwenden. Die kontroverse Diskussion wird dort geführt, wo Case-Manager als nicht qualifizierte Sozialarbeitende Folgeprobleme im familiären, finanziellen oder Suchtbereich bearbeiten.

6 Gesetzgebung zur BSA

Es gibt keine Gesetze zur BSA in der Schweiz. Die Schweiz gehört auch keiner internationalen Organisation an, die diese Dienstleistung einfordert. Obwohl die Schweiz nicht EU-Mitglied ist, sind Betriebssozialarbeiter aus der Schweiz Mitglieder des European Network of Occupational Social Work (ENOS).

Das Schweizer Parlament hat noch keine Gesetze zur BSA verabschiedet. Es existieren jedoch Gesetze, die ganz allgemeinen regeln, wie Klienten zu behandeln sind. Zum Beispiel schützen Gesetze zur Berufsausübung Klienten davor, dass ihnen ein Unternehmen Leid und Schaden zufügt. Nicht verbunden mit diesen Gesetzen – aber für Sozialarbeitende ebenso wichtig – ist der Berufskodex der Professionellen sozialer Arbeit des Berufsverbandes AvenirSocial. Dabei handelt es sich um ethische Richtlinien zum Berufsgeheimnis, zur Vertraulichkeit, zu Gratisdienstleistungen und zum Recht des Klienten auf Selbstbestimmung.

7 Betriebliche Sozialarbeit in der Schweiz

In Deutschland lassen sich laut Reinicke (1988, S. 202) die Ursprünge betrieblicher Sozialarbeit bereits Ende des 19. Jahrhunderts erkennen. In der Schweiz weisen nur wenige Quellen auf die Anfänge hin. In den 1930er Jahren gab es in der Schweiz starke soziale Spannungen zwischen Arbeitern und Arbeitgebern. Die Arbeitslosigkeit betrug 10 %, und die Realeinkommen hatten 30 % ihres Wertes verloren. 1922 wurde in der

Maschinenfabrik Gebr. Bühler AG die betriebliche Sozialarbeit eingeführt, die dort heute noch Bestand hat.

Der Schweizer Verband Volksdienst schuf damals ein Unterstützungsprogramm für Fabrikarbeiter. 1944 schlossen sich die damaligen Fabrikfürsorgerinnen zu einer schweizerischen Vereinigung zusammen. Ab 1961 nannten sie sich Schweizerischer Berufsverband Sozialarbeitender in Betrieben. Unter dem Namen Schweizerischer Berufsverband Soziale Arbeit (SBS/ASPA) schlossen sich 1969 alle Sozialarbeitenden zusammen. 2005 wurde dieser Verband in AvenirSocial umbenannt. Seit 2008 gibt es im AvenirSocial eine Fachgruppe mit dem Namen „Leitende betriebliche Sozialarbeit". Ihre jüngste Aufgabe bestand darin, ein aktualisiertes Leitbild für die BSA zu entwickeln, um ein gemeinsames Verständnis von BSA erarbeiten zu können. Es gibt nur wenig Literatur zur BSA in der Schweiz, weil die akademische Forschungstätigkeit erst in den letzten Jahren systematisch betrieben wurde. In jüngster Zeit zeigen Studierende ein zunehmendes Interesse am Thema und am Arbeitsgebiet der betrieblichen Sozialarbeit. Dissertationen und Studien zur BSA werden an Fachhochschulen für soziale Arbeit erstellt, z. B. an der Fachhochschule Nordwestschweiz, insbesondere an den Standorten Olten und Basel.

In der Schweiz wird BSA als eine Spezialisierung innerhalb der Sozialarbeit mit entsprechenden Zielen und Grundsätzen betrachtet. Die Hauptaufgabe der BSA besteht darin, die erwerbstätige Bevölkerung bei Problemen am Arbeitsplatz zu unterstützen. Dies kann über externe BSA-Anbieter wie auch firmeninterne Dienste geschehen. Die meisten europäischen Länder kennen betriebseigene BSA. Dieses Arbeitsfeld stößt auf zunehmendes Interesse, da es eine gute Möglichkeit bietet, um sich als Sozialarbeiter selbständig zu machen, Es besteht teilweise ein Wettbewerb zwischen den externen Anbietenden und den internen Diensten. Normalerweise haben Großunternehmen wie SBB, Schweizerische Post und Swisscom firmeninterne Dienste. Externe Anbieter bedienen in erster Linie kleinere Unternehmen.

Die Proitera GmbH gehört zu den größten Anbietern von betrieblicher Sozialberatung in der Schweiz. Das Franchiseunternehmen wurde 1999 gegründet und gewährt den Sozialarbeitenden unter dem Dach einer gemeinsamen Marke eine gewisse Autonomie, deren Grenzen durch gemeinsame Qualitätsstandards, Strategien und Geschäftsziele gesetzt werden. Proitera verfügt über mehr als 60 regionale und nationale Mandate, betreibt 6 regionale Geschäftsstellen und 4 Satteliten mit zurzeit 18 Sozialarbeitenden in allen Landesteilen der Schweiz. Alle Beratenden bei Proitera verfügen über einen tertiären Abschluss in Sozialarbeit. Auch die Gründerin von Proitera und Autorin, Katja Müggler, ist Sozialarbeiterin. Zusätzlich zu ihrer Tätigkeit als Geschäftsführerin ist sie Organisationsentwicklerin und Coach.

8 Das Dienstleistungsangebot von Proitera

BSA hilft und unterstützt auf der Grundlage von methodologischen und berufsethischen Standards. Zu den Aktivitäten in der BSA gehören die Beratung von Mitarbeitenden aller Hierarchiestufen und von deren Angehörigen ersten Grades bei finanziellen, persönlichen, familiären und gesundheitlichen Problemen sowie bei Konflikten am Arbeitsplatz. Schulungen zu den Themen Suchtprävention am Arbeitsplatz, Prävention von Mobbing und sexueller Belästigung und zunehmend auch zur Gesundheit und Work-Life-Balance sind ergänzende Angebote.

Bei Proitera wird das Dienstleistungsangebot je nach Unternehmensgröße, -kultur und bereits bestehenden Angeboten, z. B. Case-Management für Langzeitkranke, angepasst. In den meisten Unternehmen stehen die finanziellen Probleme der Mitarbeitenden an erster Stelle, gefolgt von familiären Fragen und Konflikten am Arbeitsplatz. Themen wie Gesundheitsmanagement und betriebliches Eingliederungsmanagement (BEM), die in der BSA in Deutschland von Bedeutung sind, spielen bei der BSA in der Schweiz nur eine untergeordnete Rolle. Ursache dafür ist, dass die Unternehmen Angebote zu diesen Themen an Versicherungsgesellschaften auslagern, die ihrerseits die Leistungen an Prämienvergünstigungen koppeln. Es gibt vereinzelte Fälle von Gewalt und sexueller Belästigung am Arbeitsplatz. Viel hängt vom Bewusstsein der Unternehmensführung und von der Bereitschaft ab, ein Problem überhaupt anzusprechen. Proitera kann nur in Absprache mit dem Unternehmen als Kunden tätig werden. Sie kann die eingeforderten Dienstleistungen erbringen und in einem

Stimmungsbild die Geschäftsleitung auf Probleme und Trends im Unternehmen aufmerksam machen. Das Unternehmen veranlasst daraufhin allenfalls entsprechende Maßnahmen wie Teamentwicklungen und Weiterbildungsveranstaltungen. Die BSA ist eine Dienstleistung, die sich im Spannungsfeld zwischen sozialer Verantwortung und wirtschaftlichem Nutzen bewegt. Proitera berät im Auftrag der Kunden innerhalb der sozialarbeiterischen Werte, Normen und Ziele.

Das allgemeine Dienstleistungsangebot von externen BSA-Anbietenden unterscheidet sich bedingt von internen Angeboten. Der Unterschied zeigt sich in der Rolle der BSA, nicht aber innerhalb der Beratungsprozesse. Ein externer Anbieter nimmt eine unbefangenere Position gegenüber Angestellten und Arbeitgebenden als ein interner Dienstleister ein. Seine Rolle ist mit der eines Mediators zu vergleichen. Die Aufgaben der BSA lassen sich in vier Bereiche einteilen:

1. Es ist die Aufgabe der BSA, Ansprechpartner für alle Angestellten zu sein, die Rat suchen.
2. Die BSA leistet praktische Hilfestellung bei Fragen, die direkt mit dem Arbeitsplatz zusammenhängen, z. B. wenn Fehler bei der Lohnfortzahlung während krankheitsbedingter Abwesenheiten auftreten oder beim Widereinstieg nach einem Burnout. Hierzu zählen auch Fragen, die die Kommunikation zwischen einzelnen Mitarbeitenden oder zwischen Angestellten und Vorgesetzten betreffen. Zudem erfordert das Case-Management bei Erkrankten zunehmend die Aufmerksamkeit der Sozialarbeitenden, weil die steigenden Kosten bei krankheitsbedingten Ausfallzeiten die Unternehmensführung auf den Plan rufen.
3. Die BSA reagiert auf Probleme, die sich aus der Arbeitsplatzsituation ergeben. Angestellte, die von einem Stellenabbau oder einer Umstrukturierung bedroht sind, können die BSA um Hilfe bitten. Während eines umfassenden Stellenabbaus oder einer Betriebsschließung unterstützen Berater Angestellte bei Fragen zum vorzeitigen oder regulären Ruhestand und begleiten die Prozesse mit einem BSA-Programm.
4. Die vierte und letzte Kategorie des Dienstleistungsangebots externer BSA umfasst den Trainingsbereich. Sozialarbeitende informieren innerhalb des Unternehmens über ihr Dienstleistungsangebot und

sensibilisieren die Mitarbeitenden zur frühzeitigen Kontaktaufnahme, um den präventiven Charakter dieser Dienstleistung zu unterstreichen. Sozialarbeitende bieten auch der Unternehmensführung Trainings an, um Probleme in der Firma zu thematisieren, Führungskompetenzen zu vermitteln oder einen konstruktiven Umgang mit anspruchsvollen Mitarbeitenden zu finden. Zusätzlich zu Trainings sind BSA-Anbieter aufgefordert, Studierenden der sozialen Arbeit Praxiserfahrungen zu vermitteln.

Unabhängig vom Auftragsverhältnis werden interne und externe Sozialarbeiter als Teil des Vertragsunternehmens betrachtet. Sie nehmen im Unterschied zu Deutschland eine Stabsfunktion innerhalb der Organisation ein und können somit über die Hierarchiestufen hinweg kommunizieren. Dies ist notwendig, um dem Mehrfachmandat innerhalb der Beratungstätigkeit gerecht zu werden und der beruflichen Schweigepflicht Rechnung zu tragen.

In der Regel sind die Sozialarbeitenden interner BSA dem HR-Manager unterstellt. Die HR-Manager sind auch die direkten Ansprechpersonen für die externe BSA. Sie sind die Auftraggeber und neben der Geschäftsführung die Mitunterzeichnenden der Kooperationsverträge.

9 Finanzierung

Im Fall Proitera bezahlen die Kunden eine Beratungspauschale oder einen Rechnungsbetrag, der sich aus dem Stundensatz und der Anzahl der aufgewendeten Stunden ergibt. Proitera weist, basierend auf Erfahrungswerten, einen detaillierten Berechnungsschlüssel aus, der den geschätzten Aufwand der Sollzeit gegenüber stellt. Es wird dabei davon ausgegangen, dass pro Jahr 5–10 % aller Mitarbeitenden die BSA aufsuchen. Damit ist der optimale, wirtschaftliche Nutzen ausgeschöpft. Das heisst, die Folgekosten am Arbeitsplatz, verursacht durch soziale Probleme, werden maximal reduziert.

Interne BSA sind zunehmend aufgefordert, die Leistung gezielt nach dem Verursacherprinzip den entsprechenden Abteilungen zuzuordnen. Dadurch entsteht ein betriebsinterner Konkurrenzdruck. Die Haltung

„Ihr habt zu viele Mitarbeitende mit Problemen; das ist schlecht!" rückt in den Vordergrund. Es ist jedoch wichtig, auf die betriebswirtschaftliche Sichtweise zu fokussieren. Diese Haltung spiegelt sich in folgender Aussage wieder: „Gut, dass unsere Mitarbeitenden ihre Probleme frühzeitig angehen und somit hohe Folgekosten vermeiden." Im Gegensatz zu internen Sozialberatungen weist Proitera in den Rechnungen nicht aus, aus welchen Bereichen die Kunden im Einzelnen kommen (kein Verteilschlüssel).

Die Verträge für die Dienstleistung BSA basieren auf langfristigen Vereinbarungen. Beratungen nehmen in der Regel 3–5 Beratungsgespräche in Anspruch. Gehen Beratungen über 10–15 Sitzungen, werden sie als intensiv bezeichnet. Langfristige Beratungsprozesse dauern länger als ein Jahr. Deutschland kennt im Gegensatz zum Regelfall in der Schweiz Modelle mit einer begrenzten Anzahl von Sitzungen.

10   Hilfsprogramme für Angestellte in der Schweiz

Nach der Etablierung der BSA in der Schweiz entwickelten sich Praktiken, die Beratern den systematischen Zugang zu den Unternehmen ermöglichte. Anfang 20. Jahrhundert war das Lohnniveau niedrig, und es gab keine Sozialversicherungsnetze. Die BSA leisteten praktische Hilfe: Sie lieferten günstige Stoffe, organisierten Koch- und Nähkurse sowie Urlaube in den Bergen für die Kinder und vieles mehr. Mit den Veränderungen in der Arbeitswelt tauchten neue Probleme auf, und die Position der Sozialarbeiter in den Unternehmen wurde unabhängiger und professioneller. Employee-Assistance-Programme (EAP), wie wir sie aus den USA kennen, entwickelten sich in der Schweiz aus den Personalabteilungen heraus.

Angestellte mit erwiesener Sozialkompetenz erhielten eine BSA-Ausbildung, während sie beim Unternehmen angestellt waren. Nach Abschluss ihrer Ausbildung nahmen sie dann eine Stelle in der Personalabteilung oder als Manager ein. Bei der schweizerischen Post erhielten sie zum Beispiel den Titel ‚Sozialbeamte'. Viele Unternehmen begannen, die Sozialarbeiterausbildung als Vorbereitung für das Angestelltenverhältnis im Management zu schätzen und stellten bevorzugt Bewerber mit Spezialausbildungen an.

Das Dienstleistungsangebot der EAP orientiert sich an dem der BSA. Der Begriff EAP wird in der Schweiz deshalb wenig verwendet.

11 Schlussfolgerung

Die BSA konnte kurz nach ihrer Etablierung in Deutschland auch in der Schweiz Fuß fassen. Auf dem Hintergrund einer stabilen Wirtschafts- und Gesellschaftsentwicklung konnte sie sich systematisch etablieren. Interne und externe Angebote decken seit Jahrzehnten den Markt ab. Die externen Anbieter breiten sich zunehmend aus mit dem Ziel, das ganze Marktpotential auszuschöpfen. Die Angebote sind grundsätzlich deckungsgleich. Lediglich im Bereich Fehlzeiten-Management ist viel Bewegung sicht- und spürbar. Branchenfremde werben zunehmend im Bereich Krankenwesen und Prävention um den Zuspruch der Firmen.

In diesem Bereich gilt es, aktiv die Position der BSA zu stärken und das Case-Management im Krankenwesen als bisherige und künftige Kernkompetenz zu vertreten und dafür aktiv zu werben. Eine Dienstleistung, die sich über hundert Jahre entwickelt und etabliert hat, weist Beständigkeit und Erfahrung aus. Darauf gilt es aufzubauen, um sich im globalisierten Markt weiter zu behaupten. Das ist eine zunehmende Herausforderung auch für Sozialarbeiter in der Schweiz.

Literatur

AvenirSocial, 2006, Berufskodex der Professionellen Sozialer Arbeit. Bern
AvenirSocial, 2008: Leitbild Betriebliche Sozialarbeit. Bern
Dale A. Masi, DSW (2nd Edition 2000) International Employee Assistance Anthology, Washington DC Sitzler,s (4. Auflage 2007)
Grüzi und Willkommen, Die Schweiz für Deutsche, Berlin: Ch. Links Verlag
Reinicke, P. (1988) Die Sozialarbeit im Betrieb in Soziale Arbeit, 37. Jahrgang, Heft 6–7, S. 202–213.
Strahm, R.H. (1. Auflage 2008) Warum wir so reich sind. Bern: hep verlag ag
SozialAktuell, Nr. 5/2004, Betriebliche Sozialberatung
SozialAktuell, Nr. 2/2008, Disability Management
SozialAktuell, Nr. 2/2009, Soziale Arbeit im Wandel

Autorinnen und Autoren

Nadija Amjad, Dipl.-Sozialarbeiterin, Betriebliche Sozialberatung, dbgs-Gesundheitsservice GmbH der IAS-Gruppe, *nadija.amjad@ias-gruppe.de.*

Hans-Jürgen Appelt, Dipl.-Sozialarbeiter (bbs), Supervisor (DGSv), Systemischer Berater (ISO), selbstständig, Appelt Personalentwicklung, *hjappelt@appeltpe.de*

Edgar Baumgartner, Dr. phil., Dipl.-Sozialarbeiter, Dozent an der Fachhochschule Nordwestschweiz, Hochschule für Soziale Arbeit, *edgar.baumgartner@fhnw.ch*

Kristina Braun, Dipl.-Psychologin, Mediatorin, Betriebliche Sozialberatung, Isar-Amper-Klinikum gGmbH i.G., Klinikum München-Ost, *kristina.braun@iak-kmo.de*

Michael Bremmer, M. A., Dipl.-Sozialarbeiter, Assessor (TQU), selbstständig, Geschäftsführer Bundesfachverband Betriebliche Sozialarbeit e.V., Projekte & Beratung, *mail@michael-bremmer.de*

Oliver Eichhorn, Dipl.-Sozialpädagoge (FH), NLP-Masterausbildung, Sozialberatung, BASF Sozialstiftung, *oliver.eichhorn@basf.com*

Lars Friege, Dr. phil., Dipl.-Psychologe, Psychologischer Psychotherapeut, Referatsleiter Personalentwicklung und Fortbildung, Bundesrechnungshof, *lars.friege@brh.bund.de*

Kristina Hartwig, Staatlich geprüfte Kinderkrankenschwester, Dipl.-Sozialarbeiterin/Dipl.-Sozialpädagogin (FH), zertifizierte Case-Managerin, *kristina-hartwig@yahoo.de*

Susanne Klein, Staatlich anerkannte Erzieherin, Dipl.-Sozialarbeiterin, Weiterbildungsmanagerin, Vertriebscoach, Sozialreferentin, Frankfurter Sparkasse, *susanne.klein@frankfurter-sparkasse.de*

Rainer Koppenhöfer, Dipl.-Sozialarbeiter, Sozialtherapeut, Sozialberatung, BASF Sozialstiftung, *rainer.koppenhöfer@basf.com*

Christof Korn, M. A. Sozialmanagement, Dipl.-Sozialarbeiter (FH), Mediator IMF (FH), Sozialberatung, Landesamt für Vermessung und Geobasisinformation Rheinland Pfalz, *christof.korn@lvermgeo.rlp.de*

Annette Löning, Rechtsanwältin, Dipl.-Sozialpädagogin, Mediatorin und Ausbilderin (BAFM), IKOM-Bonn, *mediation@ikom-bonn.de*

Katja Müggler, M. A., Sozialarbeiterin B. Sc., selbstständig, Proitera GmbH, *katja.mueggler@proitera.ch*

Regina Neumann-Busies, Dipl.-Pädagogin, Dipl.-Sozialarbeiterin, Soziale Dienste, Henkel AG & Co KGaA, *regina.neumann@henkel.com*

Oliver Richter, Industriekaufmann, Dipl.-Sozialpädagoge, Sozialreferent, Otto GmbH & Co KG, *oliver.richter@otto.de*

Jan Rickmann, Dipl.-Sozialarbeiter/Dipl.-Sozialpädagoge (FH), Sozialtherapeut Sucht, Personaldienste/Suchtberatung, Continental AG, *jan.rickmann@conti.de*

Jürgen Riemer, Dipl.-Sozialpädagoge Konfliktberater, Supervisor, Coach, Universitätsklinikum Düsseldorf, Klinisches Institut für Psychosomatische Medizin und Psychotherapie, *riemer@med.uni-duesseldorf.de*

Sabine Schewe, M. Sc., Dipl.-Sozialpädagogin, Suchttherapeutin, Sozialbetreuung, Deutsche Krankenversicherung AG, *trozas@web.de*

Mathias Schmidt, Prof. Dr., Professor für Unternehmensführung an der Beuth Hochschule für Technik Berlin, Geschäftsführer des Instituts für wertorientierte Unternehmensführung, *schmidt@iwu-berlin.de*

Martin Schütte, Prof. Dr., Honorarprofessor, ehem. Vorstandsmitglied der HypoVereinsbank München, stv. Vorsitzender des Human-Capital-Club München, *martin.schuette@gmx.de*

Annette Söling-Hotze, M. A. Clinical Psych., Psychologische Psychotherapeutin für Verhaltenstherapie (AWKV), Supervisorin (IFT), Berufs- und Eignungsberaterin, Sozialberatung, DZ-Bank, selbstständig, *sh@praxisgemeinschaft-ffm.de*

Peter Traub-Martin, M. A. Personalentwicklung, Dipl.-Sozialarbeiter (FH), Mediator, Mastercoach/Lehrcoach (DGfC), Betriebliche Sozialberatung, Heidelberger Druckmaschinen, *peter.traub-martin@heidelberg.com*

Karin Wachter, Mag. (FH), Dipl.-Sozialarbeiterin, Lebens- und Sozialberaterin, Supervisorin, Coach, Dozentin, Doktorandin an der Wirtschaftsuniversität Wien, selbstständig, *karin.wachter@kabsi.at*

www.asanger.de

Ina Rösing
Ist die Burnout-Forschung ausgebrannt?

Analyse und Kritik der internationalen Burnout-Forschung.
3. Aufl., 333 S., 29.- €
ISBN 978-3-89334-409-8

Michael Kastner (Hg.)
Die Zukunft der Work Life Balance

Wie lassen sich Beruf und Familie, Arbeit und Freizeit miteinander vereinbaren?
3. Aufl., 490 S., 39.50 €
ISBN 978-3-89334-421-7

Obwohl die wissenschaftliche Forschung zu Burnout umfangreich ist, trägt sie zu dessen Linderung kaum bei. Der Autorin gelingt mit ihrer umfassenden und kritischen Analyse, den engen psychologischen Interpretationsrahmen zu sprengen und die gängige Forschungspraxis kritisch zu hinterfragen – eine Pflichtliteratur für jeden, der sich mit Burnout auseinandersetzt.

„Dies ist ein sehr bemerkenswertes Buch. Die Kulturanthropologin diagnostiziert mit dem bestechenden Blick der kulturvergleichenden Forscherin ein weit verbreitetes Belastungsphänomen in modernen Gesellschaften." (Prof. Dr. Johannes Siegrist)

Burnout-Symptome, psychosomatische Beschwerden und Herz-Kreislauf-Erkrankungen sind zunehmend registrierte Folgen des Ungleichgewichts von Belastungen bzw. Anforderungen und den individuellen Ressourcen. In 21 Beiträgen von anerkannten Fachleuten wird „Work Life Balance" von unterschiedlichen Disziplinen als Aufgabe von Führungskräften und betroffenen Mitarbeitern thematisiert, wie sich Gesundheitskompetenz und subjektives Wohlbefinden erreichen lässt.

*„... verdeutlicht dank der gut lesbaren Einzelbeiträge sehr anschaulich die Vielfalt der aktuellen Forschungsansätze..."
(Z. für Arbeits- und Organisationspsychologie)*

Anja Gerlmaier, Erich Latniak (Hg.)
Burnout in der IT-Branche

Ursachen und betriebliche Prävention.
380 S., 34.50 €
ISBN 978-3-89334-566-3

Susanne Klein, Hans-Jürgen Appelt (Hg.)
Praxishandbuch betriebliche Sozialarbeit

Prävention und Interventionen in modernen Unternehmen. 282 S., 24.- €
ISBN 978-3-89334-531-1

In immer mehr Unternehmen der IT-Branche kommt es durch chronischen Stress und Burnout zu vermehrten Arbeitsausfällen und Leistungsproblemen. Der Sammelband enthält Beiträge u.a. über • neue Belastungskonstellationen durch die Veränderungen in der IT-Branche • psychische Erschöpfung bei bestimmten IT-Risikogruppen • Ansatzpunkte eines alternsgerechten Präventionsmanagements • Integratives Stressmanagement • nachhaltige Gesundheitsförderung • innovative Arbeitszeitgestaltung • gesundheitsförderliche Arbeitsplatzgestaltung in kleinen und mittelständischen IT-Unternehmen

Mit Beiträgen u.a. über • Ethik der betrieblichen Sozialarbeit (BSA) • Schuldnerberatung in der BSA • Case-Management • Berufsrisiko und Präventionskonzept Banküberfall • Peergroup-orientierte Suchtprävention • betriebliche Suchtprävention bei der Continental AG • Stressprävention • BSA mit psychisch erkrankten Mitarbeitern • Betriebliches Eingliederungsmanagement • Mediation und konstruktive Konfliktlösung • Care Support – Pflegebegleitung im Unternehmen • organisationsinternes Coaching

„Insgesamt betrachtet wird das Werk seinem Namen Praxishandbuch mehr als gerecht." (Sozialmagazin 10/2010)

Asanger Verlag GmbH • Bödldorf 3 • 84178 Kröning
Tel. 08744-7262 • Fax 08744-967755 • e-mail: verlag@asanger.de

www.asanger.de

Sven Tönnies
Mentales Training für die geistig-seelische Fitness.
Ein Ratgeber bei belastenden Gedanken und Stress im Alltag. 6. Aufl., 190 S., 19.50 €
ISBN 978-3-89334-469-1

Sven Tönnies
Entspannung – Suggestion – Hypnose
Praxisanleitungen zur Selbsthilfe und Therapie.
3. Aufl., 194 S., kt., 22.- €
ISBN 978-3-89334-393-8

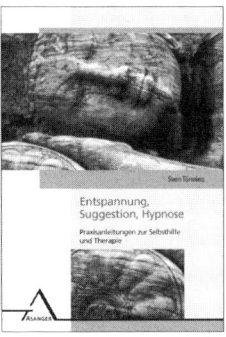

Tönnies hat sein mentales Trainingsprogramm deutlich von der Methode des „positiven Denkens" abgegrenzt, die Leichtgläubigen vieles verspricht, nachweislich aber kaum erfolgreich ist.

„Ein seriöses und psychologisch fundiertes Buch" (Internet Publikation für Allgemeine und Integrative Psychotherapie).

„Was der Hamburger Psychologiedozent Sven Tönnies über mentales Training geschrieben hat, unterscheidet sich deutlich von dem, was die Lehrmeister des Positiven Denkens propagieren. Das Buch ist wissenschaftlich fundiert und wirkt entsprechend seriös." (FAZ)

Dem Autor gelingt eine umfassende Darstellung der Grundregeln, Gemeinsamkeiten und Anwendungsmöglichkeiten von Apparativen Entspannungstechniken (Biofeedback, Mind Machines) • Imaginativen Verfahren (Phantasiereisen) • Progressiver Muskelentspannung • Autogenem Training • Positivem Denken • Mentalem Training (Selbstsuggestion, Grübel-Stop) • meditativen Verfahren (Zen, Transzendental) • Hypnose (klassisch, nach Erickson, hypnotische Selbstentspannung) • EMDR-Kurzentspannung.

„Wer ein gut lesbares Buch mit Praxisnähe und vielen praktischen Übungsanleitungen sucht, der braucht nicht länger zu suchen." (Tinnitus-Forum).

Sven Tönnies, Thaddäus Tönnies
Gesundheit, Wellness, Fitness
Ein Hometrainer zur Krankheitsprävention.
210 S., 19.50 €
ISBN 978-3-89334-560-1

G. Fischer, C. Eichenberg, K. Mosetter, R. Mosetter
Stress im Beruf? Wenn schon, dann aber richtig!
Der Ratgeber für den intelligenten Umgang mit Stress-Situationen. 170 S., 19.50 €
ISBN 978-3-89334-459-4

Die Autoren geben praktische Anregungen und Hilfestellungen, wie sich körperlichen und psychischen Erkrankungen vorbeugen sowie körperliche und seelisch-geistige Fitness steigern lassen. Der "Hometrainer" begleitet den Leser nicht nur Zuhause, sondern auch in der Freizeit und im Urlaub, mit Materialien (Tagebuchvordrucke) auf der Website zum Buch (http://www.sven-toennies.de/hometrainer) über • Gesundheitsrisiken (durch z.B. mangelnde Bewegung, Stress) • körperliche Erkrankungen (z.B. Rückenschmerzen, Diabetes) • psychische Erkrankungen (z.B. Ängste, Depressionen) • Wellnessmethoden (z.B. meditative Verfahren, Body-Scan) • Fitnessförderung (z.B. mentales Training).

Im Mittelpunkt steht die von den Gebrüdern Mosetter entwickelte Myoreflexmethode mit Körper- und Atemübungen zur Kraftentfaltung in Dehnungspositionen (KiD-Übungen), die durch zahlreiche Fotos veranschaulicht wird. Mit dieser Methode lassen sich Verspannungen sowie Stress- und Erschöpfungszustände rechtzeitig entgegen wirken und im Dialog mit unserem Körper die neuromuskuläre Balance und Selbstregulation wieder herzustellen.

„Kann allen Menschen, die an den Auswirkungen von beruflichen Stresserscheinungen arbeiten wollen, empfohlen werden." (Deutsches Ärzteblatt)

Asanger Verlag GmbH • Bödldorf 3 • 84178 Kröning
Tel. 08744-7262 • Fax 08744-967755 • e-mail: verlag@asanger.de